THE BASICS OF
BONDS
채권기초

채권기초 (5판)

5판 1쇄 인쇄   2022년 10월 5일
5판 1쇄 발행   2022년 10월 14일

지은이	김형호
펴낸이	이재남
펴낸곳	㈜이패스코리아
출판등록	제318-2003-000119호(2003.10.15)
주소	서울특별시 영등포구 경인로 775 에이스하이테크시티 2동 1004호
전화	02-6345-6700
팩스	02-6345-6701
이메일	edu@epasskorea.com
홈페이지	www.epasskorea.com

- 이 책은 저작권법에 따라 보호받는 저작물이므로 무단 전재와 복제를 금하며, 이 책 내용의 전부 또는 일부를 사용하려면 반드시 저작권자와 (주)이패스코리아의 서면 동의를 받아야 합니다.
- 잘못되거나 파손된 책은 구입하신 서점에서 교환해 드립니다.

5판

THE BASICS OF
BONDS
채권기초

김형호 CFA 지음

e passkorea

Preface

러시아의 우크라이나 침공으로 원유, 곡물 등 원자재가격이 급등했고, 각국은 큰 폭의 정책금리 인상으로 대처하고 있습니다. 이에 따라 2022년 10월까지 채권수익률이 큰 폭 상승했습니다.

우리나라 국고채 10년물의 경우 4.5%, 30년물의 경우 4%까지 상승하였고, 최근1년 기준 평가손이 200조원까지 발생하기도 했습니다. (채권발행잔액은 2,500조원)

채권수익률은 물가상승률과 경제성장률(GDP성장률)에 크게 영향을 받습니다. 2022년 물가상승률은 높은 수준을 유지할 전망이고, GDP성장률은 다소 부진할 것이라는 것이 대체적인 의견입니다.

무역규모가 큰 우리나라의 경우에는 환율이 물가에 미치는 영향이 큽니다. 원달러 환율이 상승(원화약세)하면 수입물가가 상승해서 국내 물가상승률이 높아집니다. 미국의 강달러정책은 우리나라 뿐만 아니라 전세계에 인플레이션을 수출하고 있습니다.

정기예금대비 채권수익률의 경쟁력이 높아지면서 채권에 관심을 가지는 투자자들이 증가하고 있습니다. 채권은 안정적인 고정수익률을 제공하는 좋은 자산입니다만, 충분히 이해하고 투자하는 것이 중요합니다.

채권은 금리전망, 국공채투자, 회사채투자의 3가지 분야로 나눠서 공부하시면 좋겠습니다.

금리전망은 적정 채권수익률을 추정하는 것입니다. 채권수익률은 정책금리, 기간스프레드, 신용스프레드로 구성되어 있습니다. 정책금리는 7일물 국고채담보RP 금리이나, 시장에서는 1일물 국고채 수익률로 사용하고 있습니다.

기간스프레드는 기간물(예를 들어, 1년, 2년, 3년 등) 국고채 수익률과 1일물 국고채 수익률의 차이입니다. 즉, 국고채의 잔존만기별 금리차이 입니다.

신용스프레드는 동일만기 회사채 수익률과 국고채 수익률 차이입니다.

정책금리가 어떻게 될 지? 기간스프레드가 어떻게 될 지?를 분석하면 국고채 수익률이 어떻게 될 지 예상할 수 있습니다. 기간스프레드 추정에는 평균회귀(mean reversion)원리를 사용하는 것이 일반적입니다.

해당만기의 국고채 수익률에 적정 신용스프레드를 더하는 방식으로 회사채 수익률을 추정합니다. 신용스프레드에는 해당채권(또는 해당 발행자)의 신용위험 외에 시장 전체의 신용경색(credit crunch)도 영향을 미칩니다. 또한 신용스프레드에는 해당채권의 유동성위험도 포함되어 있습니다.

시장의 신용경색의 경우, 신용스프레드가 크게 확대되는데 여기에는 유동성위험이 크게 반영되어 있습니다.

국공채는 신용위험이 없는 채권입니다. 국공채에의 투자는 만기보유 또는 미스매치(투자기간보다 만기가 긴 채권에 투자) 방법이 있습니다.

미스매치 투자의 경우 투자종료시점의 채권수익률에 따라서 투자수익률이 영향을 받습니다. 채권수익률이 상승하면 채권가격이 하락해서 원래 목표했던 투자수익을 달성할 수 없게 됩니다.

따라서, 국공채를 미스매치로 투자할 경우에는 투자 전에 금리민감도분석을 실시하고, 채권수익률이 예상과 달리 움직일 경우의 투자수익률이 감내 가능한 위험범위에 있는지 확인할 필요가 있습니다.

장기채는 가격변동성이 크기 때문에 금리민감도분석이 필수적입니다.

회사채를 Credit물이라고 합니다. 국공채와는 달리 신용위험이 있기 때문입니다. 신용위험에는 부도위험, 신용평가등급하락위험, 신용스프레드확대위험이 있습니다.

신용위험을 분석하기 위해서는, 신용평가등급분석, 구조모형을 활용한 신용위험분석, 기업구조조정제도에 대한 이해가 필요합니다.

우리나라에는 한국신용평가, 한국기업평가, NICE신용평가의 신용평가 3사가 있습니다. 이들 신용평가회사에서 제공하는 Rating Summary(무료), Full Report(유료)에서 신용평가등급, 등급전망, Watch List, 등급변동기준 등을 꼼꼼히 읽어볼 필요가 있습니다.

신용평가회사들은 개별채권의 신용평가등급 외에 업종전망, 제도변경에 따른 영향 등 투자자에게 유용한 Research자료를 발간하여 무료로 제공하고 있습니다.

신용평가등급과는 별개로(independently) 개별기업의 재무제표를 분석하여 부도위험을 추정할 필요가 있습니다. 이때 구조모형(structural model)을 사용하여 분석하시면 좋습니다.

구조모형에서는, 자산의 실제가치가 부채보다 크면 부도가능성이 낮고, 반대의 경우에는 부도가능성이 높다고 판단합니다. 금감원 전자공시에서 가장 최근에 공시된 재무제표를 읽어보는 것은 해당기업의 실체를 파악하는데도 도움이 됩니다.

경영공시와 공정공시제도를 통해서 투자자가 알아야 할 모든 정보(내부자정보 제외)가 금감원 전자공시에 있습니다. 전자공시는 투자정보의 보물창고라고 할 수 있습니다. 최근 3년간 공시된 내용을 읽어 보시면 왜 전자공시를 정보의 보고라고 하는 지 이해하실 것 같습니다.

우리나라 회사채는 주식회사가 발행합니다. 주식회사는 영속기업을 가정하고 있지만, 경기변동에 영향을 받는 기업은 부도 또는 준부도로 갈 수 있습니다. 이 때 기업을 회생시키는 방법으로 워크아웃과 회생절차가 있습니다.

워크아웃은 해당기업을 부도처리하지 않고 회생시키는 것이고, 회생절차는 부도처리 후 법원관리 하에서 회생시키는 것입니다.

회생제도 중에 ARS(Autonomous Restructuring Support) Program이 있는데, 회생절차 개시 전에 채권자와 채무자가 합의해서 구조조정을 할 수 있는 제도입니다.

쌍용자동차의 경우 ARS Program으로 M&A를 추진하다가, 매각이 불발되어서 회생절차로 갔고, 시스웍의 경우 ARS Program에서 주요자산인 신성빌딩 매각에 성공했습니다. 빌딩 매각대금으로 5회 담보채권자 상환이 이루어져 회생절차 개시 없이 정상화를 추진할 수 있게 되었습니다.

회사채 발행기업이 부도나면 회생절차 또는 파산절차에 들어갑니다. 회생절차에서는 2006년에 시행된 『채무자회생 및 파산에 관한 법률』을 적용하는데, 이 법 시행 이후 파산한 기업은 한진해운과 웅진에너지 정도입니다.

우리나라 회생절차는 국제적으로 인정받을 정도로 잘 만들어졌다고 합니다.

몇 몇 대학에서 『채권기초』를 강의 교재로 사용하고 있어서 매2년마다(물가연동국고채가 새로 발행될 때마다) 개정판을 발간하고 있습니다. 채권의 기초 내용은 변함이 없으니까 기존에 구입하신 분들은 네이버 "채권투자카페"에서 채권시황을 Follow-up하시면 됩니다.

『투자론』을 공부하지 않은 초보자 분들은 책 내용을 완전히 이해할 때까지 여러 번 읽어 보시는 것이 중요합니다. 내용을 알면 알수록 채권의 매력을 느끼게 될 것입니다.

항상 건강하시고, 성공적인(투자목표를 달성하는) 투자를 기원합니다.

Brief Contents

017   제1장   채권개요

049   제2장   국채, 지방채, 특수채, 회사채, ABS

091   제3장   채권시장

107   제4장   돈의 시간가치(Time Value of Money)

115   제5장   채권금리(채권수익률)와 채권가격

147   제6장   채권수익률곡선(Yield Curve)

161   제7장   듀레이션과 Convexity

179   제8장   채권의 금리변동위험

203   제9장   채권의 신용위험

229   제10장 주식관련사채

249   제11장 채권세제

255   제12장 해외채권투자

Contents

제1장 채권개요

- 017　1-1　채권의 개념
- 018　1-2　채권의 종류
- 018　1-2-1　발행주체에 따른 분류: 국채, 지방채, 특수채, 회사채
- 021　1-2-2　원리금지급방법에 따른 분류: 이표채, 복리채, 할인채
- 025　1-2-3　담보유무에 따른 분류: 담보채, 무담보채, 후순위채, 후후순위채
- 027　1-2-4　이자금액의 변동여부에 따른 분류: 고정금리부, 변동금리부
- 029　1-2-5　옵션의 종류에 따른 분류: CB, BW, EB, 이익참가부채권, 콜옵션부채권
- 031　1-2-6　자산유동화증권
- 032　1-3　채권의 특성
- 035　1-4　채권의 위험
- 035　1-4-1　금리변동위험
- 035　1-4-2　신용위험
- 036　1-4-3　유동성위험
- 037　1-4-4　콜위험
- 040　1-5　채권에 사용되는 기본용어

제2장 국채, 지방채, 특수채, 회사채, ABS

- 049　2-1　국채
- 049　2-1-1　국채의 종류
- 052　2-1-2　국채 발행절차
- 054　2-1-3　물가연동국고채
- 058　2-1-4　국고채 원금-이자분리제도(strips)
- 061　2-1-5　국채선물
- 062　2-2　지방채
- 062　2-2-1　지방채의 종류: 도시철도채권, 지역개발채권, 공모지방채
- 066　2-2-2　지방자치단체 신용보강 유동화증권
- 068　2-2-3　조세채권의 유동화(외국의 경우)
- 069　2-3　특수채
- 069　2-3-1　통화안정증권(MSB)
- 071　2-3-2　금융특수채
- 071　2-3-3　비금융특수채

Contents

072	2-4	**회사채**
072	2-4-1	회사채 발행기관
073	2-4-2	회사채 발행방법
074	2-4-3	회사채 수요예측(Book Building)
075	2-4-4	회사채 유통시장
075	2-4-5	(표준)무보증사채 사채관리계약서(Indenture)
076	2-4-6	회사채의 부도위험
077	2-4-7	회사채 투자시 고려할 점
078	2-5	**기업어음(Commercial Paper)**
080	2-6	**자산유동화증권(ABS, ABCP, ABSTB)**
080	2-6-1	개요
081	2-6-2	유동화대상 기초자산 요건
081	2-6-3	유동화증권의 종류
082	2-6-4	유동화증권 발행 구조도
083	2-6-5	유동화증권 주요 당사자
084	2-6-6	유동화증권의 신용보강
087	2-7	**콜론과 콜머니**
088	2-8	**단기사채(STB, Short Term Bond)**

제3장 채권시장

091	3-1	**한국거래소 채권시장**
091	3-1-1	국채전문유통시장
097	3-1-2	Repo시장
098	3-1-3	일반채권시장
098	3-1-4	소액채권시장
099	3-2	**채권ETF**
100	3-3	**장외 채권시장**
102	3-4	**채권등록 및 예탁제도**

제4장 돈의 시간가치 (Time Value of Money)

107	4-1	미래가치
108	4-2	현재가치
111	4-3	영구연금의 현재가치

제5장
채권금리와 채권가격

115	5-1	채권수익률 구조
118	5-2	단리와 복리의 개념
120	5-3	복할인 방법
123	5-4	채권가격 계산방법
123	5-4-1	채권금리와 채권가격의 관계
124	5-4-2	채권가격 계산의 3단계
125	5-4-3	채권가격 계산 사례
132	5-5	만기수익률(YTM)
134	5-6	경상수익률(Current Yield)
135	5-7	현물이자율(Spot Rate)
141	5-8	투자수익률 계산방법
141	5-8-1	산술평균수익률
142	5-8-2	기하평균수익률(시간가중수익률)
142	5-8-3	금액가중수익률(IRR)

제6장
채권수익률곡선

147	6-1	채권수익률곡선의 정의
148	6-2	채권 시가평가 기준수익률
150	6-3	채권수익률곡선 형태
152	6-4	채권수익률곡선 이론
152	6-4-1	순수기대이론
153	6-4-2	유동성이론
155	6-4-3	선호영역이론
155	6-4-4	시장분할이론
156	6-5	내재이자율(Implied Forward Rate)

제7장
듀레이션과 Convexity

161	7-1	채권가격의 변동성
162	7-2	듀레이션의 의미
164	7-3	듀레이션 계산방법
167	7-4	Inverse FRN의 듀레이션
168	7-5	채권포트폴리오의 Duration
170	7-6	듀레이션의 활용: 금리민감도 분석
171	7-7	Convexity의 개념

Contents

제8장 채권의 금리변동위험

179	8-1	**금리변동위험 측정방법**
180	8-1-1	Total Return Approach
180	8-1-2	Duration/Convexity Approach
184	8-2	**금리변동위험 관리방법**
184	8-2-1	장기채를 단기채로 교체매매
186	8-2-2	국채선물 활용
188	8-2-3	이자율스왑 활용
192	8-2-4	RP 활용
192	8-2-5	FRN과 Inverse FRN
194	8-2-6	콜옵션부채권

제9장 채권의 신용위험

203	9-1	**신용위험의 정의**
203	9-2	**신용위험의 종류**
203	9-2-1	부도위험(default risk)
204	9-2-2	신용등급 하락위험(down-grade risk)
205	9-2-3	신용스프레드 확대위험(credit spread widening risk)
206	9-3	**신용위험 분석방법**
206	9-3-1	신용평가등급
206	9-3-2	신용위험모형
208	9-4	**채권의 신용평가등급**
208	9-4-1	신용평가등급의 정의
214	9-4-2	신용위험 분석요소
215	9-5	**청구권(Claim Rights)**
217	9-5-1	청구권 계산
219	9-5-2	후순위채의 청구권
220	9-5-3	PF ABCP의 청구권
221	9-5-4	모회사-자회사 관계
222	9-6	**신용위험 회피방법**
222	9-6-1	CDS(Credit Default Swap)
223	9-6-2	신용파생계약의 정산방법
224	9-7	**채권자 가치와 주주의 가치**

제10장 주식관련사채

페이지	번호	제목
230	10-1	전환사채(CB)
232	10-2	전환사채를 활용한 무위험 차익거래
232	10-3	전환사채의 최소가치
233	10-4	전환사채 사례분석
241	10-5	신주인수권부사채(BW)
241	10-6	신주인수권부사채 사례분석
245	10-7	교환사채(EB)
246	10-8	주식관련사채 투자 시 주의할 점

제11장 채권세제

페이지	번호	제목
249	11-1	과세대상소득
250	11-2	원천징수방법
252	11-3	이자소득에 대한 과세시점

제12장 해외채권투자

페이지	번호	제목
256	12-1	이자율평형이론
256	12-2	브라질국채투자
257	12-2-1	환위험 헤지비용
258	12-2-2	1년 만기와 10년 만기의 브라질국채 투자성과 비교
263	12-3	Korean Paper
265	12-4	미국 국채
266	12-5	미국 지방채
267	12-6	미국 MBS
271	12-7	유럽의 Covered Bond
273	12-8	미국 하이일드펀드
274	12-9	미국 Senior Loan 펀드
275	12-10	아리랑본드

THE BASICS OF BONDS

채 권 기 초

제1장
채권개요

1-1 채권의 개념
1-2 채권의 종류
1-3 채권의 특성
1-4 채권의 위험
1-5 채권에 사용되는 기본 용어

채권기초
THE BASICS OF BONDS ———

제1장
채권개요

1-1 채권의 개념

채권은 발행자(차입자)가 투자자에게 원리금의 지급을 약속하는 채무증서(또는 채권자의 원리금 수취권)이다. 채무증서에 원리금지급조건이 명시되어 있는데, 발행자가 제안하고 투자자가 매입(승낙)함으로써 채권, 채무관계가 성립된다.

채권은 발행할 때 원리금지급조건이 확정되어 있기 때문에 고정수익증권(Fixed Income Securities)이라고 한다.

채권은 한국예탁결제원 등을 통한 등록발행으로 발행된다. 2019.9.16일 『주식·사채 등의 전자등록에 관한 법률』(이하 "전자증권법") 시행으로 모든 상장증권은 전자증권 발행이 의무화되었다. 비상장기업의 경우 증서형태의 채권발행이 예외적으로 허용되고 있다. 증서발행은 채권을 종이로 인쇄해서 교부하는 것을 말한다.

전자증권제도란 증권을 실물로 발행하지 않고 전자등록기관(한국예탁결제원 등)의 전자등록부에 증권 및 그 소유관계사항을 등록(발행)하고, 등록증권의 양도·담보설정·권리행사 등 모든 과정을 전자화하여 처리하는 제도이다(출처: 한국예탁결제원).

채권을 매매할 경우, 채권은 매도 측의 예탁원 Safe계좌에서 매수 측의 Safe계좌로 이동한다. 결제대금은 한국은행의 금융망(BOK Wire)을 통해서 반대(매수 측에서 매도 측)로 이동한다.

전자증권제도로 채권 실물 발행비용 절감, 증권분실 및 위조 방지, 증권거래의 투명성 강화, 국제정합성 제고를 통한 자본시장의 선진화가 가능하다(시행일 기준 OECD국가 36

개국 중 33개국이 전자증권제도 도입).

공모회사채를 발행할 때에는 금융감독원에 증권신고서를 제출하고 수리되어야 한다. 국채, 지방채 및 특별한 법률에 따라 설립된 법인이 발행한 채권(특수채)과 국가, 지자체가 원리금 지급을 보증한 채무증권 등은 『자본시장과 금융투자업에 관한 법률』(이하 "자본시장법") 제118조에 의거 증권신고서 제출의무가 면제된다. 만기 3개월 이내인 단기사채를 발행할 경우에도 증권신고서 제출이 면제된다.

1-2 채권의 종류

1-2-1 발행주체에 따른 분류

채권은 발행주체에 따라 국채, 지방채, 특수채, 사채(회사채)로 분류한다. 자본시장법에서는 발행주체에 따라 채권을 분류하고 있다.

국채(Treasury Bonds)

국채는 정부가 발행하는 채권으로 국고채권, 제1종 국민주택채권, (외화표시)외국환평형기금채권이 있다. 만기 1년 이내로 발행되는 재정증권은 할인발행되며, 미국의 Treasury Bill과 유사하다. 재정증권은 좁은 의미의 국채(채권)에는 포함시키지 않는다.

지방채(Municipal Securities)

지방채는 지방자치단체가 발행하는 채권으로 도시철도채권, 지역개발채권, 공모지방채, 기타지방채 등이 있다. 지방자치단체의 자회사인 지방공사가 발행하는 지방공사채는 2009년 자본시장법 시행으로 회사채로 분류되었다가, 지방공기업법의 일부개정에 따라 2014년 6월부터 특수채로 분류되고 있다.

특수채(Government Agency Securities)

특수채는 특별한 법률에 따라 설립된 법인이 발행하는 채권으로 통화안정증권, 금융특수채(산업금융채, 수출입은행채, 기업은행채, 농업금융채, 수산금융채), 비금융특수채(한전채, 토지주택채, 도로공사채, 자산관리공사채, 예금보험공사채 등) 등이 있다.

특수채는 정부의 직·간접적인 지원이 있으므로 신용사건이 발생할 가능성은 없다고 봐도 무방하다. 특히, 통화안정증권은 국채보다 안전한 채권이라고 할 수 있다.

통화안정증권은 시중에 초과(또는 과다) 공급된 통화를 흡수할 목적으로 발행되며, 만기일에는 받아 둔 통화를 내주면 되므로 결제불이행(부도) 가능성이 없다. 설사 한국은행이 보유하고 있던 통화를 분실하더라도, 발권력을 동원해서 채무상환이 가능하기 때문에 국회의 승인을 얻어 발행하는 국채보다 안전하다고 하는 것이다.

신도시개발 등으로 토지 등을 수용하고 현금 대신 용지보상채권(또는 토지보상채권)을 지급하는 경우가 있다. 용지보상채권의 발행자가 지방공사일 경우에는 특수채로 분류한다.

회사채(사채)(Corporate Bonds)

회사채는 상법상의 주식회사가 발행하는 채권으로 일반사채, 주식관련사채(CB, BW, EB), 금융회사채(은행채, 증권채, 카드채, 리스채, 종금채, 캐피탈채, 증권금융채, 기타금융채)로 구분한다.

금융기관은 업종별로 유사한 특성을 가지고 있을 뿐만 아니라 당국의 일정한 규제를 받고 있어서 일반회사(주식회사)와 구분하고 있다. 일반회사는 매우 우량한 회사부터 부도가 발생한 회사까지 안전성의 범위가 다양하다.

회사채의 신용위험을 기호로 표시한 것이 신용평가등급이며, 우리나라는 S&P의 표기법과 유사한 AAA, AA, A, BBB, BB, B, CCC, CC, C, D로 회사채의 신용위험을 나타내고 있다.

AAA 등급의 신용위험이 가장 낮고, D는 default의 약자로 부도난 회사채를 나타낸다. 신용등급에 Plus(+), 또는 Minus(-)를 추가해서 신용위험을 세분류하고 있다. 예를 들어서 A등급의 경우에, A+, A, A-의 3가지 등급이 있다.

BBB- 등급 이상을 투자적격등급(또는 투자등급)이라고 하고, BB+ 이하를 투기등급(또는 투자부적격등급)이라고 한다. 기업어음(CP)과 단기사채는 회사채와 다른 표기법을 사용하고 있다.

회사채등급을 장기등급이라고 하고, 기업어음과 단기사채 등급을 단기등급이라고 한다.

채권에서 신용(Credit)을 제외하면 모두 계산과 관련되어 있다. 앞으로 채권가격, 채권수익률, 듀레이션, Convexity 등의 계산방법을 설명할 때는 다음의 표준채권(이표채, 복리채, 할인채)을 사용하려고 한다.

예제에 사용될 표준채권

구 분	한채투1회(이표채)	한채투2회(복리채)	한채투3회(할인채)
발행일	2022.7.17	2022.7.17	2022.7.17
만기일	2025.7.17	2025.7.17	2025.7.17
액면금액	10,000원	10,000원	10,000원
표면금리	4.000%	4.000%	4.000%
이자지급방법	3개월 이표채	3개월 복리채	

* 한채투3회(할인채)의 표면금리 4.000%는 발행금리를 의미함

채권에서 사용하는 금리는 특별한 언급이 없으면 모두 연율(%)을 의미한다. 우리나라뿐만 아니라 전세계적으로 금융상품(예금, 채권 등)에서 사용하는 금리는 연율로 사용한다.

채권발행잔액
(백만원)

종 류	종목수	금 액	비 중	비 고
국 채	434	1,049,142,713	41.2%	
지방채	1,351	28,296,783	1.1%	
지방공사채	440	12,391,566	0.5%	
통안증권	32	122,630,000	4.8%	
특수채	2,045	233,035,689	9.2%	
금융채	8,171	645,620,082	25.4%	
ABS	5,643	213,799,480	8.4%	
회사채	9,966	240,228,376	9.4%	
합 계	28,082	2,545,144,683	100%	

(source: http://seibro.or.kr, 2022.7.15일 기준)

1-2-2 원리금지급방법에 따른 분류

이표채(Coupon Bond)

이표채는 채권을 실물로 발행할 때 채권 권면에 이표(Coupon)가 붙어 있고, 이자지급일에 이표를 제시하면 이자를 지급했기 때문에 붙여진 이름이다.

한채투1회(이표채)의 경우 만기는 3년이고, 매3개월마다 연4% 이자를 지급한다. 채권의 액면금액이 10,000원이므로 연간 이자는 400원, 1회 이자는 100원이다.

$$100원 = 10,000원 \times \frac{4\%}{4}$$

한채투1회(이표채)의 현금흐름 예시

한채투1회(이표채)

발행일	2022-07-17		
만기일	2025-07-17		
액면금액	10,000		
표면금리	4.000%	4	1.000%
매매일			
매매금리			

잔존일수	일자	이자	원금	CF
	2022-10-17	100		100
	2023-01-17	100		100
	2023-04-17	100		100
	2023-07-17	100		100
	2023-10-17	100		100
	2024-01-17	100		100
	2024-04-17	100		100
	2024-07-17	100		100
	2024-10-17	100		100
	2025-01-17	100		100
	2025-04-17	100		100
	2025-07-17	100	10,000	10,100

복리채(Accrual Bond)

복리채는 표면이자를 복리(표면금리 적용)로 재투자해서 만기에 원리금을 상환하는 채권이다. 한채투2회(복리채)의 경우 발행일이 2022.7.17일이고, 표면금리 4%는 매3개월마다 재투자해서 만기에 11,268.25원 지급한다.

$$11,268.25 = 10,000 \times (1 + \frac{0.04}{4})^{12}$$

3개월마다 복리로 재투자되므로 4로 나누었고, 3년 동안 3개월이 12번 있으니까 12제곱을 한다.

한채투2회(복리채)의 표면이자를 재투자해서 만기원리금이 계산되는 원리는 다음의 엑셀표와 같다.

한채투2회(복리채)

발행일	2022-07-17		
만기일	2025-07-17		
액면금액	10,000		
표면금리	4.000%	4	1.000%
매매일			
매매금리			

재투자회수	일자	이자	원금	원리금	재투자원리금
11	2022-10-17	100		100	111.5668347
10	2023-01-17	100		100	110.4622125
9	2023-04-17	100		100	109.3685273
8	2023-07-17	100		100	108.2856706
7	2023-10-17	100		100	107.2135352
6	2024-01-17	100		100	106.1520151
5	2024-04-17	100		100	105.101005
4	2024-07-17	100		100	104.060401
3	2024-10-17	100		100	103.0301
2	2025-01-17	100		100	102.01
1	2025-04-17	100		100	101
0	2025-07-17	100	10,000	10,100	10,100
					11,268.2503

$$111.5668347 = 100 \times (1 + \frac{0.04}{4})^{11}$$

$$110.4622125 = 100 \times (1 + \frac{0.04}{4})^{10}$$

발행일로부터 3개월 후에 받는 이자 100원은 11회 재투자된다(3개월단위 복리로 계산하기 때문).

할인채(Discount Bond, Zero Coupon Bond)

할인채는 만기에 액면금액을 지급하는 채권으로 액면금액(10,000원)을 할인해서 매매한다. 한채투3회(할인채)의 경우, 액면가액 10,000원을 연4% 금리로 할인해서 발행하고, 만기에 10,000원을 지급한다.

할인채의 가격계산방법은 발행할 때와 매매할 때가 다르다. 발행할 때는 Bank Discount 방법을 사용한다. Bank Discount 방법은 아래와 같다.

할인채의 발행가액 = 10,000원 − 이자금액
이자금액 = 10,000 × 발행금리(%) × 기간

한채투3회(할인채)의 발행가액을 계산하면 다음과 같다.

이자금액: 1,200 = 10,000 × 0.04 × 3
발행가액: 8,800 = 10,000 − 1,200

매매금리가 4%일 경우, 발행일 한채투3회(할인채) 매매가액은 다음과 같이 계산한다.

$$\text{매매가액}: 8,889.96 = \frac{10,000}{(1+0.04)^3}$$

할인채는 매입가(발행가액 또는 매매가액)와 액면금액의 차이가 이자소득이고, 세금은 이자소득 기준으로 계산한다. 즉, 매입가와 액면금액의 차이가 과세대상소득이다. 한채투3회(할인채)를 채권시장에서 연4% 금리로 매입하였다면 10,000원당 매입단가는 8,889원이고(원미만 절사, 채권시장의 관행), 과세대상소득은 1,110원이다.

투자자 기준으로, 할인채는 이자를 선취(先取)한다고 하고, 이표채와 복리채는 이자를 후취(後取)한다고 한다. 이표채의 경우 매 이자지급기간 말일에 이자를 지급하는데, 발행자 기준으로 후급(後給)이라고 한다. 발행자 기준으로 할인채 이자는 선급(先給)이 된다.

채권시장에서, 할인채는 투자자 기준으로 이자를 선취한다고 하고, 이표채는 발행자 기준으로 이자를 후급한다고 한다. 3개월 이표채의 경우 이자를 3개월 후급한다고 하고, 6개월 이표채의 경우 6개월 후급한다고 한다.

원금분할상환채(Serial Bond)

원금분할상환채는 채권의 만기 이전에 원금을 분할해서 상환하는 채권이다. 이자는 남아있는 원금에 표면이자율을 곱해서 계산한다.

서울도시철도 96-1(원금분할상환채)

발행일	1996-01-31
만기일	2005-01-31
액면가액	10,000
표면금리	6.000% (5년 연복리 4년 연단리)
원금상환	5년거치 후 5년 분할상환

일 자	잔존원금	이 자	원금상환	소 계
2001-01-31	10,000	3,382	2,000	5,382
2002-01-31	8,000	480	2,000	2,480
2003-01-31	6,000	360	2,000	2,360
2004-01-31	4,000	240	2,000	2,240
2005-01-31	2,000	120	2,000	2,120

2001.1.31일 이자금액: $10,000 \times (1 + 0.06)^5 - 10,000 = 3,382$
2002.1.31일 이자금액: $8,000 \times (1 + 0.06)^1 - 8,000 = 480$
2003.1.31일 이자금액: $6,000 \times (1 + 0.06)^1 - 6,000 = 360$
…

1-2-3 담보유무에 따른 분류

담보채(secured bond)

담보채는 담보부사채신탁법에 의거 발행한 채권으로 채권에 담보가 제공되어 있다. 우리나라는 워크아웃(채권자관리)과 회생절차(법원관리)에서 담보의 절대우선권(absolute priority)을 인정하고 있기 때문에 담보 유무는 발행회사의 부도 시 회수율에 큰 영향을 미친다.

실무에서는 담보부사채신탁법에 따른 담보부사채를 발행하는 대신, 상법상의 무담보채를 발행하고, 저당권 또는 질권설정을 통해 담보를 붙이는 방법을 사용하고 있다. 이렇게 발행할 경우 담보부사채와 담보재산에 대한 권리는 동일한 반면, 발행절차가 간소하다는 장점이 있다.

무담보채

담보가 제공되어 있지 않은 채권이 무담보채이다. 후순위가 아닌 무담보채는 모두 선순위채라고 한다. 후순위인 경우 반드시 채권이름에 후순위임을 표시해야 한다. 우리나라는 채권이름에 (후), (신종), (영구), 조건부(상) 등을 추가하여 선순위가 아님을 표시하고 있다.

후순위채

발행회사가 청산(또는 파산)할 경우에 선순위의 청구권을 가진 채무가 있으면 선순위를 전부 변제한 후에 원리금을 상환 받을 수 있는 채권이 후순위채이다.

후순위채는 회생절차(청산이 아닌)에서도 선순위채보다 불리한 조건으로 채무재조정(이자감면, 만기연장, 출자전환)하게 된다.

금융기관이 발행하는 후순위채, 일반기업이 발행하는 영구채 등으로 구분할 수 있으며, 보완자본(Tier II)으로 인정된다. 일반기업이 발행하는 영구채는 선순위 청구권이 있으나, 기한이익상실 사유에 부도(default)가 포함되지 않기 때문에 후순위채로 분류한다. 별다른 조건이 없는 선순위채는 부도 등의 사유가 발생하면 기한이익이 상실되어 (투자자에게) 원리금 청구권이 발생한다.

후후순위채와 후후후순위채

후후순위채는 후순위보다 청구권순위가 후순위인 채권이다. 우리나라에서는 2003년부터 발행이 허용된 (채권형) 신종자본증권이 후후순위채이다. 기존 후순위채는 만기가 정해져 있는 반면, 신종자본증권은 발행금융기관의 판단으로 만기를 영원히 연장(영구채)할 수 있기 때문에 후순위보다 후순위이다.

신종자본증권이 후순위보다 후순위임에도 불구하고 Basel III에서는 완전한 자본(Tier I 자본)으로 인정받기 어렵게 되었다. 이에 따라 후후후순위채인 CoCo Bond가 발행되기 시작했다.

CoCo Bond는 Contingent Convertible Bond의 약자로 일정요건이 충족되면 보통주로 전환되는 조건으로 발행되었으나, 이후 채권전액이 상각되는 조건으로도 발행되고 있다. 우리나라에서 발행되는 CoCo Bond는 발행금융기관이 부실금융기관으로 지정되면 채권금액 전액이 상각되는 상각조건부로 발행되고 있다. 채권이름에 조건부(상)이 포함되어 있으면 상각조건부 CoCo Bond이다.

보증채

채권발행자가 아닌 제3자가 해당채권의 원리금상환에 대해서 보증을 제공한 채권이다. 1997년 IMF 구제금융 신청 이전의 회사채는 대부분 보증채로 발행되었다. 당시의 보증기관은 시중은행, 증권회사, 보증보험회사(한국보증보험, 대한보증보험) 등이었는데, 은행이 보증하면 "은보채", 은행 외의 보증채는 "기보채"(기타보증채의 줄임말)로 구분했다.

IMF구제금융 여파로 발행기업이 부도나고, 대지급의무가 있는 금융기관도 큰 타격을 입었다. 한국보증보험과 대한보증보험은 삼성자동차 회사채의 대지급의무를 이행하지 못했고, 결국 양사가 합병해서 현재의 서울보증보험이 되었다.

보증채의 경우에는 발행기업에 1차적인 채무상환 의무가 있고, 보증기관은 2차적인 채무상환 의무를 부담하게 된다. 연대보증인의 경우에는 채권의 최고(催告)와 검색(檢

素)의 항변권이 없으므로 연대보증인에게 1차적인 채무상환 의무가 있다고 할 수 있다(민법 437조).

1-2-4 이자금액의 변동여부에 따른 분류

고정금리부채권(Straight Bond)

매기 지급하는 이자금액이 고정되어 있는 채권을 고정금리부채권이라고 한다. 우리나라에서 발행되고 있는 채권은 대부분 고정금리부채권이다.

변동금리부채권(FRN, Floating Rate Note)

기준금리(reference rate, 예를 들면 3개월 CD금리)의 변동에 따라 매기 지급되는 이자금액이 달라지는 채권을 변동금리부채권이라고 한다. 기준금리가 상승하면 변동금리부채권의 표면이자가 증가한다. 반대로 기준금리가 하락하면 표면이자가 감소한다. 변동금리부채권의 표면금리는 아래와 같이 구성된다.

변동금리부채권 표면금리 = 3M CD금리(reference rate) + 0.5%(quoted margin)

소비자물가에 따라서 원금과 이자가 변동하는 물가연동국고채(KTBi)도 일종의 변동금리부채권이다.

역변동금리부채권(Inverse Floating Rate Note, Inverse FRN)

기준금리가 상승하면 채권이자가 감소하는 채권을 역변동금리부채권이라고 한다. 역변동금리부채권의 표면금리는 지정금리에서 기준금리를 차감하는 방식으로 결정된다.

Inverse FRN의 표면금리 = 지정금리(고정금리) − 기준금리(reference rate, 예를 들면 3개월 CD금리)

지정금리가 10%이고 3개월 CD금리가 4%이면 역변동금리부채권의 표면금리는 6%가 된다. 만약 3개월 CD금리가 5%로 상승한다면 변동금리부채권의 표면금리는 5%로 하락한다.

고정금리부채권으로 변동금리부채권과 역변동금리부채권을 만들 수 있다. 예를 들어,

한채투1회(3년만기 3개월 이표채, 연4%) 1,000억원으로 변동금리부채권과 역변동금리부채권을 각각 500억원씩 발행하면 표면금리는 다음과 같다.

변동금리부채권의 표면금리: 3개월 CD금리 + 0.4%
역변동금리부채권의 표면금리: 7.6% − 3개월 CD금리

고정금리부채권으로 변동금리부채권과 역변동금리부채권을 각각 50%씩 만들었기 때문에 두 채권의 표면금리에 0.5를 곱하고 더하면 연4%(고정금리부채권의 표면금리)가 된다.

4% = (3개월 CD금리 + 0.4%) × 0.5 + (7.6% − 3개월 CD금리) × 0.5

물가연동채권(Inflation Indexed Bond)

채권 원금과 이자가 물가에 연동해서 변동하는 채권을 물가연동채권이라고 한다. 우리나라에서는 물가연동국고채가 발행되고 있는데, 원금과 이자가 (3개월전)소비자물가지수(CPI, Consumer Price Index)에 연동되어 있다.

소비자물가가 상승하면 채권의 원금이 증가하고, 이에 따라 이자금액도 증가하게 된다. 반대로 소비자물가가 하락하면 원금(액면가액)이 감소하게 되어 이자금액도 감소한다. 소비자물가가 원금과 이자에 모두 영향을 미치므로 물가의 방향이 매우 중요하다.

물가연동국고채의 표면금리를 실질금리(real rate)라고 하는데, 물가상승분이 원금증가로 모두 반영한 후의 금리이기 때문이다. 물가상승위험이 높아지면 구매력을 유지할 수 있는 물가연동국고채의 매력이 증가한다.

명목금리(Nominal Rate) = 실질금리(Real Rate) + Inflation Rate
물가연동채권 수익(만기보유 시) = Real Rate(표면이자) + Inflation Rate(원금증가)

물가연동국고채를 장내에서 매매할 경우에는 매매가격과 결제가격이 다른 점에 유의해야 한다. 증권회사 HTS 호가창에 나오는 매도가격은 물가상승을 반영하지 않은 가격이다.

실제 결제가격은 매매가격에 결제일의 물가연동계수(CPI Ratio)를 곱한 금액이다. 물가연동계수는 기획재정부의 국채시장(http://ktb.moef.go.kr)에서 조회할 수 있다.

1-2-5 옵션의 종류에 따른 분류

전환사채(CB, Convertible Bond)

전환사채는 발행 시에 정한 조건에 따라 주식으로 전환할 수 있는 채권이다. 주식으로의 전환권은 채권투자자가 행사할 수 있는 권리이므로 주식콜옵션(call option on the stock)과 동일하다.

$$CB = Corporate\ Bond + Call\ Option\ on\ the\ Stock$$

전환사채의 권리행사 시, 사채는 소멸되고 주권을 지급받게 된다. 2019.9.16일 전자증권법 시행으로 주권(실물)은 발행되지 않고 등록발행된다(전자적으로 권리행사 가능한 증권).

신주인수권부사채(BW, Bond with Warrant)

신주인수권부사채는 신주를 매입할 수 있는 권리가 부여된 채권이다. 신주인수권(Warrant)을 행사해서 신주를 매입하기 때문에 권리행사 이후에도 사채는 존속한다. 2009년 이후 사채대용납입(社債代用納入) 조건의 분리형BW가 많이 발행되었는데, 현금대신 사채를 납입할 경우에는 신주인수권 행사로 사채도 소멸한다.

비분리형BW의 경우에도 신주인수권행사 시 사채대용납입이 가능하며, 사채대용납입으로 신주인수권을 행사할 경우는 전환사채처럼 부채가 감소(사채가 소멸)하고 자본(자본금)이 증가한다.

상장회사가 분리형BW를 발행하려면 공모로만 발행이 가능하다(자본시장법).

교환사채(EB, Exchangeable Bond)

교환사채는 기존에 발행된 주식과 교환할 수 있는 권리가 부여된 채권이다. 미국은 발행회사가 보유하고 있는 다른 회사의 주식을 교환대상으로 교환사채가 발행되는데 비해 우리나라는 자사주도 교환대상이 된다.

전환사채와 유사하지만, 전환사채는 신주를 발행하는데 시간이 소요되는 반면, 교환사채는 교환권을 행사하는데(주식으로 바꾸는데) 시간이 걸리지 않는다는 장점이 있다. 이 때문에 동일 발행사가 같은 조건으로 전환사채와 교환사채를 동시에 발행할 경우 교환사채의 인기가 더 높다.

전환사채와 신주인수권부사채는 권리행사 시 자본금이 증가하는 반면, 교환사채는 권리행사에도 불구하고 자본금이 증가하지 않는다. 이미 발행되어 있는 주식으로 교환하기 때문이다. 교환사채의 교환권이 행사되면 자산(교환대상주식)과 부채(교환사채)가 동시에 감소하기 때문에 부채비율이 낮아지는 효과는 있다.

자사주를 매입하면 자본감소로 회계처리를 하고, 자사주를 처분하면 자본이 증가하게 된다. 따라서 자사주를 교환대상으로 할 경우에는 교환권이 행사되면 자본이 증가하는 효과가 있다. 이 경우에도 증자가 이루어지는 것은 아니다.

이익참가부채권(PB, Participation Bond)

이익참가부채권은 표면이자 외에 발행사의 이익에 참여할 수 있는 권리가 부여된 채권이다. 1997년 IMF 구제금융 이후 발행된 한국토지공사(현재의 토지주택공사)의 토지수익연계채권은 일종의 이익참가부채권이다. 토지수익연계채권은 고정이자(표면금리에 따른 이자)를 지급하고, 사전에 지정된 토지매각에서 차익이 생길 경우 이자를 추가로 지급하는 채권이다.

콜옵션부채권(Callable Bond)

채권 발행자가 만기 이전에 조기 상환할 수 있는 권리가 부여된 채권이다. 콜옵션은 채권발행자가 행사할 수 있는 권리로써, 일반적으로 채권금리가 하락할 때 콜옵션이 행사되므로 채권투자자(보유자)는 재투자위험에 노출된다.

콜옵션부채권 = 일반채권(Option-Free Bond) − Call Option on the Bond

채권 발행 이후 채권금리가 하락하여 표면이자율(예를 들어 4%)보다 낮은 금리(예를 들어 3.5%)로 자금조달이 가능할 경우에, 기존채권을 매입하고(조기상환하고) 낮은 금리의 채권을 발행한다면 발행자 입장에서 (연0.5%의) 이자비용을 절감할 수 있다.

투자자는 기존의 고금리채권(4%) 대신 저금리채권(3.5%)에 투자해야 되기 때문에 불리하게 된다. 이것이 재투자위험이다.

콜옵션부채권은 재투자위험 외에 일반채권만큼 채권가격이 상승하지 않는 위험(Price Compression Risk)이 있다. 즉시 콜옵션 행사가 가능한 채권의 가격은 금리가 아무리 하락하더라도 콜옵션 행사가격 수준에서 형성된다.

풋옵션부채권(Putable Bond)

채권투자자가 채권의 만기 이전에 원금의 상환을 요구할 수 있는 권리가 부여된 채권이다. 풋옵션의 권리행사는 투자자가 하는 것이기 때문에 풋옵션의 가치는 최소한 0이다. 여건이 불리할 경우에는 풋옵션을 행사하지 않으면 되기 때문이다.

> 풋옵션부채권 = Option Free Bond + Put Option on the Bond

표면금리가 4%인데 시중금리 상승으로 매매금리가 5%가 되었다면 풋옵션을 행사해서 4% 채권을 발행자에게 (액면가격으로) 매도하고, 5% 채권을 매입하여 투자수익을 연1% 높일 수 있다.

옵션부채권(Option Embedded Bond) 요약

① 주식관련옵션: CB, BW, EB
② 만기관련옵션: 콜옵션부채권, 풋옵션부채권

이 중에서 투자자입장에서 불리한 옵션부채권은 콜옵션부채권이다. 발행자가 옵션을 보유하고 있기 때문이다.

1-2-6 자산유동화증권(ABS, ABCP, ABSTB)

ABS(Asset Backed Securities)는 『자산유동화법』, 『상법』에 의거 발행된 일종의 담보채이다. ABCP(Asset Backed Commercial Paper)는 ABS가 어음 형태로 발행된 것으로 실질적으로는 ABS와 동일하다. ABSTB(Asset Backed Short Term Bond)는 자산을 담보로 발행한 단기사채이다. Short Term Bond는 단기사채의 영문명이다.

자산유동화증권은 비유동자산(예를 들면, 부동산, 매출채권 등)에 유동성을 부여하기 위해서 만들어진 증권이다. 자산유동화증권의 발행주체는 서류상 회사(Paper Company)인 SPC(Special Purpose Company)이며, 제공된 담보 외에 신용보강이 추가되는 것이 일반적이다. SPC는 주식회사 또는 유한회사 형태로 설립된다.

채권형펀드의 경우, 『상법』에 근거해서 발행된 자산유동화증권은 사채와 기업어음(CP)으로 분류하는 반면, 『자산유동화법』에 근거해서 발행된 자산유동화증권은 별도로 분류하고 있다. 공모펀드의 경우 채권Sector별 투자비중 제한이 있는데, 『자산유동화법』에 따라 발행된 자산유동화증권의 투자한도 제한을 주의해야 한다.

『자산유동화법』에 따른 유동화회사(SPC, Special Purpose Company)의 설립 및 관리의 불편함 때문에 실무에서는 주로 『상법』에 근거해서 자산유동화증권을 발행하고 있다.

1-3 채권의 특성

이자확정부증권(Fixed Income)

채권은 발행 당시에 지급이자가 결정되어 있는 이자확정부증권이다. 변동금리부채권의 경우에도 이자를 계산하는 방법이 사전에 확정된다.

채권투자수익이 이미 정해져 있기 때문에 채권을 Fixed Income이라고 부른다. 우리나라 회사채는 매3개월마다 이자를 지급하는 3개월 후급 이표채가 대부분이다.

이자지급월이 1월, 2월, 3월인 3개월 이표채를 각각 $\frac{1}{3}$씩 매입하면 매월 이자를 지급받을 수 있다. 1월에 이자를 지급하는 3개월 이표채는 4월, 7월, 10월에도 이자를 지급한다. 2월에 이자를 지급할 경우에는 5월, 8월, 11월에도 지급하고, 3월에 이자를 지급하면 6월, 9월, 12월에도 이자를 지급한다. 매월 생활비 등에 필요한 현금은 이표채 투자로 해결할 수 있다.

기한부증권

채권은 만기가 있고, 만기에는 원금을 돌려준다. 채권으로 발행되었지만 만기에는 현금으로 변하는 특성 때문에 만기로 갈수록 채권가격의 변동성이 감소한다.

예를 들어, 한채투1회(3개월이표채)의 만기가 내일이고, 만기상환 원리금이 10,100원이라고 하자. 오늘 채권가격은 10,100원에서 하루 동안의 이자금액을 차감한 수준에서 형성될 것이다.

만약 한채투1회(3개월이표채)가 10,000원에 거래된다면 하루동안 이자가 100원(10,000원에 매입하여 내일 10,100원에 상환)이 되어 연365%의 투자수익이 가능하다. 이 경우 한채투1회(3개월 이표채)를 매입하려는 수요가 증가해서 결국 1일 이자를 차감한 수준까지 가격은 상승하게 된다.

반대로 만기 하루 전에 한채투1회(3개월 이표채)가 10,200원에 거래된다면, 채권을 보유한 투자자는 모두 매도하려고 할 것이다. 다음날 10,100원 상환 받는 것보다 오늘 10,200원에 매도하는 것이 이익이기 때문이다. 이 때문에 매도물량이 증가하게 되고 결국은 1일분 이자를 뺀 수준까지 채권가격이 하락하게 된다.

이런 현상을 "Pull to Par"라고 한다. 만기에 원금이 상환되기 때문에 채권가격은 원금에 수렴한다는 뜻이다. 채권투자 시에 꼭 활용해야 할 특성이라고 할 수 있다.

기한부증권의 또다른 측면은 만기 이전에는 발행회사의 부도 등의 경우를 제외하고는 상환을 요구할 수 없다는 것이다. 이것을 발행회사가 "기한이익"을 가지고 있다고 한다.

선순위증권

채권자는 주주의 배당에 우선하여 이자를 지급받고, 회사 청산 등의 경우에 주주에 우선하여 회사재산에 대한 청구권이 있다. 즉, 회사채는 주식에 비해 선순위청구권이 있다. 주식회사가 발행한 회사채의 선순위청구권은 『상법』, 『채무자회생 및 파산에 관한 법률』 등에서 확인할 수 있다.

선순위는 후순위, 우선주, 주주에 비해서 선순위라는 의미이고, 선순위 중에서도 우선권이 있는 채무(회사채, CP, 차입금)가 있을 수 있다.

(표준)무보증사채 사채관리계약서의 준수사항(Covenant)으로 동순위 채무에 비해서 유리 또는 불리한 조항을 삽입함으로써 선순위 중에서 순위를 구분할 수 있다. 우리나라는 동일 발행회사가 발행한 회사채의 경우에는 준수사항(Covenant)이 거의 동일한 수준으로 정해지는 것이 일반적이다.

대표적인 예로, 부채비율 300% 준수 같은 것을 들 수 있다. 회차별로 동일한 부채비율 유지의무를 정하고 있다. 물론 예외도 있다.

우리나라는 무담보무보증회사채(선순위)를 (공모로) 발행할 때 (표준)무보증사채 사채관리계약서를 사용하도록 권고하고 있다. 미국은 회차별로 준수사항(Covenant)이 다른 것이 일반적이기 때문에 미국 회사채에 투자할 때는 Covenant분석이 매우 중요하다. 담보채무(담보차입금, 담보회사채)는 채무의 범위 내에서 담보자산에 대한 우선권이 부여되어 있다.

선순위가 아닌 채권을 발행할 경우에는 채권 이름에 순위(예를 들면 후순위)를 표시하여야 한다. KDB생명보험2회(후), 현대상선(신종)1회, 하나금융지주 조건부(상)1-2, 기업은행(신종)0612이30A-11 등이 그 예이다.

KDB생명2회는 후순위라는 의미이고, 현대상선 신종자본증권1회는 선순위이기는 하나 발행회사의 판단으로 만기가 연장될 수 있는 영구채이므로 "신종"으로 표기한다.

현대상선(신종)1회의 경우에는 부도(event of default)가 기한이익상실 사유가 아니고, 청산 시에만 기한이익이 상실된다. 일반적인 선순위는 부도가 발생하면 기한이익이 상실되어 원리금을 상환 받을 수 있는 점을 감안해서, 실무에서는 신종자본증권을 후순위채에 포함시키고 있다.

하나금융지주 조건부(상)1-2회는 상각조건부 코코본드(CoCo Bond)로 후후후순위채이다. 기업은행(신종)0612이30A-11은 후후순위이면서 영구채이다.

매매가능증권

채권은 만기 이전에 매도하여 현금을 회수할 수 있다. 정기예금은 매매가 불가능하고, 만기 이전에 찾을 경우 이자율이 낮아진다.

채권을 만기 이전에 매도할 경우에는 매매가격에 따라서 매매손익이 발생한다. 매입금리보다 높은 금리로 매도하면 매입금리보다 투자수익률이 낮아지고, 반대의 경우에는 매입금리보다 투자수익률이 높아진다.

채권은 장외에서 주로 거래된다. 한국거래소(KRX)에서 거래될 경우에도 일반적으로 주식보다 유동성이 낮다. 여기서 주식보다 유동성이 낮다는 것은 주식보다 매매가 원활하지 않다는 의미이다. 전환사채는 장내거래가 의무화되어 있어서 다른 채권에 비해 유동성이 높은 편이다.

채권의 유동성 제고를 위해서 국고채 장내거래를 유도하고 있고, 금융투자협회에서는 장외채권거래 시스템인 K-Bond를 운영하고 있다.

1-4 채권의 위험

1-4-1 금리변동위험(Interest Rate Risk)

채권가격은 미래현금흐름을 할인하는 방법으로 계산한다. 미래현금흐름은 고정(Fixed)되어 있기 때문에 할인율(채권수익률, 채권금리)이 채권가격을 좌우한다. 할인율이 상승하면 채권가격은 하락하고, 반대의 경우에는 채권가격이 상승하게 된다.

채권을 만기까지 보유할 경우에는 매입 시의 금리로 투자수익률이 확정되지만, 만기 이전에 매도할 경우에는 채권금리상승에 따른 자본손실이 있을 수 있다. 이 때의 자본손실위험(채권가격하락위험)을 금리변동위험이라고 한다.

금리변동위험을 채권의 가격위험(Price Risk)이라고도 한다. 채권금리가 상승하면 채권가격이 하락할 위험이기 때문이다.

1-4-2 신용위험(Credit Risk)

국채 등 정부가 원리금을 보장하는 채권을 제외한 모든 채권을 신용채권(Credit Bond)이라고 하며, 신용채권은 약정된 원리금이 정상적으로 지급되지 않을 수 있다. 우리나라의 경우 국공채(국채, 지방채, 특수채)는 신용위험이 없는 채권, 회사채는 신용위험이 있는 채권으로 분류할 수 있다.

협의의 신용위험은 발행자가 원리금을 지급하지 않는 부도위험을 말한다. 신용채권에 투자할 경우에는 발행자의 부도 외에도, 신용등급이 하락할 위험, 신용스프레드가 확대될 위험이 있다. 신용등급이 하락하면 채권금리가 상승하고 채권가격은 하락한다.

신용스프레드는 신용채권의 금리와 동일 만기의 국채금리와의 차이를 말하는데, 신용스프레드가 낮을수록 우량한 채권이다. 신용스프레드가 낮다는 것은 신용채권의 금리와 동일만기의 국고채금리가 비슷하다는 의미이다.

예를 들어, 한채투1회(3개월 이표채)의 금리가 4%이고, 동일만기 국고채 금리가 3.5%일 경우 신용스프레드는 0.5%이다. B사의 동일만기 회사채금리가 4.5%라면 B사 회사채의 신용스프레드는 1.0%이다.

신용스프레드는 신용위험 외에 유동성위험도 반영하고 있다.

    신용스프레드 = 신용위험 + 유동성위험

넓은 의미의 신용위험은 부도위험, 신용등급하락위험, 신용스프레드확대위험을 모두 포함한다.

1-4-3 유동성위험(Liquidity Risk)

채권을 매도할 때 제값을 받지 못할 위험을 유동성위험이라고 한다. 유동성은 매수-매도 호가차이(Bid-Ask Spread)로 측정할 수 있다. 매수-매도 호가차이가 적다면 유동성이 풍부한 것이고, 반대의 경우에는 유동성이 낮은 채권이다.

예를 들어, 한채투1회(3개월이표채)의 매도호가가 3.99%이고, 매수호가는 4.01%라고 한다면, 매수-매도 스프레드는 0.02%(2basis points)이다. 국고채의 경우에는 0.5bps 수준으로 매수-매도 스프레드가 적고, 신용등급이 낮을수록 매수-매도 호가 차이가 확대되는 것이 일반적이다.

채권의 유동성은 시장상황에 따라 끊임없이 변동하는데, 특히 신용등급이 낮은 채권의 경우에 변동폭이 크다. 일반적으로 경기회복기에는 유동성위험이 낮아지고, 경기침체가 시작되면 유동성위험이 확대된다.

신용등급이 낮은 채권의 경우 신용위험만큼 유동성위험도 중요하다. 따라서 신용등급이 낮은 채권에 투자할 때는 만기매치전략으로 유동성위험을 관리할 필요가 있다.

여기서 만기매치는 투자기간과 채권만기를 일치시키는 것을 말한다.

신용위험과 유동성위험이 동시에 발생하는 경우가 많다. 신용위험이 높아지는 초기에는(경기침체 초기에는) 신용채권 투자자들이 앞다투어 신용채권을 매도하고 국고채를 매입하는 경향이 있다. 이를 Flight to Quality라고 한다. 신용채권에서 안전자산으로 피신한다는 의미이다.

반대로 경기회복 초기에 국채를 매도하고 신용채권을 매입하는 현상을 Flight to Liquidity라고 한다.

1-4-4 콜위험(Call Risk)

채권금리가 하락할 때, 기존의 고금리 채권에 대해 발행자가 콜옵션을 행사할 위험을 콜위험이라고 한다. 여기서 콜옵션은 발행자가 이미 정한 조건으로 채권을 되살 수 있는 권리를 말한다.

채권의 매매금리(시장금리)가 표면금리보다 낮아지면 콜옵션이 행사될 가능성이 높아진다. 투자자는 본인의 의지와 상관없이 고금리채권(표면금리가 높은 채권)을 액면가로 상환 받고, 저금리채권에 투자해야 하기 때문에 재투자위험에 노출된다.

즉시 콜옵션행사가 가능한 채권의 경우에는 채권금리가 하락하더라도 채권가격이 콜옵션가격(Call Price) 이상 상승하지 않는다.

예를 들어, 내일 10,000원에 콜옵션이 행사되는 채권이 있다고 하자. 오늘 시장금리가 큰 폭으로 하락하더라도 이 채권의 가격은 10,000원 이상으로 상승하지 않을 것이다. 채권금리가 하락해서 이 채권을 10,100원에 매수할 경우, 다음날 10,000원에 콜옵션이 행사되면 100원의 손실을 보기 때문이다.

콜옵션부채권에서 주의할 점은 금융기관 또는 금융지주회사가 발행한 콜옵션부채권의 경우 첫번째 콜옵션일에 옵션이 행사되는 것이 국제적인 관행(global practice)이고, 우리나라도 국제적인 관행에 따라서 반드시 첫번째 콜옵션일에 해당채권이 상환된다고 생각하는 것이 맞다. (단, 당국이 정한 자본비율을 충족하지 못할 경우 콜옵션을 행사할 수 없다)

금융기관이 아닌 일반기업이 발행한 콜옵션부채권의 경우에도 첫번째 콜옵션일에 상환되는 것이 일반적이다.

대한항공(신종)79회의 경우, 2018.6.22일 발행한 영구채로 표면금리 5.4%, 2년 콜옵션 조건이었다. 발행 후 2년 시점에 콜옵션을 행사하지 않으면 표면금리가 상승하는 (Step-up) 조건을 붙여서 스스로 콜옵션행사 의지를 표명하였다.

표면금리 Step-up(2년 후): 연5.4% + 연2.5% + 조정금리(2년 후 국고채금리 - 발행시 국고채금리) (이후 매년 0.5% 가산)

발행 후 2년 시점인 2020.6.22일은 Covid-19로 인한 Global Lockdown으로 전세계 항공업계가 심각한 자금난에 봉착했었다. 그럼에도 불구하고 대한항공은 79회 신종자본증권 2,000억원에 대해 콜옵션을 행사했다. 시장과의 약속을 지킨 것이다.

우리나라에서 발행된 콜옵션부채권 중에서 첫번째 콜옵션일에 콜옵션이 행사되지 않은 채권으로 2003.5.28일 발행된 외환은행신종자본증권1회와 현대상선제1회영구채가 있다. 외환은행신종자본증권1회는 금융기관발행 콜옵션부채권 사례이고, 현대상선제1회영구채는 일반기업이 발행한 콜옵션부채권에 대한 사례이다.

외환은행신종자본1회는 발행일로부터 5년 후에 콜옵션 행사가 가능한 채권인데, 당시 외환은행 대주주인 Lone Star와 당국이 신종자본증권(자본으로 인정되는) 특혜 발행 문제로 소송 중이어서 1년 후인 2009.5.28일 콜옵션 행사로 상환되었다.

현대상선제1회영구채는 2012.12.27일, 5년콜로 200억원 발행되었다. 2017.12.27일이 첫번째 콜옵션일이었으나, 2016년 채무재조정으로 회사 사정이 어려워서 첫번째 콜옵션일로부터 1년 후인 2018.12.27일에 콜옵션 행사되어 상환되었다.

두 채권의 경우처럼 특별한 경우에는 콜옵션행사가 지연될 수 있지만, 정상적인 경우에는 발행자 입장에서 콜옵션행사가 불리할 경우라도 첫번째 콜옵션일에 행사된다고 가정하고 채권을 매입하는 것이 안전하다.

기업은행(신종)0612이30A-11의 경우, 2006.12.11일 발행하고 10년 시점인 2016.12.12일(12.11일은 일요일) 콜옵션이 행사되어 상환되었다. 동채권은 표면금리 6.36%, 3개월 이표채라서 매3개월마다 159원의 이자를 지급했고, 2016.12.12일에는 원금을 포함해서 10,159원 상환했다.

동채권의 경우 콜옵션행사로 상환되는 당일(2016.12.12일)에도 장내에서 10,450원에 거래되었다. 10,450원에 채권을 매입한 투자자는 당일에 수수료를 제외하고도 액면금액 10,000원당 291원의 손실을 입었다.

콜옵션일로부터 1개월 전에 기업은행이 콜옵션을 행사해서 한국예탁결제원 증권정보포털(http://seibro.or.kr)에서 조회가 가능했다. 그렇지 않더라도 금융기관이 발행한 콜옵션부채권은 첫번째 콜옵션일에 옵션이 행사되어 상환된다는 것을 알았더라면 이런 손실은 피할 수 있었다.

필자가 나중에 조회해본 결과 콜옵션 행사로 상환된 2016.12.12일로부터 3개월 이전까지 계속해서 매매단가는 10,250원~10,450원 수준이었다. 3개월동안 동 채권을 매입한 투자자는 모두 손실을 입었다는 것을 알 수 있다.

일반기업이 발행한 신종자본증권(또는 영구채)의 경우, 콜옵션일자보다 더 빨리 콜옵션이 행사될 위험을 주의해야 한다.

앞의 대한항공(신종)79회의 경우 발행자가 콜옵션을 행사할 수 있는 경우는 3가지이다. 첫번째는 발행 후 2년시점, 그리고 매1년 단위, 두번째는 신종자본증권이 자본으로 분류할 수 없게 되는 경우(당국에서 부채로 분류하도록 하는 경우), 세번째는 대주주가 제3자(계열사가 아닌)로 변경되는 경우(Change of Control Call)이다.

대주주가 변경되는 경우에는 채권투자자의 풋옵션이 부여되는 것이 일반적인데, 대한항공(신종)79회에는 콜옵션이 부여되었다.

대주주 변경 시 투자자에게 풋옵션권리가 부여되는 것을 "Change of Control Put"이라고 한다.

1-5 채권에 사용되는 기본용어

발행일(Issue Date)

채권을 발행한 날이며 이자계산의 시작일이다. 채권을 발행하기 전에 매도하는 경우가 있다. 이를 선매출이라고 한다.

첨가소화되는 제1종국민주택채권, 도시철도채권, 지역개발채권이 대표적인 선매출채권이다. 이들 채권은 매월 1일부터 매출되지만 발행일은 매월말일이다.

발행일부터 이자가 계상되니까, 매출일부터 발행일까지의 기간 동안은 원금을 할인해서 매출(매도)한다. 매입가격은 선매출기간 동안의 이자만큼 할인된 가격이다.

만기일(Maturity Date)

채권의 원금을 상환하는 날이다. 콜옵션부채권과 풋옵션부채권의 경우 만기 이전에 상환이 이루어질 수 있으며, 신종자본증권과 영구채는 만기가 명시되지 않거나, 만기가 있더라도 연장될 수 있다.

액면가액(Face Value)

우리나라 채권의 액면가액(액면금액)은 10,000원이다. 2012년 4월(상법 개정) 이전에는 회사채의 액면금액이 10,000원이라는 『상법』 조항이 있었다. 『상법』의 해당 조항이 삭제되었음에도 불구하고 우리나라 채권의 기본단위는 10,000원이다.

액면가액은 채권의 원리금(원금과 이자)을 계산할 때 사용된다. 만기상환율이 100%가 아닌 경우 액면금액에 만기상환율을 곱해서 만기상환금액을 계산한다.

예를 들어, 2023.7.3일 만기인 한진칼 제3회 회사채의 만기상환율은 105.5293%이다. 만기상환금액을 계산하면 액면금액 10,000원당 10,552.93원이다.

표면금리(Coupon Rate)

채권의 권면에 명시되어 있는 이자율이며, 채권이자를 계산할 때 사용된다. 개인이 직접 채권에 투자할 경우의 과세대상소득은 표면이자와 할인액이다. 따라서 표면금리가 높은 채권은 과세대상소득이 상대적으로 높다.

한채투1회(3개월이표채)의 표면금리가 4%인데, 연4%를 의미한다. 전세계적으로 금융상품(채무증권)은 모두 연율화해서 사용한다.

표면이자금액(Coupon)

액면금액에 표면금리를 곱한 금액이다. 한채투1회(3개월 이표채)는 표면금리가 4%이므로 연간 이자금액은 400원이고, 1회 이자금액은 100원이다.

이자지급주기(Coupon Period)

이자를 지급하는 기간을 이자지급주기라고 한다. 국고채는 매6개월마다 이자를 지급하므로 이자지급주기는 6개월이다. 한채투1회(3개월 이표채)의 이자지급주기는 3개월이다.

이자지급주기는 경과이자계산, 채권가격계산에 필요하다. 이표채는 이자를 후급(이자지급주기의 마지막날에 지급)하고, 할인채와 CP(단기사채 포함)는 이자를 선지급하는 것이 일반적이다.

할인채는 액면금액에 발행금리(할인금리)를 곱해서 이자를 먼저 계산한 후, 액면금액에서 이자를 차감하여 발행가액을 결정하기 때문에 이자를 선지급한다고 한다. 할인채를 발행 및 매매할 때는 이자를 미리 공제하는 것과 같다.

만기보장수익률

일반적인 채권의 경우, 만기에 상환되는 원금은 액면금액이다. 그러나, 옵션부채권의 경우 만기까지 옵션을 행사하지 않으면 표면금리보다 더 높은 금리를 보장해주는 경우가 있다. 이를 만기보장수익률이라고 한다.

예를 들어, 한진칼3회 회사채의 표면금리는 2%, 만기보장수익률은 3.75%이다. 한진칼3회는 2020.7.3일 발행하고 2023.7.3일 만기로 발행되었는데, 분리된 신주인수권을 행사할 때 사채대용납입이 가능한 채권이다. 만기 이전에 사채대용납입을 하지 않고 만기까지 보유할 경우에는 3년간 연3.75%를 보장하는 조건으로 발행되었다.

만기상환율

상환금액을 액면금액으로 나누어 백분율로 표시한 비율이다. 한진칼3회 회사채의 만기상환율이 105.5293%인데, 이는 만기상환금액 10,552.93원을 10,000원으로 나누어서 백분율로 계산한 것이다.

만기상환금액(Par Value, Maturity Value)

액면금액에 만기상환율을 곱한 금액이다. 대부분의 채권은 만기상환율이 100%이므로 만기상환금액은 액면가인 10,000원이다.

한진칼3회 회사채의 만기상환율은 105.5293%이므로 만기상환금액은 10,552.93원이 된다. 한진칼3회의 원금증가분(할인액)을 계산하는 방법은, 먼저 표면금리와 만기보장수익률의 차이만큼 이자를 계산하고, 그 이자의 원리금을 만기보장수익률(3개월복리)로 계산한다.

한진칼3회의 원금증가분(할인액) 계산 방법(엑셀표)

일자	재투자기간	이자금액	이자의 원리금	비고
2020-10-03	11	43.75	48.48	$= 43.75 \times (1 + \frac{0.0375}{4})^{11}$
2021-01-03	10	43.75	48.03	$= 43.75 \times (1 + \frac{0.0375}{4})^{10}$
2021-04-03	9	43.75	47.58	
2021-07-03	8	43.75	47.14	
2021-10-03	7	43.75	46.70	
2022-01-03	6	43.75	46.27	
2022-04-03	5	43.75	45.84	
2022-07-03	4	43.75	45.41	
2022-10-03	3	43.75	44.99	
2023-01-03	2	43.75	44.57	
2023-04-03	1	43.75	44.16	
2023-07-03	0	43.75	43.75	
			552.93	

$$43.75원 = 10,000원 \times \frac{(3.75\% - 2.00\%)}{4}$$

한진칼3회 회사채의 만기상환금액은 액면가액 10,000원에 복리로 계산한 미지급이자 금액 552.93원을 더하면 된다. 552.93원은 할인액으로 간주되어 과세대상소득이다.

10,552.93원(만기보장금액) = 10,000원(액면금액) + 552.93원(미지급이자, 할인액)

기한이익(期限利益)

채권발행자는 이자를 지급하는 한 만기 이전에 원금을 상환하지 않아도 된다. 이를 채권발행자가 기한의 이익을 가지고 있다고 한다. 채권투자자는 채권발행자에게 기한의 이익을 부여한 것이다.

기한이익상실(期限利益喪失, Acceleration)

채권발행자가 정해진 일자에 이자를 지급하지 못할 경우에는 채권의 만기 이전에 원리금을 상환할 의무가 생긴다. 투자자 입장에서 만기 이전에 원금을 상환 받을 권리가 생긴다. 만기까지 원금을 상환하지 않아도 되는 기한이익이 없어지기 때문에 기한이익상실이라고 한다.

기한이익상실사유는 사채관리계약서(공모 회사채) 또는 사채인수계약서(사모 회사채)에 명시되어 있다. 기한이익상실사유는 ISDA(International Swaps and Derivatives Association)의 EOD(Event of Default)를 적용하는 것이 일반적이다.

공모회사채의 사채관리계약서에는 즉시 기한이익이 상실되는 기한이익상실사유와 사채권자집회에서 기한이익상실을 선언할 수 있는 기한이익상실선언사유로 구분하고 있다.

영어로 Acceleration이라고 하는 것은 부도발생일(이자미지급일)로 만기가 앞당겨지기 때문이다.

콜옵션일(Call Date)

채권의 발행자가 만기 이전에 원금을 상환할 수 있는 날을 콜옵션일이라고 한다. 만기까지 콜옵션일이 여러 번 있을 경우에는 첫번째 콜옵션일(First Call Date), 두번째 콜옵션일(Second Call Date), … 등으로 표시한다.

콜옵션(행사)가격(Call Price)

채권의 발행자가 콜옵션을 행사할 때 지급하는 원금 금액이다. 이자금액은 콜옵션가격에 포함되지 않는다(별도 지급). 콜옵션가격은 액면가액, 액면가액 + 프리미엄 등 다양하게 결정될 수 있다. 여러 번 콜옵션 행사가 가능할 경우에는 콜옵션가격이 점차 낮아지는(Scale Down) 경우도 있다.

예를 들어, 5년만기채를 발행하고 1년 후부터 매년 콜옵션행사가 가능할 경우에, 1년 후의 콜옵션가격은 10,400원, 2년 후에는 10,300원, 3년 후에는 10,200원, 4년 후에는 10,100원 등으로 정할 수 있다. 만기로 가면 갈수록 콜옵션프리미엄이 낮아지는 것이다.

풋옵션일(Put Date)

채권투자자(보유자)가 만기 이전에 원금을 상환 받을 수 있는 날을 풋옵션일이라고 한다. 만기 이전에 여러 번 풋옵션행사가 가능할 경우, 일자별 풋옵션가격이 다르게 정해지는 것이 일반적이다. 일자별 풋옵션가격을 Put Schedule이라고 한다.

풋옵션행사기간

채권투자자가 풋옵션을 신청할 수 있는 기간이다. 일반적으로 풋옵션일 60일 전부터 30일 전까지 풋옵션을 행사할 수 있다. 풋옵션행사는 투자자의 중요한 권리이므로 금감원 전자공시(dart)에서 반드시 풋옵션 행사기간을 확인할 필요가 있다.

2016.9.1일 부도난 **한진해운78회** 회사채의 경우, 2013.5.23일 발행, 2017.5.23일 만기, 발행일로부터 2년 6개월인 2015.11.23일과 그 이후 매6개월마다 풋옵션이 가능한 조건으로 발행되었다.

한진해운78회의 풋옵션 행사기간은 풋옵션일 3개월전부터 2개월전까지이었다. 일반적인 풋옵션 조건을 생각하고 느긋하게 풋옵션을 신청하려던 투자자는 행사기간이 종료되었다는 사실을 알고 크게 놀랐을 것이다. 풋옵션 행사기간이 끝난 2015.9.23일부터 연말까지 거의 매일 한진해운의 구조조정관련 기사가 나왔기 때문이다.

2016.5.19일 한진해운78회의 풋옵션행사일(2016.5.23일)을 연기하는 사채권자 집회가 개최되었는데, 잔존 사채금액은 약360억원이었다. 사채권자집회에 참석한 투자자 중 여러 명으로부터 풋옵션 행사기간을 놓쳤다는 얘기를 들었다.

풋옵션가격(Put Price)

풋옵션을 행사할 경우에 받는 원금 금액이 풋옵션가격이고, 표면이자는 별도로 지급 받는다. 표면금리와 만기보장수익률이 다른 채권의 경우, 풋옵션가격은 액면가액과 만기상환금액 사이에 있다.

예를 들어 한진칼3회 회사채의 풋옵션은 발행 후 2년인 2022.7.3일부터 매3개월마다 행사가 가능하다. 2022.7.3일의 풋옵션가격은 10,361.70원으로 액면가액 10,000원보다는 크고, 만기상환금액인 10,552.93원보다는 적다.

여기서 풋옵션가격 10,361.70원 중에서 361.70원은 과세대상소득이라는 점에 주의해야 한다. 세법 상으로는 10,361.70원이 원금이고, 발행가액은 10,000원이기 때문에 361.70원은 할인액이 된다.

채권이자에 대한 과세대상소득은 표면이자와 할인액이다.

모집(募集)

50인 이상의 투자자를 대상으로 신규로 발행되는 증권의 취득의 청약을 권유하는 행위를 모집이라고 한다. 모집은 발행하지 않은 채권을 청약의 대상으로 한다.

매출(賣出)

50인 이상의 투자자에게 이미 발행된 증권의 매도의 청약을 하거나, 매수의 청약을 권유하는 행위를 매출이라고 한다. 매출은 이미 발행된 채권을 청약의 대상으로 하는 것이다. 모집, 매출의 방법이 아닌 방법으로 증권을 발행할 경우를 사모발행이라고 한다.

청약의 권유

권유 받은 자에게 증권을 취득하도록 하기 위하여 신문, 방송, 잡지 등을 통한 광고,

안내문, 홍보전단 등 인쇄물의 배포, 투자설명회 개최, 전자통신 등의 방법으로 유가증권을 발행 또는 매도한다는 사실을 알리거나 취득의 절차를 안내하는 활동을 청약의 권유라고 한다.

Add-On Interest

간편이자계산 방법으로 상환원리금을 계산할 때 사용하는 이자율을 add-on interest rate라고 한다. 매월 상환원금은 대출기간 동안의 개월 수로 나누어서 계산하고, 월이자는 대출금액에 연이자율을 곱하고 12로 나누어서 계산한다.

예를 들어, 1억원을 7년간 연5%이자율로 차입할 경우, 원금은 매월 1,190,476원(=100,000,000/84개월) 상환하고, 이자는 매월416,666원(=100,000,000*0.05/12)씩 상환해야 한다. 따라서 7년동안 매월 1,607,142원씩 상환해야 한다.

제2장
국채, 지방채, 특수채, 회사채, ABS

- 2-1 국채
- 2-2 지방채
- 2-3 특수채
- 2-4 회사채
- 2-5 기업어음(Commercial Paper)
- 2-6 자산유동화증권(ABS, ABCP, ABSTB)
- 2-7 콜론과 콜머니
- 2-8 단기사채(STB, Short Term Bond)

채권기초
THE BASICS OF BONDS

THE BASICS OF BONDS

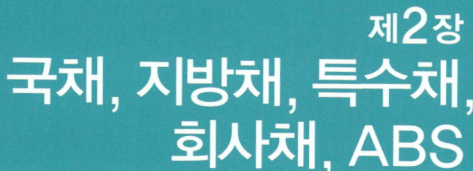

제2장
국채, 지방채, 특수채, 회사채, ABS

2-1 국채

2-1-1 국채의 종류

국채는 국가가 공공목적에 필요한 자금을 확보하거나 기 발행된 국채의 상환을 위해 발행하는 채권으로서, **국고채권**, (외화표시)**외국환평형기금채권**(외평채), 제1종 **국민주택채권** 등이 있다. 만기 1년 미만으로 할인 발행되는 재정증권은 넓은 의미의 국채에 포함된다.

국고채 / 외평채 / 재정증권

구 분	발행목적	만기(년)	이자지급방법
국고채권	사회복지정책 등 공공목적 수행	2, 3, 5, 10, 20, 30, 50	6개월후급
외평채	외화자금확보, 해외부문통화관리	10~30	3개월후급
재정증권	일시부족자금조달	1년 이내	할인채

* 외평채는 외화표시로만 발행되고 있다.

(출처: 기획재정부 국채시장)

국민주택채권

종류	내용	만기	금리
1종	등기·등록, 인·허가 시 첨가소화형태로 발행	5년	실세반영
2종	전용면적 85㎡ 이상 분양 받을 때 채권입찰제로 발행	10년	0%
3종	공공택지 분양 시 건설업체에 발행	10년	0%

* 2종은 2013.5월 발행중단, 3종은 2006.2월 발행폐지

(출처: 기획재정부 국채시장, 국민주택채권업무편람 2021.12)

국고채권(Korea Treasury Bond)

국가의 재정정책 수행에 필요한 자금을 조달하기 위해 공공자금 관리기금(1994.1.1일 시행)의 부담으로 발행되는 국채로서 『국채법』을 근거로 발행된다. 1994년에는 농지채권·농어촌발전채권·국민주택기금채권, 2000년 1월에는 양곡관리기금채권, 2003년 11월에는 (원화표시)외국환평형기금채권이 국고채에 통합되어 하나의 채권으로 발행되고 있다. 2007년부터 10년만기 물가연동국고채가 발행되고 있다.

국고채의 발행, 상환, 교환, 원리금지급 및 이와 관련된 공고, 입찰, 상장신청 등 국고채 발행사무는 『국채법』에 따라 정부를 대신하여 한국은행이 수행하고 있다.

국고채 발행사무는 한은금융결제망(BOK Wire+)으로 이루어지며, 입찰참가기관인 국고채전문딜러(PD, primary dealer)와 예비국고채전문딜러는 BOK Wire+ 단말기를 이용하여 입찰정보의 조회, 응찰, 낙찰결과 수신 및 확인, 낙찰대금 납부, 등록 신청 등을 수행하고 있다.

국고채 응찰 및 낙찰 정보는 한국은행의 BOK Wire+와 정부의 디지털예산회계시스템(dBrain)의 연계를 통해 이루어지고, 국고채 발행등록 및 예탁 정보는 BOK Wire+와 한국예탁결제원 예탁결제시스템(SAFE+)간 연계를 통해 자동 송수신하고 있다.

국채 중에서 국고채 발행규모가 가장 크고 거래도 활발하다. 최근 발행된 국고채(당발물, On-the-Run Issue) 매매금리(유통수익률)는 지표금리(base rate) 역할을 한다. 국고채는 만기 2년물, 3년물, 5년물, 10년물, 20년물, 30년물, 50년물의 7가지 만기 고정금리부 채권과 원금이 물가에 따라 변동하는 물가연동국고채(만기10년)의 형태로 발행되고 있다.

30년만기 국고채는 2012.12월(국고03000-4212), 50년만기 국고채는 2016.9월(국고01500-6609)부터 발행되고 있다. 2년만기 국고채는 단기물 발행의 필요성 때문에 2021.3월부터 발행을 개시하였다.

국민주택채권

정부가 국민주택사업에 필요한 자금을 조달하기 위해서 발행하는 국채이다. 『주택도시기금법』과 『국채법』에 근거하여 발행하고, 채권발행으로 조달한 자금은 주택도시기금(http://nhuf.molit.go.kr)의 주요 재원이다.

국민주택채권의 매출 및 상환업무 등은 국토교통부장관이 지정하는 금융기관(국민주택채권 사무지정취급기관)이 담당하고 있다. 제1종은 우리은행, 농협은행, 신한은행, 중소기업은행, 국민은행, 제2종은 우리은행이 사무취급기관으로 지정되어 있다. (국민주택채권업무편람, 2021.12)

국민주택채권은 『주식·사채 등의 전자등록에 관한 법률』에 따른 전자등록기관에 전자등록하여 발행한다. 채권자는 이미 전자등록된 국민주택채권에 대하여 증권의 교부를 청구할 수 없다.

제1종 국민주택채권은 『주택도시기금법』에서 정한 면허·허가·인가를 받거나 등기·등록을 신청하는 자 또는 국가·지방자치단체·공공기관과 건설공사의 도급계약을 체결하는 자 등에게 첨가소화형태(의무매입)로 발행된다.

1973.3.2일 만기5년, 연6% 금리로 최초 발행되었으며, 1980년 초에는 금리가 12%까지 상승하기도 했다. 2022.9월 현재의 표면금리는 연1.0%이고 발행잔액은 약78조원이다. 표면금리는 실세금리를 반영하여 결정된다.

제2종 국민주택채권은 공공택지내 국민주택규모(85㎡) 초과 분양가상한제 주택을 공급받고자 하는 자가 매입하는 채권(채권입찰제)이다. 1983.5월 만기20년, 연3%로 최초 발행되었으며, 2013.5월 채권입찰제 폐지로 발행을 중단하고 있다.

제3종 국민주택채권은 공공택지내 국민주택규모(85㎡) 초과하는 주택을 공급하고자 하는 자(분양사업자, 시행사)가 매입하는 채권이다. 2005.3월 만기10년, 0% 금리로 최초 발행되었으며, 2006.2월 발행이 폐지되었다.

제2종과 제3종은 동일주택을 대상으로 발행되기 때문에 한 시점에 한 종류의 채권만 발행된다. 제2종과 제3종이 동시에 발행되지는 않는다. 제3종은 제2종채권 부활로(채권입찰제 시행으로) 2006.2월 폐지되었다.

▶ (외화표시)외국환평형기금채권(Foreign Exchange Stabilization Bond)

외화표시 외국환평형기금채권은 외국환평형기금의 재원조달을 위해 정부가 발행하는 국채로서 기준금리(미국 국채금리)에 우리나라의 신용도를 고려한 가산금리를 붙여서 발행된다. 외평채금리는 공기업(산업은행, 한국전력 등) 및 민간기업(GS칼텍스 등)이 외화표시채를 발행할 때 기준금리 역할을 한다.

외국환평형기금채권은 원화표시로 발행되어 오다가, IMF 구제금융 이후 외화표시로도 발행하기 시작했다. 2003.11월부터 원화표시 외평채는 국고채에 통합되어 발행되고 있으며, 동 국고채 발행대금은 공공자금관리기금을 경유하여 외국환평형기금으로 들어오도록 채권발행 방법이 변경되었다.

2-1-2 국채 발행절차

국채는 기획재정부장관이 중앙정부의 각 부처로부터 발행요청을 받아 국채발행 계획안을 작성한 후 국회의 심의 및 의결을 거쳐 발행된다. 국채발행규모는 국회의 동의를 받은 한도 이내에서 정부가 결정하며 공개시장에서의 발행을 원칙으로 한다.

(출처: 기획재정부 국채시장)

국고채의 원금상환, 이자지급 등 발행 및 관리업무는 한국은행이, 국민주택채권의 경우에는 시중은행이 대행하고 있다.

국고채의 경우 통상 낙찰금액 납입일 1영업일 전에 국고채전문딜러(Primary Dealer)를 대상으로 한국은행 BOK Wire 시스템을 통해 경쟁입찰로 발행한다.

(출처: 기획재정부 국채시장)

국고채 통합발행

통합발행(Fungible issue)이란 국고채의 유동성을 제고하기 위해 일정 기간동안 발행하는 국고채의 만기일과 표면금리를 단일화하여 통합함으로써 종목당 발행규모를 대형화하는 제도이다(기재부 국채시장 홈페이지).

2년물은 3개월 단위로, 3년물, 5년물, 10년물, 30년물은 6개월 단위로, 20년물은 1년 단위로, 물가연동국고채와 50년물은 격년 단위로 만기일과 표면금리를 단일화하여 통합발행하고 있다.

통합발행에 따른 할인액은 비과세소득

소득세법 시행령 22조의2에서 국고채 통합발행에 따른 할인액은 이자와 할인액으로 보지 않으므로 원천징수대상에서 제외된다.

예를 들어, 국고02500-5203(22-2)의 발행일은 2022.3.10일, 만기일은 2052.3.10일, 표면금리는 연2.50%이다. 이 종목은 2022.5.30일 입찰에서 3.06%로 낙찰되었고, 표면금리와 낙찰금리 차이(할인액) 0.56%는 비과세소득(원천징수 및 종합소득세에 포함되지 않음)이다.

[소득세법 시행령]

제22조의2(국채 등의 이자소득) ① 국가가 발행한 채권이 원금과 이자가 분리되는 경우에는 원금에 해당하는 채권 및 이자에 해당하는 채권의 할인액은 이를 법 제16조제1항제1호의 규정에 따른 채권의 할인액으로 본다.

② 다음 각 호의 채권을 공개시장에서 통합발행(일정 기간 동안 추가하여 발행할 채권의 표면금리와 만기 등 발행조건을 통일하여 발행하는 것을 말한다)하는 경우 해당 채권의 매각가액과 액면가액과의 차액은 법 제16조제1항제1호 또는 제2호에 따른 이자 및 할인액에 포함되지 아니하는 것으로 한다. 〈개정 2008. 2. 22., 2010. 2. 18., 2014. 12. 30.〉

    1. 국채
    2. 「한국산업은행법」 제23조에 따른 산업금융채권
    3. 「예금자보호법」 제26조의2 및 동법 제26조의3의 규정에 따른 예금보험기금채

권과 예금보험기금채권상환기금채권

4. 「한국은행법」 제69조에 따른 한국은행통화안정증권

③ 국가가 발행한 채권으로서 그 원금이 물가에 연동되는 채권(이하 "물가연동국고채"라 한다)의 경우 해당 채권의 원금증가분은 법 제16조제1항제1호에 따른 이자 및 할인액에 포함된다. 〈신설 2007. 2. 28., 2013. 2. 15., 2016. 2. 17.〉

[전문개정 2006. 2. 9.]

일반인 우선배정(비경쟁입찰)

국고채를 인수하고자 하는 일반인은 국고채전문딜러로 지정된 기관에 계좌를 개설한 후 국고채전문딜러를 통해 국고채 인수를 신청할 수 있다.

일반인은 입찰 공고일부터 입찰 전일까지 국고채전문딜러에게 인수 희망금액을 기재한 입찰청약서를 제출하고 청약증거금을 납부하면 된다. 일반인 최소응찰금액은 10만원이며, 최대응찰금액은 10억원이다.

응찰에 참여한 일반인에게는 50년물을 제외하고 경쟁입찰 발행예정금액의 20% 범위 내에서 국고채를 우선적으로 배정한다. 일반인은 입찰금리를 제시할 수 없으며, 낙찰금리는 국고채전문딜러 경쟁입찰을 통해 결정된 최고낙찰금리로 결정된다. 국고채의 교부와 낙찰금액의 납입은 입찰일의 익일에 이루어진다(국채백서 2021).

2-1-3 물가연동국고채

물가연동국고채권(Inflation Linked Korea Treasury Bond, KTBi)은 원금 및 이자 지급금액을 물가에 연동시켜 채권투자에 따른 물가변동위험을 제거함으로써 투자자의 실질구매력을 보장하는 채권이다. 물가연동국고채권은 정부의 이자비용 절감, 안정적인 재정 조달기반 확보, 민간의 물가연동채권 발행 시 기준금리 제공 및 효율적인 물가예측지표 도입을 위해 2007.3월 최초 발행되었다.

일반적인 국고채는 상환될 때까지 원금이 변동하지 않고, 이자도 일정한데 반해, 물가연동국고채권은 원금이 물가에 연동되어 증감하기 때문에 발행 이후 물가 변동에 따라 원금 및 이자가 달라진다.

물가연동국고채권의 원금은 물가연동국고채권 발행당시의 액면가 × 물가연동계수로 산출하게 된다. 이렇게 정해진 원금액에 표면이율을 곱하여 이자금액이 계산되기 때문에 이자도 물가수준에 영향을 받게 된다.

$$\text{물가연동계수(CPI Index Ratio)} = \frac{\text{지급일 소비자물가지수(CPI Index)}}{\text{발행일 소비자물가지수(CPI Index)}}$$

물가연동계수는 발행일부터 결제일까지 물가상승률을 나타낸다.

발행일 및 지급일 소비자물가지수(CPI Index)는 3개월전 소비자물가지수를 사용한다. 소비자물가 변동이 3개월 시차를 두고 물가연동국고채권에 영향을 미친다는 것을 알 수 있다. 따라서 물가연동계수(CPI Index Ratio)도 3개월전 소비자물가지수를 사용하여 계산한다. 매일의 물가연동계수는 기획재정부 국채시장(http://ktb.moef.go.kr)에서 조회할 수 있다.

예를 들어, 만기10년, 액면 100억원, 표면금리 1.5%(매6개월 후급)인 물가연동국고채를 발행하는 경우, 발행일 소비자물가지수(CPI Index)를 100으로 가정하고 향후 아래와 같이 CPI Index가 상승한다고 할 때 투자자가 받게 되는 이자와 만기상환 금액은 다음과 같다.

물가연동국고채의 원금과 이자계산 방법 예시

일시	CPI	조정 원금	이자계산식	세전이자
발행일	100	100억원	–	–
0.5년 후	101	101억원	$100억원 \times \frac{101}{100} \times \frac{0.015}{2}$	0.76억원
1년 후	102	102억원	$100억원 \times \frac{102}{100} \times \frac{0.015}{2}$	0.77억원
1.5년 후	106	106억원	$100억원 \times \frac{106}{100} \times \frac{0.015}{2}$	0.80억원
…	…	…	…	…
10년 후	120	120억원	$100억원 \times \frac{120}{100} \times \frac{0.015}{2}$	0.90억원

(출처: 기획재정부 국채시장)

물가연동국고채 발행종목 예시(2022.6.30일 기준)

물가01625-3206(22-6)
물가01125-3006(20-5)
물가01750-2806(18-5)
물가01000-2606(16-5)
물가01750-2506(15-5)
물가01125-2306(13-4) (물가상승에 따른 원금증가분 비과세)

2012년 제도변경내용

2015년 이후 발행되는 물가연동국고채권의 경우 물가상승분이 과세대상소득에 포함되고, 물가하락 시에 액면금액(10,000원)을 보장해주는 것으로 제도가 변경되었다. 물가13-4는 2015년 이전에 발행한 물가연동국고채이기 때문에 물가상승에 따른 원금증가분이 비과세소득이다.

물가연동국고채의 매매가격

물가연동국고채는 물가변동에 따라 이자금액이 변동하는 일종의 변동금리부채권(Floating Rate Note)이지만, 가격계산방법은 일반 FRN과는 다르다.

물가연동국고채 매매가격 및 결제가격 계산방법

1. 발행일부터 만기까지 물가가 변동하지 않는다고 가정한 현금흐름을 생성한다(액면가액과 표면금리로 현금흐름을 생성한다.).
2. 물가연동국고채의 매매금리(할인율, 민평금리 등)로 현금흐름(CF)을 할인하여 매매가격(PV)을 계산한다.

$$\text{매매가격(PV)} = \sum_{t=1}^{n} \frac{CF_t}{(1+\frac{y}{2})^t} \quad (y: \text{매매금리})$$

3. 매매가격에 결제일의 물가연동계수를 곱해서 결제가격을 계산한다.
   결제가격 = 매매가격(PV) × 물가연동계수(CPI Index Ratio)

물가연동국고채의 가격계산 사례(excel)

물가01125-3006(20-5)

발행일	2020-06-10		
만기일	2030-06-10		
액면금액	10,000		
표면금리	1.125%	2	0.56250%
결제일	2022-07-06	2022-06-10	183
매매금리	1.200%		

잔존일수	일자	이자	원금	CF	PV
157	2022-12-10	56.25		56.25	55.96
1	2023-06-10	56.25		56.25	55.63
2	2023-12-10	56.25		56.25	55.30
3	2024-06-10	56.25		56.25	54.97
4	2024-12-10	56.25		56.25	54.64
11	2028-06-10	56.25		56.25	52.40
12	2028-12-10	56.25		56.25	52.09
13	2029-06-10	56.25		56.25	51.77
14	2029-12-10	56.25		56.25	51.47
15	2030-06-10	56.25	10,000	10,056.25	9,146.11
				매매가격	9,951.39

물가연동계수	1.06935	(결제일)
결제가격	10,641.1	

물가01125-3006(20-5)의 발행일은 2020.6.10일, 결제일(당일 결제의 경우 매매일)은 2022.7.6일이다. 매매금리 1.200%일 때 매매가격(PV)은 9,951.39원이다. 실무에서는 원미만은 절사하고 9,951원에 거래한다.

발행일부터 결제일까지의 물가상승률(물가연동계수)이 1.06935이므로 결제가격은 10,641.1원(=9,951×1.06935)이 된다. 실제로는 10,641원(원미만 절사)이다. 물가연동계수가 1.06935이므로 약 2년동안 물가가 6.9%상승했음을 알 수 있다.

2-1-4 국고채 원금-이자분리제도

원금-이자분리제도(STRIPS, separate trading of interest and principal of securities)란 이표부 채권의 원금과 이자를 분리하여 각각 별개의 무이표채권으로 만드는 제도이다. 우리나라는 2006.3월부터 국고채 스트립을 도입하였다.

국고채 스트립은 신규로 발행되는 모든 국고채를 대상으로 하며, 스트립된 채권은 원금과 이자의 재결합도 가능하다. 물가연동국고채는 원금과 이자가 소비자물가지수에 따라 변동되기 때문에 스트립 대상채권에서 제외된다.

국고채 스트립을 활용하면, 6개월마다 이자가 지급되는 5년만기 채권(이표채)으로, 매기 지급되는 이자(10개)와 만기에 지급되는 원금으로 총11개의 무이표채(할인채)를 만들 수 있다. 반대로 분리된 무이표채(할인채)를 결합하여 분리 이전의 이표채를 만들 수도 있다. 이를 Reconstitution이라고 한다.

우리나라의 경우, 이표채는 이자지급주기단위로 복할인하고, 할인채는 연단위로 복할인하는 방법으로 채권가격을 계산하는데, 6개월 이표채인 국고채를 매입하고 원금과 이자를 분리하여 할인채를 만들면 연단위로 복할인하게 되어 매매금리가 동일하더라도 분리된 채권가격이 높게 된다. 이 때문에 Strips을 이용한 차익거래도 가능하다.

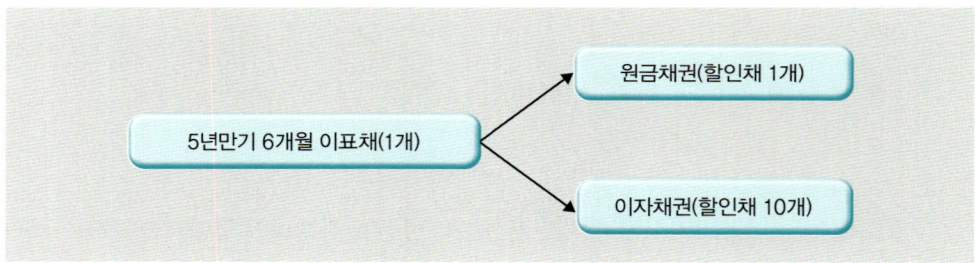

이표채의 Stripping 사례

분리 전: 1개의 이표채

국고02375-2703(22-1)

발행일	2022-03-10		
만기일	2027-03-10		
액면금액	10,000		
표면금리	2.375%	2	1.1875%
매매일	2022-03-10		
매매금리	2.375%		

일자	이자	원금	CF	PV
2022-09-10	118.75		118.75	117.36
2023-03-10	118.75		118.75	115.98
2023-09-10	118.75		118.75	114.62
2024-03-10	118.75		118.75	113.27
2024-09-10	118.75		118.75	111.94
2025-03-10	118.75		118.75	110.63
2025-09-10	118.75		118.75	109.33
2026-03-10	118.75		118.75	108.05
2026-09-10	118.75		118.75	106.78
2027-03-10	118.75	10,000	10,118.75	8,992.04
				10,000.00

분리 후: 11개의 할인채(1개의 원금채권과 10개의 이자채권)

만기일	액면금액	비고
2022-09-10	118.75	할인채
2023-03-10	118.75	할인채
2023-09-10	118.75	할인채
2024-03-10	118.75	할인채
2024-09-10	118.75	할인채
2025-03-10	118.75	할인채
2025-09-10	118.75	할인채

2026-03-10	118.75	할인채
2026-09-10	118.75	할인채
2027-03-10	118.75	할인채
2027-03-10	10,000.00	할인채

분리 전에는 5년만기 1개의 채권(이표채)이었는데, 분리 후에는 만기일과 원금이 다른 11개의 채권(할인채)이 된다.

이 제도를 이용하면 동일만기 장기채권의 원금과 이자를 분리하여 투자자의 선호에 맞는 다양한 현금흐름을 만들 수 있다. 원금(장기 할인채)은 듀레이션이 크기 때문에 연기금, 생명보험회사 등 장기 투자기관이 선호한다. 이자(할인채)는 확정수익을 추구하는 상품에 활용될 수 있다.

원금-이자분리제도는 이표채의 가격과 분리된 할인채의 가격이 일치하지 않을 경우 차익거래가 가능하기 때문에 효율적인 채권시장 형성에 기여한다.

우리나라의 채권종류(이표채, 복리채, 할인채)별 채권가격계산방법의 불일치로 인한 차익거래가능성은 채권시장 발전(효율적인 유통시장, 국제적 정합성 등)에 장애가 되고 있다. 여기서 채권가격계산방법의 불일치는 이표채와 할인채(복리채포함)의 할인방법(할인주기)을 달리 적용하는 것을 의미한다.

분리된 11개의 할인채 가격을 더한 값이 이표채 가격보다 높을 경우에는 이표채를 매입하고 원금-이자를 분리하여 11개의 할인채로 매도함으로써 차익거래가 가능하고, 반대의 경우에는 분리된 11개의 할인채를 매입한 후 결합하여 이표채로 매도함으로써 차익거래가 가능하다.

스트립제도를 적용할 수 있는 채권(예 국고채)을 보유한 기관 또는 개인이 한국예탁결제원에 Stripping 및 Reconstitution을 신청하고, 한국예탁결제원이 한국은행 앞으로 재신청하게 되면 이 제도를 이용할 수 있다.

원금과 이자가 분리된 채권은 만기에 원금이 상환되는 할인채이므로, 만기상환금액(액면가액)에서 매입가격을 차감한 금액이 과세대상소득이다.

2-1-5 국채선물

국채선물은 국채현물을 복제하여 국채현물과 동일한 손익을 갖도록 만든 표준화된 장내파생상품이다. 채권금리가 하락하면 국채현물가격이 상승하는 것처럼, 국채선물가격도 상승한다. 반대로, 채권금리가 상승하면 국채현물가격이 하락하며, 국채선물가격도 하락한다.

국채선물가격이 국채현물과 동일한 방향으로 움직이기 때문에(국채현물을 복제했기 때문에) 국채선물의 활용도가 높다. 국채현물을 매수하는 대신 국채선물을 매수할 수 있고, 국채현물을 매도하는 대신 국채선물을 매도할 수 있다. 채권 공매도(대차거래)보다 국채선물매도가 절차적으로 훨씬 간편하다.

국채선물은 한국거래소 장내시장에서 거래되므로 증권회사의 HTS(Home Trading System), MTS(Mobile Trading System) 등을 통해서 주식처럼 거래할 수 있다. 국채(선물) 1억원을 매수 또는 매도하는데 증거금은 약 50만원 수준으로 Leverage효과가 크다(50만원으로 국고채 1억원 매입). Leverage가 클 경우에는 적은 폭의 가격 움직임에도 손익변동폭이 크기 때문에 위험관리가 중요하다. 금리방향이 예상과 다르게 움직일 경우에는 추가증거금(margin call)을 현금으로 납부해야 하는 점도 고려해야 한다.

한국거래소에 상장된 국채선물은 3년물, 5년물, 10년물의 3종류가 있다. 3년물 국채선물은 1999.9월에 상장되었고, 2021년에는 일평균 거래금액이 약50조원 수준이다(일평균 거래량은 474,833계약, 국채백서 2021).

한국거래소에 상장된 3년물 국채선물의 주요내용은 다음과 같다.

구 분	내 용	비 고
기초자산	국고채(액면1억원, 3년만기, 표면금리 5%)	가상채권
Basket채권	현물채권 3종목	할인율결정
가격표시방법	액면가 1억원을 100.00으로 환산하여 표시	
최소가격 변동폭	0.01	
최소가격 변동가치	10,000원(= 1억원 × 0.01 × $\frac{1}{100}$)	

결제월	3,6,9,12월물 중 2개	
결제방법	현금결제	
가격제한폭	전일 정산가격 대비 ±1.5%	
증거금률	0.84%	

(출처: 기획재정부 국채백서 2021)

2-2 지방채

지방채는 『지방재정법』에 의거 발행되는 채권이다. 지방채의 정의, 지방채 발행한도, 지방채 발행절차 등과 관련된 내용은 『지방재정법』 및 동 시행령에 규정되어 있다.

지방채는 증권 및 증서에 의한 차입금을 모두 포함하는 개념이며, 발행한도는 전전년도 예산액의 $\frac{10}{100}$ 의 범위 내에서 지방채 발행액, 보증채무부담액 중 채무자의 파산 등으로 실제 채무이행의 책임을 지게 된 금액, 법44조 규정에 의한 채무부담행위액 등을 감안하여 행정안전부장관이 정하는 금액이다.

2-2-1 지방채의 종류

도시철도채권

도시철도채권은 『도시철도법』에 따라 지하철(또는 도시철도) 건설자금을 조달하기 위하여 지방자치단체가 발행하는 지방채이며, 발행 시에는 국토교통부장관과 협의 후 행정안전부장관의 승인을 얻어야 한다. 현재 도시철도채권은 서울, 부산, 인천, 대구, 광주, 대전에서 발행되고 있으며, 발행주체는 지하철공사(또는 도시철도공사)가 아닌 관할 지방자치단체이다.

서울도시철도채권은 7년만기 일시상환이지만, 다른 도시철도채권은 5년만기 일시상환채권이다. 표면이자율은 실세금리를 반영하여 결정되며 서울도시철도공채증권 22-07의 표면금리는 1.00%, 부산도시철도공채증권22-07의 표면금리는 1.05%이다.

서울도시철도채권은 복5단2(5년 복리 후 2년 단리), 다른 도시철도채권은 5년복리로 이자를 계산하며 첨가소화되어 선매출되고 있다(발행일은 매월 말일).

첨가소화방식이란, 주택, 자동차, 항공기 등의 구매 시 각종 등기, 인허가, 등록에 포함(첨가)시켜서 강제 매입(소화)시키는 것을 말한다.

서울도시철도공채증권22-07(7년만기, 5복2단, 표면금리: 1.000%)
서울도시철도공채증권22-06
서울도시철도공채증권22-05
...
부산도시철도공채증권22-07(5년만기, 연복리채, 표면금리: 1.050%)
부산도시철도공채증권22-06
...

source : 한국예탁결제원 증권정보포털, http://seibro.or.kr

지역개발채권

지역개발채권은 『지방자치법』, 지역개발기금설치조례 등에 의거하여 지역개발기금의 재원조달용으로 발행되는 지방채이다. 발행의사가 있는 지방자치단체에서 5년만기 연복리 조건으로 발행되고 있으며, 도시철도채권과 같이 첨가소화되어 선매출되고 있다(발행일은 매월 말일).

강원지역개발채권22-07(5년만기 연복리채, 표면금리: 1.050%)
강원지역개발채권22-06
강원지역개발채권22-05
...

source : 한국예탁결제원 증권정보포털, http://seibro.or.kr

채권기초

공모지방채(모집지방채)

공모지방채는 도시철도채권과 지역개발채권 이외에 지방자치단체에서 공모로 발행하는 채권이며, 서울특별시채권2022-1, 부산광역시채권2022-1, 광주광역시2021-02 등이다.

국가, 지방자치단체, 특별법에 의거 설립된 법인은 증권신고서 제출이 면제되기 때문에 사모발행의 개념이 적용되지 않는다. 이들 채권은 증권신고서 제출없이 주로 모집(공개입찰) 방법으로 발행되고 있다.

자치단체별 사업별로 심사, 승인하던 지방채 발행제도에서 지방자치단체의 자율성을 높여주는 차원에서, 2006년부터 지방채 발행 총액한도제로 전환하였다. 기존의 채권발행 승인제도는 건전재정원칙에 입각한 비모채주의(非募債主義, non-loan policy)를 근간으로 하고 있는데, 이는 지방자치단체의 세출은 지방채 이외의 세입으로 충당하는 것을 원칙으로 하되, 예외적으로 특정 조건에 한하여 채무발행을 용인하는 방식이다.

반면 총액한도제는 지방자치단체가 행정안전부의 승인없이 지방의회의 의결을 거쳐 발행 가능한 지방채무 한도액을 설정한 후 그 범위 내에서 자율적으로 지방채를 발행하는 방식이다.

지자체가 지방채를 발행하고자 하는 경우 한도액 범위 내에서 지방의회의 의결을 얻어야 하며, 경우에 따라서는 한도액을 초과하여 발행 가능하나 그 경우 행안부의 승인 후 지방의회 의결을 거쳐야 한다. 초과발행 사유는 천재지변으로 인한 재해, 재해예방 및 복구사업, 그 밖에 주민의 복지증진을 위하여 특별히 필요한 경우로 한정하고 있다.

지방채의 안전성

지방채의 안전성은 국채와 유사하다고 할 수 있다. 정부는 중앙정부 및 자치단체 간에 존재하는 수직적, 수평적 재정불균등을 시정하기 위해서, 또한 국가적 이해관계 또는 국가와 지방이 상호 이해관계를 갖는 사업들을 보다 합리적으로 수행하기 위해서 지방재정 조정제도를 운영하고 있다. 지방재정 조정제도의 주요 수단으로『지방교부세법』에 의한 지방교부세와『보조금관리에 관한 법률』에 따른 국가보조금이 있다(한국신용평가).

지방재정 악화에 선제적으로 대응하기 위하여 중앙정부는 2010년부터 지자체 및 지방공사의 재정상황을 일괄적으로 점검하는 동시에 사채발행 업무, 투융자사업의 관리, 감독을 강화하는 등 지방재정 건전성을 개선하기 위한 다양한 통제 및 감독기능을 구축하고 있다.

재정위기단체 지정

그 일환으로 2011년말 『지방재정법』 및 동 시행령 개정을 통해 재정건전성이 악화된 지자체에 대한 재정위기단체 지정이 법제화되었다. 법 제정 취지는 사전적으로 지자체의 무분별한 재정운용을 억제하자는 것이고, 사후적으로는 재정위기단체 지정을 통해 문제가 발생한 지자체의 효율적인 정상화방안을 마련하기 위함이다.

재정위기단체로 지정될 경우, 일정규모 이상의 신규사업 투자가 금지되고, 지방채 발행이 통제되는 등 예산권이 실질적으로 제한되며, 재정건전화계획의 이행이 부진할 경우 지방교부세가 감액되거나 재정상 불이익을 받을 수 있다. 또한 재정건전화계획에 따라 세출절감과 세수증대를 위한 자구계획수립이 의무화되므로 지자체 자체사업이 중단 또는 연기되고, 주민들의 복지후생에도 부정적으로 작용할 수 있다.

국제 신용평가기관인 Moody's는 2011.11월 국내 지자체 최초로 대전광역시에 대해 국가신용등급과 동일한 A1(S&P의 A+와 동일) 등급을 부여하였으며, 2012.4월에는 우리나라 신용등급 Outlook을 Stable에서 Positive로 변경하면서 대전광역시에 대해서도 동일하게 신용등급 Outlook을 Positive로 변경하였다. 향후 대전광역시의 신용등급은 국가신용등급 변경에 의해 영향을 받을 것이라는 의견도 명백히 밝히고 있다.

공모지방채 예시

서울특별시채권2021-11
- 발행일: 2021.12.07
- 만기일: 2028.12.07
- 표면금리: 2.424%(6개월 후급)

부산광역시채권2022-1
- 발행일: 2022.3.30
- 만기일: 2027.3.30
- 표면금리: 3.125%(12개월 후급)

광주광역시2021-02
- 발행일: 2021.7.14
- 만기일: 2026.7.14
- 표면금리: 1.902%(12개월 후급)

source: 한국예탁결제원 증권정보포털, http://seibro.or.kr

2-2-2 지방자치단체 신용보강 유동화증권

산업단지 개발을 위한 자금조달 과정에서 지방자치단체가 채무보증, 대출채권 매입확약 형태의 신용보강을 제공한 자산유동화증권이 발행되고 있다.

지방자치단체는 신용공여를 통한 유동화증권을 발행하기 위한 전제조건으로 조례제정이나 지방의회의 채무부담에 대한 의결을 거쳐야 한다. 지방자치단체가 보증채무를 부담하기 위해서는 『지방자치법』 제124조 제3항과 『지방재정법』 제13조에 따라 지방의회 의결을 거쳐야 하며, 채무부담행위를 하는 경우에는 『지방재정법』 제44조에 따라 법령 또는 조례가 있거나 지방의회의 의결이 있어야 한다.

지방자치단체의 신용공여를 통한 자산유동화증권 발행 사례

유동화회사명	발행금액 (억원)	신용등급	신용공여 (기초자산)형태	채무부담행위의 법적근거
천안개런티제삼산업단지㈜	1,500	A1	천안시의 채무보증	천안시의회 의결
대포항드림(유)	400	A2	속초시의 공사대금채권	조례제정
굿케이디케이제주(유)	58	A1	제주특별자치도의 지급금 지급채무	조례제정

* 대포항드림 ABCP는 속초시의 신용등급이 A1이나, ABCP 매입약정기관의 등급이 A2임에 따라 최종 등급은 A2이다(자료: NICE신용평가).

지방자치단체 보증행위를 통한 ABCP 발행구조도 : 천안개런티제3산업단지

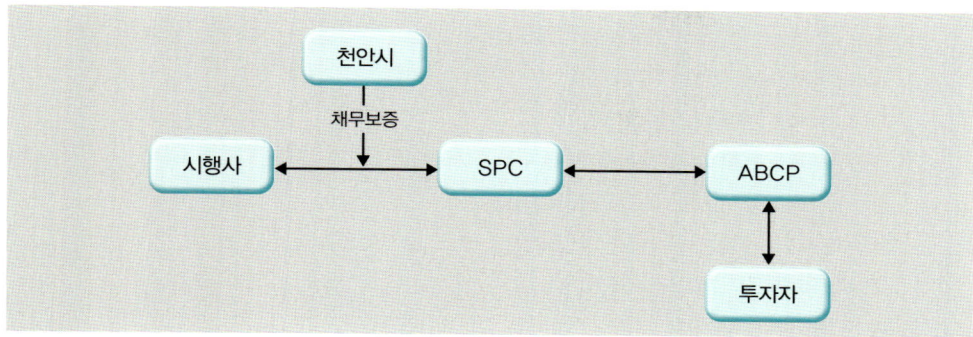

(자료: NICE신용평가)

- 시행사의 채무에 대해서 천안시가 보증을 제공했다.
- SPC(Special Purpose Company, 페이퍼컴퍼니)는 차입자인 시행사가 원리금을 지급하지 않을 경우 천안시에 대지급을 청구할 수 있다.
- ABCP투자자는 천안시가 발행한 채권을 매입하는 수준의 안전성을 확보하고 있다.

지방자치단체 채무부담행위를 통한 ABCP 발행구조도 : 굿케이디케이제주(유)

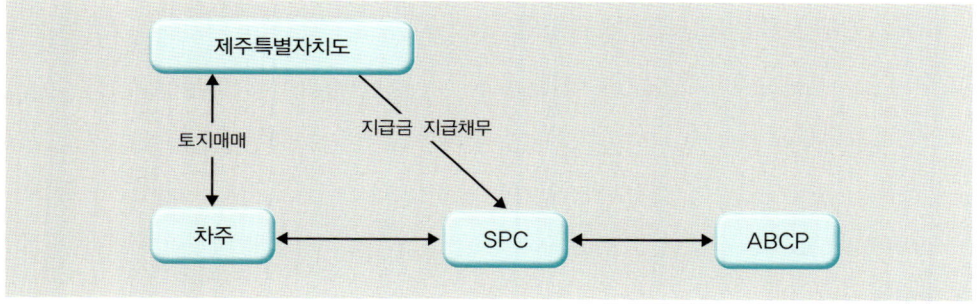

(자료: NICE신용평가)

- SPC는 차주에게 자금을 빌려주고,
- 차주는 토지를 제주특별자치도에 매각한다.
- 제주특별자치도는 차주가 지급해야하는 채무를 SPC에 지급한다.
- SPC는 차주에게 자금을 빌려주지만, 제주특별자치도로부터 상환 받는다.

지방자치단체 신용보강 PF ABCP 〔사례〕

뉴스타평동(광주광역시 채무인수)
인베스트송도제이차(인천시 매입확약)
케이아이에스춘천개발유동화(강원도 지급금 지급의무)
트루프랜드대양제오차(목포시 매입확약)
트루프랜드담양제삼차(담양군 매입확약)
내안애슬리제일차(담양군 매입확약)
뉴스타미래제일차(나주시 매입확약)
뉴트리니티괴산제사차(괴산군 매입확약)

출처 : 한국자산평가 Weekly

2-2-3 조세채권의 유동화(외국의 경우, NICE신용평가)

조세채권 유동화(Tax Securitization)란 지방자치단체가 보유하는 체납세금 또는 장래 세금을 기초자산으로 자산유동화 증권을 발행하여 자금을 조달하는 것을 의미한다. 자산보유자는 지방자치단체이고 유동화 기초자산은 이미 발생하였으나 미회수 상태인 체납세금 또는 장래에 유입될 세금이다.

지방자치단체는 기초자산을 신탁하고 유동화회사(SPC, Special Purpose Company)는 신탁자로부터 1종 수익권을 받아 이를 기초로 자산담보부채권(ABS, Asset Backed Securities) 또는 자산담보부기업어음(ABCP, Asset Backed Commercial Paper)을 발행하여 조달한 자금을 자산양수의 대가로 자산보유자(지방자치단체)에게 지급한다.

(사례) Tobacco Settlement Bonds

- 1998년 4개 담배회사(Philip Morris, R.J. Reynolds, Brown & Williamson, Lorillard)가 미국46개 주정부에 향후 25년간 $206billion 보상금 지급하기로 합의
- 1999.11월 뉴욕시에서 향후 받게 될 보상금을 기초자산(담보)으로 $709million 규모의 ABS 발행

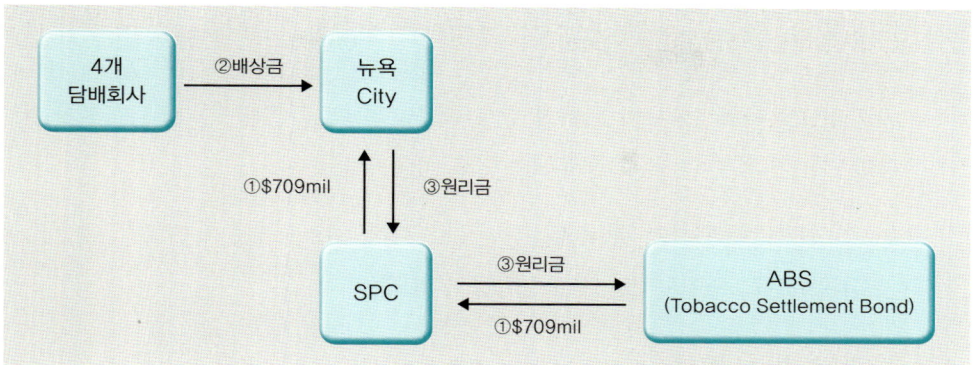

(Source: Bond Markets, Analysis, and Strategies, 8th global edition)

2-3 특수채

2-3-1 통화안정증권(Monetary Stabilization Bond, MSB)

통화안정증권은 한국은행이 시중의 통화량을 조절하기 위하여 금융기관과 일반인을 대상으로 발행하는 증권이다.

한국은행은 『한국은행법』에 근거하여 국공채나 기타 유가증권을 시장에서 매입 또는 매도하는 공개시장조작정책을 통하여 시중의 통화량을 조절한다. 통화안정증권은 『한국은행 통화안정증권법』에 의거 발행되고 있으며, "통안증권"으로 줄여서 부르기도 한다. 통화안정증권을 "통안채"라고 하는 것은 정확한 표현이 아니다.

통화안정증권의 발행한도는 총통화(M2)의 50% 이내에서 금융통화위원회(MPC, Monetary Policy Committee)가 결정한다. 발행방법으로는 한국은행과 통화안정증권 거래에 관한 약정을 맺은 금융기관을 대상으로 하는 경쟁입찰방식과 매수자에 대한 자격제한 없이 실시하는 일반매출방식이 있다.

금융통화위원회 구성

금융통화위원회는 한국은행의 통화신용정책에 관한 주요 사항을 심의 의결하는 정책결정기구로서 한국은행 총재 및 부총재를 포함하여 총 7인의 위원으로 구성된다.

한국은행 총재는 금융통화위원회 의장을 겸임하며 국무회의 심의를 거쳐 대통령이 임명한다. 부총재는 총재의 추천에 의해 대통령이 임명하며, 다른 5인의 위원은 각각 기획재정부 장관, 한국은행 총재, 금융위원회 위원장, 대한상공회의소 회장, 전국은행연합회 회장 등의 추천을 받아 대통령이 임명한다.

총재의 임기는 4년이고, 부총재는 3년으로 각각 1차에 한하여 연임할 수 있으며 나머지 금통위원의 임기는 4년으로 연임할 수 있다.

금융통화위원회 운영

한국은행 총재는 금융통화위원회를 대표하는 의장으로서 회의를 주재한다. 금융통화위원회의 본회의는 의장이 필요하다고 인정하는 때, 또는 위원 2인 이상의 요구가 있을 때 의장이 소집할 수 있는데, 매월 둘째 주, 넷째 주 목요일에 정기회의가 개최되고 있다.

본회의에 상정되는 안건을 심의 의결하기 위해서는 통상 7인의 금융통화위원 중 5인 이상의 출석과 출석위원 과반수의 찬성이 필요하며 금융통화위원회가 의결을 한 때에는 의결서를 작성한다.

본회의의 논의내용에 대하여는 의사록을 작성하고 의사록 내용 중 통화신용정책에 관한 사항에 대해서는 외부에 공개한다. 의사록의 공개는 회의일로부터 6주가 경과한 이후 최초로 도래하는 화요일(휴무일인 경우 익영업일)에 공개한다.

본회의 이외의 회의로는 상정 안건과 관련한 논의 등을 위한 간담회, 금융경제동향 등에 관하여 관련부서의 보고를 듣고, 서로 의견을 교환하기 위한 협의회 등이 있다. 대(對)국회 보고를 위한 통화신용정책보고서나 연차보고서, 금융안정보고서, 한국은행의 예산 등과 같은 중요 사안에 대해서도 별도로 심의위원회를 구성하여 보다 면밀한 검토가 이루어지도록 하고 있다(출처: 한국은행).

한국은행의 정책금리(기준금리) 변경

한국은행은 1999년부터 시행해 온 콜금리 목표제를 폐지하고, 2008.3월 금융통화위원회 회의부터 "환매조건부(RP) 7일물금리"를 정책금리로 변경하였다. 정책금리 변경 사유는 RP를 통한 단기자금시장의 유연성 증대이며, 금융통화위원회에서 토론과 표결을 통해서 정책금리가 결정되는 종전 방식이 그대로 사용되고 있다.

2017년 중반까지는 매월 정책금리 변경여부를 결정했으나, 이후 3,6,9,12월에는 정책금리를 조정하지 않고 경제상황에 대한 분석만 하고 있다.

2-3-2 금융특수채

특별한 법률에 따라 설립된 금융기관이 발행한 채권을 금융특수채라고 한다. 우리나라에서 특별한 법률에 따라 설립된 금융기관은 한국산업은행, 중소기업은행, 한국수출입은행, 농협중앙회(농협은행), 수협중앙회(수협은행)의 5개이다. 이들을 5대 금융공기업이라고 부른다.

정부가 금융공기업의 채무에 대하여 보증을 제공할 수 있도록 해당 특별법에 명시되어 있고, 공적자금을 지원받은 최초의 사례는 수협중앙회이다. 그만큼 안전성이 높다고 할 수 있다.

2-3-3 비금융특수채

특별한 법률에 따라 설립된 비금융기관이 발행한 채권을 비금융특수채라고 한다. 우리나라에서 비금융특수채를 발행할 수 있는 공기업(공사, 공단)은 다음과 같다.

예금보험공사, 한국자산관리공사, 한국토지주택공사, 한국도로공사, 한국주택금융공사, 한국전력공사, 한국석유공사, 한국가스공사, 대한석탄공사, 한국수자원공사, 한국농어촌공사, 농수산물유통공사, 한국공항공사, 인천국제공항공사, 부산/인천항만공사, 한국컨테이너부두공단, 한국관광공사, 한국철도공사, 한국철도시설공단, 한국환경공단, 수도권매립지관리공사, 중소기업진흥공단, 제주국제자유도시개발센터, 한국정책금융공사, 한국산업단지공단, 한국장학재단, 한국무역보험공사, 한국광해광업공단 등

이들 비금융공기업에 대해서도 정부가 보증을 제공할 수 있는 법적근거가 해당 특별법에 명시되어 있기 때문에 안전성이 매우 높다. 시장에서는 비금융특수채를 공사채(公社債), 공단채(公團債)라고 부르고 있다.

2-4 회사채

회사채는 주식회사가 비교적 거액의 장기자금을 일시에 대량으로 조달하기 위해 채무증서 형식으로 발행하는 증권(권리)이다.

회사채는 일반사채, 금융회사채, 주식관련사채로 구분하고 있다.

일반사채는 일반기업이 발행하는 채권으로, 발행회사의 상환능력을 기초로 발행되며, 해당회사의 신용도에 따라 이율(표면금리) 등 발행조건에 차이가 나게 된다. 일반사채를 발행하는 기업은 AAA 등급부터 B-등급까지 매우 다양하다. 회사채 발행기업이 워크아웃에 들어가면 C등급(CCC~C), 부도나면 D등급으로 신용등급이 하락한다.

(일반)은행, 증권, 보험, 카드, 캐피탈 등 금융기관이 발행한 채권은 금융회사채로 분류한다. 금융기관은 당국의 일정한 규제를 받고 있고, 업종별로 동일한 특성을 가지고 있기 때문에 일반사채와 구분하고 있다. 신한은행채, 국민은행채, 하나증권회사채, 삼성카드채 등이 금융회사채의 예이다.

회사채 중에서 전환사채(CB), 신주인수권부사채(BW), 교환사채(EB), 이익참가부사채(PB)와 같이 주식콜옵션이 포함되어 있거나 주주의 이익을 공유할 수 있는 권리가 붙어있는 채권은 주식관련사채로 분류한다.

2-4-1 회사채 발행기관

채권발행자(발행회사)는 발행한 채권을 직접 투자자에게 매각하거나, 전문적인 발행기관에 의뢰하여 투자자에게 매출하게 한다. 회사채의 경우에는 전문적인 발행기관에 의뢰하는 간접발행방식이 일반적이다. 발행기관은 주관회사, 인수기관, 청약기관으로 구성된다.

주관회사

주관회사는 채권발행에 대한 사무처리, 발행과 관련된 자문 등 채권발행업무를 총괄하며 인수단을 구성하는 역할을 한다. 주관회사 자격을 지닌 금융기관은 산업은행, 금융투자회사(증권회사), 종합금융회사이다.

인수기관

인수기관은 주관회사와 협의하여 발행채권을 직접 매입함으로써 발행자의 자금조달을 가능케하는 기관이다. 인수기관은 약정한 금액에 대해서 의무적으로 채권을 매입해야 한다. 인수약정은 Underwriting Commitment라고 한다.

청약기관

청약기관은 채권을 매입하려는 불특정다수의 투자자들에 대한 청약업무를 담당하는 기관이다. 청약기관은 회사채를 매입할 의무를 지지 않고 단순히 중개역할만 한다. 주로 금융투자회사(증권회사)의 본·지점에서 청약이 이루어진다.

2-4-2 회사채 발행방법

회사채의 발행방법은 사모발행과 공모발행으로 구분한다. 공모발행은 공모직접모집과 공모간접모집으로 나뉜다.

사모발행

금융당국에 증권신고서를 제출하지 않고, 소수의 투자자에게 직·간접적으로 채권을 매각하는 방법이다. 사모사채에 투자하는 투자자는 주로 기관투자자이다. 사모발행의 경우에 유가증권신고서 제출의무가 면제되며, 청약권유 대상자의 수가 50인 미만으로 제한된다.

사모로 발행된 회사채는 투자자 수 및 1년간 권면분할금지 특약조항이 있으므로 발행일로부터 1년 이내에는 매매에 제약이 크다. 사모로 발행한 회사채도 발행일로부터 1년이 경과하면 소액으로 분할 매매가 가능하다.

공모직접모집

불특정다수의 투자자를 대상으로 발행하되 발행회사가 직접 투자자에게 채권을 매출하는 방식이다. 공모직접모집에는 매출발행과 공모입찰발행이 있다.

매출발행

매출발행은 발행조건을 미리 정한 후, 일정기간 내에 개별적으로 투자자에게 매출한 금액 전체를 발행총액으로 하는 방식이다. 전국에 지점망을 보유하고 있는 은행 및 금융투자회사(증권회사)가 이 방법으로 채권을 매출한다.

공모간접모집

우리나라 회사채는 대부분 공모간접모집 방법으로 발행된다. 모집금액이 발행목표에 미달할 경우, 누가 인수책임을 지느냐? 에 따라 총액인수(firm commitment), 잔액인수(stand-by commitment), 위탁모집(모집주선)(best effort)으로 구분한다.

총액인수는 발행채권 총액을 발행기관이 모두 인수한 후 불특정다수의 투자자에게 모집 또는 매출하는 방법이고, 잔액인수는 모집액이 발행총액에 미달하면 미달한 금액을 발행기관이 인수하는 방법이다.

위탁모집(또는 모집주선)은 모집 또는 매출된 금액이 목표액에 미달되면, 모집된 금액만 발행하는 방법이다. 위탁모집의 경우에는 발행회사가 원하는 금액의 발행이 이루어지지 않을 수 있다.

2-4-3 회사채 수요예측(Book Building)

공모로 회사채를 발행할 때는 수요예측을 통해서 물량을 배정한다. (기관)투자자는 K-Bond System에 금리(매입희망금리)와 수량(매입금액)을 제시한다.

주관회사는 발행회사와 협의해서 발행금리(표면금리)와 발행금액을 결정하는데, 발행금리보다 낮은 금리를 제시한 투자자에게 물량이 배정된다. 일종의 회사채 공모입찰이라고 할 수 있다.

회사채 수요예측에는 자산운용회사와 증권회사 등 기관투자자가 참여할 수 있다. 개인과 일반법인이 회사채수요예측에 참여하려면, 하이일드상품(일임, 랩, 신탁)에 가입해야 한다.

수요예측에서 매입하는 가격은 액면가액(10,000원)이므로, 이미 발행된 회사채를 장

내외에서 매입하는 것보다 가격 매력이 있다. 발행 이후에 매입할 경우에는 해당금융기관이 일정 수수료를 붙여서 매도하는 것이 일반적이기 때문이다.

2-4-4 회사채 유통시장

공모회사채의 대부분이 한국거래소에 상장되어 있으나, 장내거래가 의무화되어 있는 전환사채를 제외한 회사채는 주로 장외에서 거래되었다. 2009년부터 분리형BW 발행이 증가하고, 분리된 회사채(ex-warrant)가 장내에서 거래되면서 회사채의 장내거래도 활기를 띠고 있다.

전문투자자 간에는 금융투자협회가 운영하고 있는 K-Bond시스템을 통한 거래비중이 높아지고 있다. K-Bond System은 탐색기능(메신저, 대화방 등)과 거래기능을 개선해서 만든 한국형 채권 장외거래시스템이다.

2-4-5 (표준)무보증사채 사채관리계약서(Indenture)

공모로 회사채를 발행할 때, 발행회사는 사채관리회사와 무보증사채 사채관리계약을 체결한다. 무보증사채 사채관리계약서에는 사채의 발행조건, 발행회사의 의무와 책임, 기한이익상실사유, 사채관리회사의 의무와 책임, 사채권자의 권리 등이 명시되어 있다.

발행회사의 의무와 책임에는, 조달자금을 목적에 맞게 사용할 의무, 재무비율을 유지할 의무, 담보권설정제한(Negative Pledge), 자산의 처분제한 등이 있다. 이를 Affirmative Covenant와 Negative Covenant로 구분한다.

Affirmative Covenant: 부채비율 300% 등 어떤 사항을 준수하도록 요구하는 조항
Negative Covenant: 담보제공금지 등 어떤 행위를 하지 못하도록 요구하는 조항

사채관리회사는 회사채 투자자를 대신하여 발행회사가 무보증사채 사채관리계약서의 내용을 위반하는지 점검하여 적절한 조치를 취할 의무가 있다. 회사채 투자자는 사채권자집회를 통해서 의사를 표시할 수 있다. 사채권자집회 소집요건은 『상법』 규정을 준용한다.

Covenant는 미국에서 사용하는 용어로, 우리말로는 준수사항으로 번역하면 된다. 미국의 경우에는 동일회사가 발행한 회사채의 경우에도 회차별로 Covenant가 다른 것이 일반적이다. 예를 들어, GM이 발행한 무담보무보증선순위채가 1회부터 10회까지 있다고 할 경우, 각 회차별로 Covenant가 다르다. 따라서 동순위이더라도 Covenant 때문에 상대적으로 유리한 채권과 불리한 채권이 존재한다.

우리나라의 경우에는 금융투자협회가 제정한 (표준)무보증사채 사채관리계약서를 사용하기 때문에 같은 발행회사의 경우 회차별로 Covenant는 동일한 것이 일반적이다.

우리나라처럼 동순위 회사채의 Covenant(준수사항)가 동일한 것이 채권투자자에게 유리하다고 할 수 있다. 주식회사의 자본구조는 담보회사채(담보대출), 무담보무보증선순위, 후순위(영구채), 우선주, 주주로도 충분하다. 무담보무보증선순위 내에서 다시 순위를 구분할 필요가 없다는 뜻이다.

미국의 경우에는 무담보무보증선순위채 중에서도 선순위, 후순위가 존재하는데, 한 회차의 회사채를 매입하기 위해서 동순위 회사채의 Covenant를 모두 분석해야 되기 때문에 투자판단에 추가비용이 소요된다고 할 수 있다.

2-4-6 회사채의 부도위험

회사채의 부도위험은 신용평가등급으로 표시하고 있다. 회사채 신용평가등급은 AAA, AA, A, BBB, BB, B, CCC, CC, C, D로 구분하고, AA등급 이하 B등급까지는 +, 0, -로 신용위험 정도를 세분하고 있다. 우리나라는 국제적인 신용평가회사인 S&P의 표기방법을 준용하고 있다.

BBB-등급까지 투자등급(또는 투자적격등급), BB+등급 이하는 투기등급(또는 투자부적격등급)으로 분류하고 있다. 우리나라의 기관투자자들은 A-등급 이상에 주로 투자하고 있으므로, BBB+ 이하 등급을 비우량등급이라고 하기도 한다.

기업어음(CP, Commercial Paper)과 단기사채의 신용평가등급은 A1, A2+, A2, A2-, A3+, A3, A3-, B+, B, B-로 표기한다. A3-까지는 투자등급, B+ 이하는 투기등급으로 분류한다.

회사채등급을 장기등급(3년), 기업어음등급을 단기등급(1년)이라고 한다. 회사채에 투자할 경우에는 발행회사의 신용평가등급을 최우선 고려해야 한다. 신용평가등급은 발행회사의 신용위험에 대한 신용평가회사의 의견을 알 수 있을 뿐만 아니라, 신용평가등급이 채권가격에 크게 영향을 미치기 때문이다.

발행시점의 본평가등급 뿐만 아니라, 이후 매6개월마다 나오는 정기평가, 수시평가에도 관심을 가져야 한다. 신용평가등급은 채권의 신용위험 부분에 상세하게 기술되어 있다.

2-4-7 회사채 투자 시 고려할 점

채권은 듀레이션과 Credit(신용)으로 구성되어 있다. 국채의 경우에는 듀레이션효과, 즉 금리변동효과만 고려하면 되는데 반해 회사채는 듀레이션효과와 신용효과를 동시에 고려해야 한다. 동일만기일 경우 회사채는 국채보다 듀레이션으로 인한 가격변동성이 적다는 것이 일반적인 견해이다.

회사채 가격에는 발행기업의 부도 뿐만 아니라, 시장 전체의 유동성도 영향을 미친다. 일반적으로 신용등급이 낮은 회사채는 만기보유 목적으로 매입한다. 채권의 만기를 투자만기와 일치시킴으로써 유동성위험을 제거할 수 있기 때문이다.

신용평가등급에는 그 회사의 재무상태, 경영자의 경영능력, 사업위험 등이 종합적으로 고려되어 있다. 신용평가회사가 항상 옳은 것은 아니라는 가정을 하고, 신용평가등급에 영향을 미친 요인들을 점검하는 것은 좋은 방법이다. 자산의 실제가치 추정, 부채비율, 자기자본 규모, 주주구성 등이 주요 분석요인이다. 이 중에서 자산의 실제가치를 추정해보는 것이 가장 중요하다고 할 수 있다. 자산에는 현금성자산, 매출채권, 재고자산, 자회사주식, 유형자산(토지, 건물, 기계장치 등), 무형자산 등 다양하며, 회사별로 자산구성이 다르다.

같은 조건이라면 부채비율이 낮은 회사의 채권이 유리하다. 업종별 부채비율을 비교할 때는 업종의 특성을 고려해야 한다.

회사채는 기본적으로 대마불사(大馬不死, too big to fail)가 적용되는 영역이라고 할 수 있다. 따라서 회사채 투자자에게 회사의 규모는 매우 중요하다. 회사가 일시적으로 어려움을 겪게 될 경우, 워크아웃 등을 통해서 회생할 수 있다. 다른 조건이 동일하다면, 규모가 큰 회사는 부도보다 워크아웃 가능성이 더 높다고 할 수 있다.

대주주가 누구인지? 대주주의 지분율이 얼마인지? 도 중요하다. 회사채 투자자는 발행회사에 자금을 빌려주는 소극적인 투자자이다. 회사의 경영은 주주(또는 주주가 임명한 경영자)가 맡아서 하는데, 지분율이 높은 주주는 자기 재산을 지키기 위해서라도 회사를 위험에 빠뜨리지 않을 것이다. 부도난 많은 기업의 대주주지분율이 20% 이하로 낮다는 점은 시사하는 바가 크다.

2-5 기업어음(CP, Commercial Paper)

넓은 의미의 기업어음에는 단기운용자금을 조달하기 위해서 발행하는 융통어음(상업어음)과 물건을 매입하고(납품 받고) 현금대신 지급하는 진성어음이 있다. 자본시장에서 기업어음(CP)이라고 하면 융통어음(상업어음)을 지칭한다.

시장에서 주로 거래되는 것은 융통어음(Commercial Paper)이며, 금융투자회사(증권회사)와 종합금융회사에서 매입할 수 있다. 기업어음의 신용등급은 A1, A2+, A2, A2-, A3+, A3, A3-, B+, B, B-로 표기한다. 이 중에서 A3-등급 이상을 투자등급, B+ 이하 등급을 투기등급이라고 한다.

『자본시장과 금융투자업에 관한 법률』 제4조제3항에서, 2개 이상의 신용평가회사로부터 B등급 이상을 받은 기업어음을 채무증권으로 명시하고 있다.

기업어음도 채권과 마찬가지로 발행자가 기한이익을 가지고 있기 때문에 만기 이전에 원리금을 상환 받을 수 없다. 보유하고 있는 기업어음을 현금화하려면 유통시장에서 매도해야 하는데, 어음의 권면분할금지 때문에 채권보다 유동성이 낮다.

기업어음의 일반적인 특성

- 할인 발행한다(할인채와 발행방법이 같다).
- 표면이율이 없다. 매입가격과 액면가격의 차이가 이자이며 과세대상소득이다.
- 만기는 1년 이내가 일반적이지만, 3년 이상의 장기물도 발행된다. 만기 1년 초과하는 기업어음을 발행할 경우에는 금융감독원에 증권신고서를 제출해야 한다.
- 최소 액면금액(1억원) 조항이 삭제되어 소액으로도 발행이 가능하다.

기업어음의 매매가격은 Bank Discount Basis 방법으로 계산한다.

기업어음 매매가격 = 액면금액 − 이자금액

이자금액 = 액면금액 × 할인율(매매수익률) × $\dfrac{\text{잔존일수}}{365}$ (1년이 366일이면 366)

예제 잔존만기 183일, 할인율 4%, 액면금액 100억원인 기업어음의 매입가격을 계산해보자.

- 액면금액: 100억원
- 이자금액: 200,547,945원(= 100억원 × 0.04 × $\dfrac{183}{365}$)
- 매입가격(금액): 9,799,452,055원

예제 위 기업어음을 매입할 경우 세전 연투자수익률을 계산해보자.

- 세전 연투자수익률 = $\dfrac{\text{이자금액}}{\text{투자원금}} \times \dfrac{365}{\text{투자일수}}$

$$4.08\% = \dfrac{200,547,945}{9,799,452,055} \times \dfrac{365}{183}$$

기업어음에는 담보를 붙일 수 없기 때문에 회사채, 단기사채와 동일한 무담보 무보증 선순위 청구권이 있다. 기업어음은 금융결제원에서 결제되고, 회사채와 단기사채는 한국예탁결제원에서 결제되는 제도적 차이 때문에 동일한 조건이라면 기업어음이 상대적으로 더 유리하다고 할 수 있다.

기업어음을 발행하려면 결제지정은행에 당좌계좌를 개설해야 하고, 결제일에 상환을 못하게 되면 당좌거래가 정지된다. 당좌거래 정지는 실질적인 부도를 의미한다. 반면, 회사채와 단기사채를 상환하지 못할 경우에는 미상환사채가 되어 형식적인 부도상태에 들어가지만, 즉시 당좌거래가 정지되는 것은 아니다. 이 때문에 기업어음이 회사채보다 교섭력(청구권순위)이 우위에 있다고 한다.

2-6 자산유동화증권(ABS, ABCP, ABSTB)

2-6-1 개요

자산유동화증권(Asset Backed Securities)은 유동화전문회사(SPC)가 자산보유자로부터 유동화대상자산을 양도받아 이를 기초로 발행하는 증권이다.

자산유동화 과정

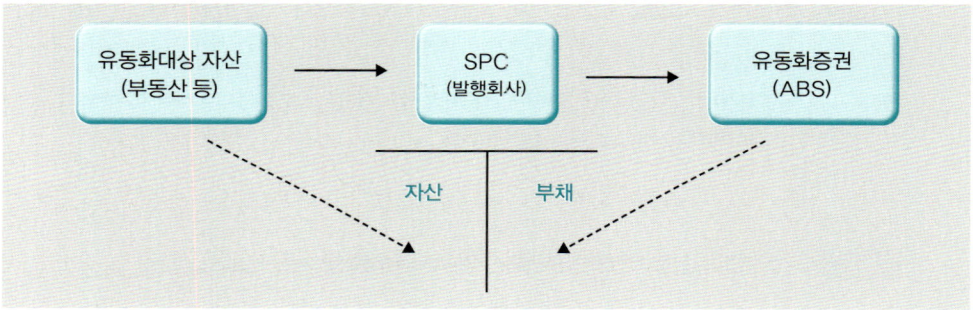

자산보유자로부터 양도, 신탁 받은 유동화대상 자산은 자산보유자로부터 절연(True Sale, Book-off)된다.

Book-off: 유동화대상 자산이 자산보유자의 Book(장부, 재무상태표)에서 떨어져 나갔다는 뜻이다. 유동화대상자산이 더 이상 자산보유자의 재무상태에 영향을 미치지 않으며, ABS 투자자에게는 유동화대상자산에 대한 완전한 권리가 인정된다.

자산유동화증권은 기업이 보유한 비유동성 자산을 효율적으로 유동화시키는 수단이며, 자산보유자의 파산위험으로부터 절연되어 있어 담보채권에 투자하는 것과 동일한 효과가 있다. 자산보유자는 유동성을 확보하고, ABS투자자는 담보를 확보하여 자산보유자의 파산 위험으로부터 벗어날 수 있다.

자산유동화증권은 기초자산을 담보로 발행하지만, 모든 자산유동화증권을 담보채라고 할 수는 없다. 무담보대출채권을 기초자산으로 발행한 유동화증권(ABS)은 무담보 회사채와 동일하다.

자산유동화증권이 공모로 발행된 경우에는 투자설명서, 사모로 발행된 경우에는 SM(Sales Memo) 또는 IM(Information Memorandum) 자료에서 실질적으로 담보가 있는지 확인해야 한다.

자산유동화증권 투자자는 SPC가 보유하고 있는 자산가치에 따라 원리금상환이 영향을 받기 때문에 유동화대상 자산의 질(Quality)이 매우 중요하다. 유동화대상자산(기초자산)에 추가하여 신용보강을 함으로써 신용위험을 낮출 수 있다.

2-6-2 유동화대상 기초자산 요건

유동화대상 자산은 양도가능한 자산이어야 하고, 현금창출이 가능한 자산이어야 하며, 미래에 창출될 현금을 예측할 수 있어야 한다.

우리나라 유동화증권의 기초자산은 정기예금, 대출채권, (미래)매출채권, 부동산, 회사채, 수익증권 등 다양하다. 자산유동화는 비유동성 자산을 유동화함으로써 유동성을 제고하는 것이기 때문에 가장 유동성이 높은 현금은 유동화대상이 될 수 없다.

2-6-3 유동화증권의 종류

SPC형태별 유동화증권 요약

SPC형태	근거법	발행증권	특 징
유동화전문유한회사	자산유동화법	ABS / ABCP / ABSTB	발행절차 복잡 공시절차 엄격 1개의 유동화계획 국한 시간, 비용면에서 비경제적
주식회사 유한회사	상법	ABS / ABCP / ABSTB	발행절차 단순 SPC재활용 가능 정보공개 제한
신탁회사	신탁법	수익증권 / 신탁사채	발행절차 단순 유동화회사와 유사

- 1개의 유동화계획이란 1개의 SPC에서 1개의 유동화증권을 발행하는 경우를 말한다.
- 상법상의 SPC에서는 연속해서 유동화증권을 발행하는 수(여러) 개의 유동화계획이 가능하다.

유동화증권은 상환방법에 따라 Pass-Through형과 Pay-Through형으로 구분할 수 있다.

Pass-Through형

한 종류의 유동화증권(one tranche)만 발행되고, 유동화자산에서 회수된 자금을 유동화증권 보유 지분별로 균등하게(pro rata basis) 분배하는 형태이다. SPC는 단순히 현금이 이동하는 통로역할을 한다. 미국의 MBS와 우리나라 주택금융공사 MBS에서 이런 형태의 유동화증권이 발행되고 있다.

Pay-Through형

여러 종류의 유동화증권(several tranches)이 발행되고, 유동화자산에서 회수된 자금을 유동화증권의 순위에 따라 분배하는 형태이다. 유동화증권을 Tranche라고 하며, Tranche별로 만기, 표면금리, 청구권순위가 다르다. 우리나라에서 발행되고 있는 유동화증권은 대부분 Pay-Through형이다.

미국의 CMO(Collateralized Mortgage Obligation)가 대표적인 Pay-Through이고, 우리나라 주택금융공사의 MBS도 대부분 Pay-Through형태로 발행되고 있다.

2-6-4 유동화증권 발행 구조도

유동화증권 발행 구조도

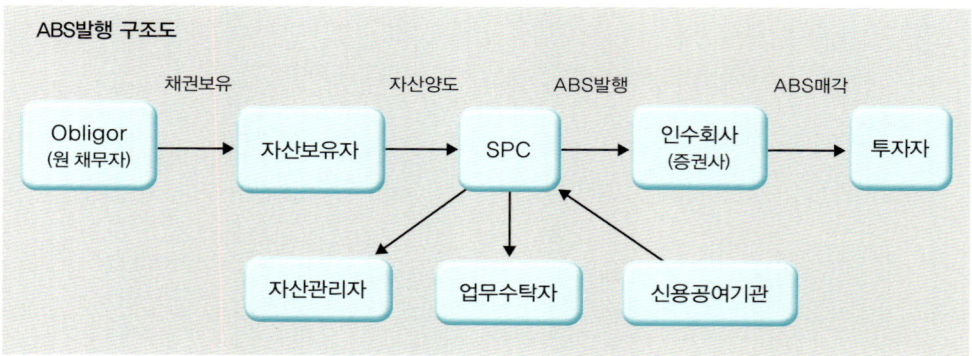

주요 당사자의 업무는 다음과 같다.
① 자산보유자: 실질적인 자산유동화의 주체(Originator)
② 자산관리자: 유동화자산의 원리금 회수, 연체자산 관리(Servicer)
③ 업무수탁자: 유동화자산 보관, 유동화증권의 원리금 지급(Trustee)
④ 인수회사: 유동화구조설계, 유동화증권의 발행업무(Underwriter)

2-6-5 유동화증권 주요 당사자

자산보유자(Originator)

보유자산을 자산유동화회사(SPC)에 양도하여 자산유동화증권을 발행하게 하고 양도대금을 수취하는 자금조달의 주체이다. 자산보유자는 일반기업, 금융기관 및 공공법인이며, 국가나 지자체도 자산유동화를 통해서 자금을 조달할 수 있다.

예를 들어, 대한항공이 보유하고 있는 보잉747기를 자산유동화회사(SPC)에 양도하고, 자산유동화회사는 이를 담보로 자산유동화증권(ABS)을 발행한 대금을 대한항공에 지급한다면, 대한항공이 자산보유자가 된다.

자산유동화회사(SPC, Special Purpose Company)

자산보유자로부터 유동화대상 자산을 양도받아 유동화증권을 발행하는 주체로서 직원이 없는 서류상 회사(Paper Company)이다. 유동화대상자산의 관리, 유동화증권의 발행 등과 관련된 모든 업무는 계약을 통해서 외부에 맡긴다. 우리나라에서는 주식회사 또는 유한회사의 형태로 설립된다.

자산관리자(Servicer or Administrator)

SPC를 대신하여 기초자산을 관리하는 역할을 담당한다. 자산관리자는 유동화대상 자산으로부터 발생하는 수익을 수취하고, 장부를 작성하고, 유동화자산의 상태를 Monitoring하는 등의 실질적인 유동화자산관리 업무를 한다.

유동화대상자산으로부터 수취한 현금을 업무수탁자(Trustee)에게 송금하여 유동화증권의 원리금 지급이 원활하게 이루어지도록 하는 것도 자산관리자의 업무이다.

업무수탁자(Trustee)

유동화대상자산(기초자산)을 안전하게 보관하고, 유동화증권(ABS)의 원리금을 지급하는 기관이다. 업무수탁자는 높은 신뢰가 있어야 하기 때문에, 주로 은행이나 대형증권회사(금융투자회사)가 업무수탁자가 된다.

2-6-6 유동화증권의 신용보강

유동화증권의 발행자는 유한회사인 SPC이므로 유동화회사가 보유한 유동화대상자산에서 손실이 발생할 경우, 유동화증권 투자자가 직접적으로 손실을 보게 된다.

유동화증권의 원활한 발행을 위해서 유동화대상자산에 추가하여 신용공여를 하게 되는데, 신용보강 방법은 내부적인 신용보강과 외부적인 신용보강으로 나뉜다.

내부적인 신용보강(Internal Credit Enhancements)

내부적인 신용보강 방법은 선순위 / 후순위구조, 초과담보, 초과수익, 현금유보금적립 방법 등이 있다.

선순위 / 후순위구조 (Senior / Subordinate Structure)

유동화증권의 상환순위를 선순위와 후순위로 나눔으로써 선순위유동화증권의 손실 가능성을 최소화하는 방법을 선순위 / 후순위구조라고 한다. 유동화자산에서 손실이 발생하면 후순위증권이 먼저 손실을 떠안기 때문에 선순위증권의 안전성은 그만큼 제고된다.

예를 들어, 유동화대상자산 1,000억원에 대한 동일 순위의 유동화증권이 1,000억원일 경우에, 유동화자산에서 100억원의 손실이 발생한다면 유동화증권 보유자는 약10%의 손실을 보게 된다.

그러나, 유동화자산 1,000억원에 대하여 동순위 유동화증권 1,000억원을 발행하는 대신, 선순위 700억원 / 후순위 300억원으로 발행할 경우에는, 유동화자산에서 발생하는 손실 100억원은 후순위증권 보유자가 떠안게 되어 선순위증권을 보유한 투자자는 피해를 입지 않게 된다.

유동화자산에서 400억원의 손실이 발생한다면, 후순위증권에서 300억원, 선순위증권에서 100억원의 손해를 입는다. 선순위증권 투자자는 14.3%(= $\frac{100억원}{700억원}$)의 피해를 입게 된다.

이 구조에서 후순위증권 투자자들은 높은 이자를 요구할 것이다. 위험이 높은데 따른 충분한 보상이 없다면 후순위증권이 소화되지(판매되지) 않을 것이다. 자산유동화의 후순위증권은 자산보유자(또는 발행자)가 되사가는 것이 일반적이다.

초과담보(Overcollateralization)

유동화대상 자산의 가치가 유동화증권 발행금액을 초과하는 경우를 초과담보라고 한다. 유동화대상 자산이 1,000억원일 때, 해당 자산을 담보로 발행하는 유동화증권 규모가 800억원이면, 200억원의 초과담보가 있다.

여기서, 초과담보는 선순위인 유동화증권 800억원과 유동화대상 자산 1,000억원을 비교한다(후순위인 Equity는 고려하지 않음).

초과수익(Excess spread)

유동화대상자산에서 발생하는 수익률이 유동화증권에 지급되는 비용을 초과하는 경우를 초과수익이라고 한다. 초과수익은 유동화회사(SPC)에 유보하였다가 유동화증권 상환에 사용된다.

예를 들어, 대출채권인 유동화자산에서 발행하는 수익은 연7%인데, 유동화증권 등에 지급하는 비용이 연6%이라고 하면 연1%의 초과수익이 발생한다. 여기서 유동화증권 등에 지급하는 비용에는 유동화와 관련된 제비용과 유동화증권에 지급하는 이자가 포함된다. 즉, 모든 비용을 지급하고 남는 금액이 초과수익이 된다.

현금유보금적립(Cash reserve funds)

유동화증권 발행으로부터 발생한 이익을 유보하고, 향후 유동화증권의 상환재원으로 사용하는 방법이다. 초과수익과 현금유보금적립을 광의의 유보금적립(Reserve funds)라고 한다.

외부적인 신용보강(External Credit Enhancements)

외부적인 신용보강 방법으로는 신용공여, 제3자의 지급보증, 은행의 L/C(Letter of Credit, 신용장), 자산매입약정, 책임준공, 채무인수, 매입확약 등이 있다.

신용공여(Credit line)

유동화회사의 일시적인 유동성 부족의 경우에 금융기관의 신용공여(Credit line)를 통해서 원리금지급을 원활하게 하는 방법이다. Credit Line은 한도대출로 마이너스통장과 유사한 개념이다.

제3자의 지급보증(Third-party guarantees)

제3자의 지급보증은 유동화대상자산에 대한 보증과 유동화증권에 대한 보증이 있다. 유동화대상자산에 대한 보증은 Pool Insurance라고 하고, 유동화증권에 대한 보증은 Bond Insurance라고 한다.

제3자 지급보증의 경우에는 보증을 제공한 기관의 신용상태도 고려해야 한다. 보증기관의 신용등급이 하락하게 되면 유동화증권의 신용등급도 하락할 가능성이 높기 때문이다.

은행의 신용장(Letter of Credit)

유동화회사가 유동화증권을 상환하지 못할 때 은행이 유동화증권의 상환을 보증하는 방법이다. 은행이 발행한 신용장(L/C)을 유동화회사에 제공함으로써 유동화증권의 상환가능성을 제고하는 방법이다.

매입약정

유동화대상자산의 현금화가 어려울 경우에 원자산보유자 또는 제3자가 해당 자산 또는 유동화증권의 매입을 약정함으로써 유동화증권이 유동성을 제고하는 방법이다.

부동산 PF ABS(ABCP)의 경우에 준공된 미매각아파트를 시공사가 매입하겠다는 약정을 하는 경우가 있다. 예를 들어, 포스코건설이 시공하는 경우 시공사의 책임준공과 준공 후 미매각아파트에 대한 매입약정이 있다면, 포스코건설이 보증을 제공한 것과 동일한 효과가 있다.

매입약정의 경우에는 향후 신용등급이 일정수준 이하로 하락할 경우 매입약정이 소멸되는 조건으로 발행되는 경우가 있어서 주의하여야 한다. 매입약정이 유동화증권의 신용을 보강하려는 목적이라면 신용등급이 하락할 때 필요한 데, 오히려 이 경우에 매입약정이 소멸된다면 유동화증권 투자자에게 아무런 도움이 되지 못한다. 이 경우는 정상적인 상황에서 차환발행에 문제가 없도록 하겠다(유동성 보강)는 정도이다.

매입확약

매입확약은 유동화증권의 신용등급이 하락하더라도 매입의무가 소멸되지 않는다. 따라서 매입확약의 경우라면 확약한 기관의 신용으로 보면 된다.

채무인수

제3자가 유동화증권의 채무를 인수하겠다고 약정하는 것으로 이 경우 제3자의 보증과 동일한 효력이 있다.

책임준공

시공사가 책임지고 공사를 진행해서 준공검사를 완료한다는 약정이다. 이 경우에는 건물준공에 대해서는 시공사가 보증한 것과 동일한 효력이 있다.

매입확약, 채무인수, 책임준공 등은 보증과 효력은 동일한 반면 재무상태표 주석에 기재할 의무가 없다. 따라서 제3자의 신용보강은 대부분 매입확약, 채무인수, 책임준공으로 이루어지고 있다.

2-7 콜론(Call Loan)과 콜머니(Call Money)

콜시장은 금융기관 간에 신용으로 자금을 차입, 또는 대여하는 단기금융시장이다. 자금을 대여하면 콜론, 자금을 차입하면 콜머니라고 부른다. 콜시장은 대규모 자금이 무담보로 거래되기 때문에, 차입한 금융기관에 문제가 생기면 시장 전체에 파급효과가 크다.

이 때문에 한국은행에서는 콜시장에 참가하는 금융기관의 범위를 축소하는 정책을 추진하고 있다. 기존의 증권사와 자산운용사는 콜시장 참여를 제한하여, 담보RP를 매개로 자금거래가 이루어지도록 유도하고 있다.

RP를 매개로 자금을 대여하면, 차입금융기관에서 원리금을 상환하지 않을 경우 담보로 확보하고 있는 채권을 매도하여 대여금을 회수할 수 있기 때문에 콜론보다 안전성이 높다.

2-8 단기사채(Short Term Bond)

2011.7.14일 『전자단기사채 등의 발행 및 유통에 관한 법률』이 제정되고, 2013.1.15일 발효되어 전자단기사채가 발행되기 시작했다. 2019.9.16일 『주식·사채 등의 전자등록에 관한 법률』이 시행되면서 기존의 『전자단기사채 등의 발행 및 유통에 관한 법률』이 폐지되었다.

단기사채는 기존의 CP(융통어음)를 대체할 목적으로 도입되었는데, 만기1년 이하, 사채의 액면금액 1억원 이상으로 예탁결제원의 등록발행만 가능하다.

일반기업이 발행하는 단기사채를 STB(Short Term Bond, 일전단채)라고 하고, 유동화전문회사 등이 발행한 단기사채를 ABSTB(Asset Backed Short Term Bond, AB전단채)라고 한다.

단기사채 발행을 활성화하기 위해서 3개월 이내의 단기사채의 경우 선취이자소득세에 대해서 원천징수를 하지 않아도 되고, 증권신고서 제출도 면제해주고 있다. 또한 사모로 발행된 단기사채의 경우에도 MMF(Money Market Fund)에 편입이 가능하도록 하고 있다. 신용평가등급은 A1, A2, A3, B+, B, B- 등으로 CP와 동일하다.

2022.7.15일 기준, 단기사채의 발행잔액은 약80조원으로 기존의 기업어음을 상당부분 대체하고 있다.

제3장
채권시장

3-1 한국거래소 채권시장
3-2 채권ETF
3-3 장외 채권시장
3-4 채권등록 및 예탁제도

채권기초
THE BASICS OF BONDS ———

THE BASICS OF BONDS

제3장
채권시장

채권시장은 채권이 매매(거래)되는 시장으로 장내시장과 장외시장으로 구분한다. 우리나라의 장내시장은 한국거래소 채권시장이며, 장내시장에서 채권이 거래되면 장내거래라고 한다. 한국거래소 채권시장(장내시장) 외에서 거래되면 장외거래라고 한다. 제3장 채권시장 내용은 한국거래소의 "채권유통시장 해설"에서 주로 인용하였다.

3-1 한국거래소 채권시장

3-1-1 국채전문 유통시장

국채전문 유통시장은 전자거래시스템을 기반으로 한 경쟁매매체제이다. 전자거래시스템을 이용한 경쟁매매시장은 브로커를 통한 거래상대방 탐색 및 협상과정을 거치지 않고 스크린호가만을 통해 익명으로 가격경쟁에 의해 거래가 체결되는 시장이다.

경쟁매매시장에서는 모든 매도, 매수호가가 스크린으로 집중되기 때문에 채권을 매매하려는 시장참가자는 브로커의 중개없이 바로 스크린에 제시된 호가만을 가지고 실시간으로 매매거래를 할 수 있다.

전자거래시스템을 통한 경쟁매매는 브로커를 통하지 않기 때문에 거래비용을 절감시키고, 실시간으로 체결되는 금리를 공표하여 지표금리 제시기능을 신속, 정확하게 수행하며, 실제 체결기능이 있는 스크린호가 제시로 시장투명성을 높이는 장점이 있다.

매매제도 개요

국채전문 유통시장은 한국거래소가 국고채시장 활성화 및 거래투명성 제고를 위해 정부의 정책적인 지원을 받아 1999.3월에 개설한 국채 전자거래시장이다. 국채전문 유통시장은 인터넷을 이용해 딜러회사가 직접 참여하는 전자거래시장으로서 전 거래과정이 실시간 정보화면을 통해 이루어지는 시스템을 사용하고 있다.

주요 시장참가자는 딜러회사인 은행과 증권사이고, 연금, 보험, 기금, 자산운용사 등의 기타 금융기관 및 일반투자자도 위탁참여가 가능하다. 딜러회사는 별도의 전산투자 없이 거래소의 국채매매시스템에 직접 접속하여 거래한다.

거래대상채권은 국고채, 통화안정증권, 예금보험공사채이며, 국고채가 거래의 대부분을 차지하고 있고 매매수량 단위는 10억원의 정수배이다.

국채전문 유통시장 거래제도 개요

구 분	내 용
거래시간	9:00 ~ 15:00
거래대상종목	국고채, 통화안정증권, 예금보험기금채권
거래수량단위	액면 10억원
호가방식	가격호가
체결방식	복수가격에 의한 개별경쟁매매
참 가 자	국채딜러(은행, 증권 중 일부), 위탁참가자(일반기관 등)
결 제 일	T+1일 (transection date+1, 익일결제)
결제수단	BOK-wire(대금이체), SAFE-line(채권대체)
결제방법	통합차감결제

(자료: 한국거래소 유통시장해설)

* BOK-wire: 한국은행 대금결제망
* SAFE-line: 한국예탁결제원 유가증권결제망

시장조성제도의 접목

국채전문 유통시장에서는 정부가 지정한 국고채 전문딜러(primary dealer, PD)가 지표종목별로 매도, 매수의 양방향조성호가를 지속적으로 제시하는 마켓메이커(market maker) 역할을 하고 있어 거래의사가 있는 시장참가자는 언제든지 원하는 종목을 사고, 팔 수 있다. 채권 전자거래시스템을 갖추더라도 다수의 시장호가가 충분히 누적되어 있지 않으면 유동성이 낮아 거래가 적시에 이루어지기 곤란하므로 시장조성자인 국고채 전문딜러의 역할이 매우 중요하다.

국채전문 유통시장의 유기적인 협력체계

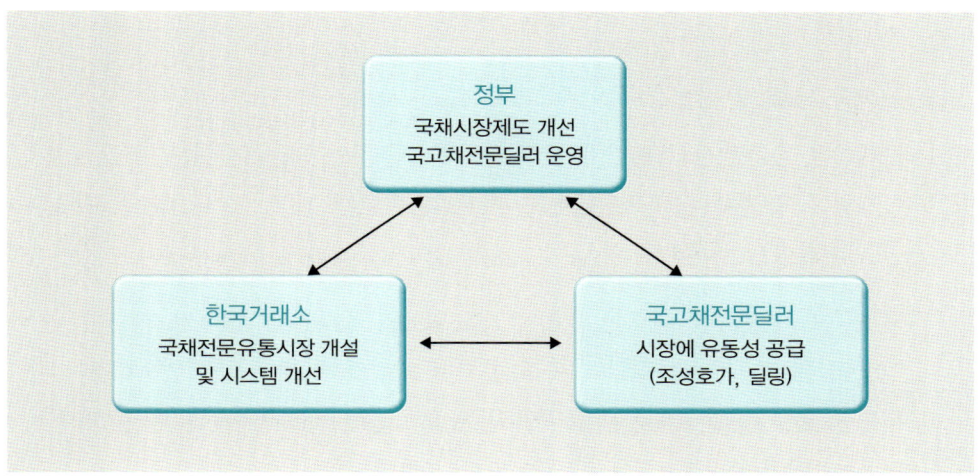

(출처: 한국거래소, 채권유통시장 해설)

▶ 국채전문 유통시장의 도입배경

외환위기 이후 국채발행량이 증가하는 과정에서 사회적 비용 절감과 채권시장 선진화를 위하여 시장인프라 구축이 필요하였고, 이에 최신 IT기술을 접목하여 유럽선진국과 같이 초기부터 정부 주도의 전자거래시장이 거래소 내에 개설되었다.

▶ 국채전문 유통시장의 역할

국채전문 유통시장은 국채 유통과 발행의 활성화와 효율성 제고를 통해 전체 채권시장의 선진화를 위한 중요한 역할을 담당한다. 국채 유통에 있어 국채전문유통시장은 투명한 시장운영을 통해 시장상황이 정확하게 반영되는 지표금리를 육성하여, 합리적인 투자판단의 지표를 제공하고 여타 채권의 적정가격 형성에 기여한다.

국고채 지표종목의 체결 수익률이 실시간으로 공시됨에 따라 채권시장에서의 지표금리가 제공되는데, 실제거래가 수반된 국채수익률이 실시간 제공됨으로써 은행, 기업 등의 자금조달 및 채권투자 시 지표금리(base rate)로서의 국채금리의 활용도가 제고되었고 국채선물시장 도입에 기여하였다.

국채전문 유통시장에 참여하는 국채딜러는 국채전문 유통시장을 통하여 적시에 국채 포지션을 조정함으로써 대(對)고객 거래에 대한 대응력을 높일 수 있으며 딜링(dealing)을 통해 합리적인 포트폴리오를 구축하고, 효율적인 위험관리가 가능하다.

* 포지션(Position): 매입포지션(매입금액), 매도포지션(매도금액)

시장참가유형 및 방법

국채전문 유통시장의 참가자는 국채딜러인 금융투자회사(증권사), 종금사 및 은행에 한정된다. 증권사는 한국거래소의 증권회원으로서 참여가 가능하며, 은행은 채무증권 전문회원의 자격으로 참여할 수 있다(2017년 기관 및 일반투자자로 참가자 확대).

채무증권 전문회원 제도는 원칙적으로 회원인 증권사만 참여가 가능한 한국거래소 시장에 은행의 참여가 가능하도록 마련된 제도로써, 채무증권 전문회원이 되기 위해서는 국채증권, 지방채증권, 특별한 법률에 의하여 설립된 법인이 발행한 채권, 사채권의 매매 영업을 할 수 있는 허가를 받아야 한다.

현재 채무증권 전문회원의 자격을 갖춘 금융기관은 은행에 한정되는데, 은행의 시장 참여는 2000년 재정경제부고시 제2000-8호를 통해 은행의 부수업무 중 하나로 구 증권거래법상의 증권업무 중 국공채의 자기매매업(투자매매업)을 지정함으로써 가능하게 되었다.

증권사가 국채전문 유통시장에서 위탁참여기관의 주문에 대한 수탁증권사로 시장에 참여할 수 있는데 반해, 은행은 국채의 자기매매(투자매매)에 한하여 인가를 취득하였으므로 증권사와 같이 수탁기능을 수행할 수는 없다.

연금, 보험, 기금 및 자산운용사 등의 기타 기관은 위탁기관으로서 국채전문 유통시장에 참여할 수 있다. 위탁매매방식에는 별다른 제한이 없으나, 일반적으로 전화주문을 통한 위탁매매방식과 전자매매시스템상의 직접적인 호가 입력 방식이 통용되고 있다.

위탁참가기관이 딜러기관과 동일하게 직접 매매시스템을 이용하고자 할 때는 전화주문과 달리 소정의 기관 등록과 거래원 등록 절차를 이행해야 하고 결제증권사를 지정해야 한다. 두 경우 모두 위탁자의 자금, 증권의 결제에 대한 이행 보증책임은 수탁증권사가 지게 된다.

2017년부터 기관투자자도 증권회사의 위탁계좌를 통해 직접 국채전문 유통시장에서 국고채(물가연동국고채 포함) 등을 매매할 수 있도록 제도를 개선하였다.

국채전문 유통시장의 참가자 유형 요약

구 분		참 여 방 법
국채딜러	국고채 전문딜러(PD)	발행시장에 직접 참여할 권리가 있는 대신 시장조성 의무도 수행
	일반딜러	국채전문유통시장에 브로커 및 딜러로서 참여가 가능한 반면, 발행시장 참여는 불가능
연기금, 보험, 자산운용사, 일반법인, 개인 등		국채딜러에게 결제 등을 위탁하는 방식으로 국채전문유통시장에 참여 (증권회사의 위탁계좌로도 직접 매매가능)

(Source: 한국거래소 채권유통시장 해설)

국채에 대해 자기매매업을 허가 받아 국채전문 유통시장의 참가자격을 갖춘 국채딜러는 시장조성자(market maker)인 국고채 전문딜러(PD: Primary Dealer)와 일반딜러로 구분된다.

국고채 전문딜러는 국고채 발행시장에서 국고채 인수 등에 관하여 우선적인 권리를 부여 받는 대신 국고채 유통시장에서 시장조성자로서의 의무를 수행하는 국채딜러(국고채권의 발행 및 국고채 전문딜러 운영에 관한 규정 제2조제1호)이다.

국고채 전문딜러 현황(2021.12월말 기준)

구 분		국 채 딜 러
국고채 전문딜러 (18개)	증권사(11개)	교보증권, 대신증권, DB금융투자, 메리츠증권, 미래에셋대우, 삼성증권, 신한금융투자, 한국투자증권, KB증권, NH투자증권, 키움증권
	은행(7개)	국민은행, 기업은행, 농협은행, 산업은행, 하나은행, 한국스탠다드차타드은행, 크레디 아그리콜(서울지점)

(source: 국채백서 2021)

▶ 국고채 전문딜러의 시장조성제도

국고채 전문딜러(PD)는 시장조성자로서 유통시장의 유동성을 확보하기 위해 국채전문유통시장에서 매도, 매수의 양방향조성호가를 최대허용 스프레드 이내로 지속적으로 제시해야 할 의무가 있다. 18개사의 국고채 전문딜러의 양방향 조성호가가 실시간으로 호가테이블에 누적됨에 따라 거래를 원하는 시장참가자는 언제든지 호가를 제출하여 거래를 실행할 수 있게 된다. 이처럼 국고채 전문딜러는 국채전문유통시장에서 실시간 시세를 반영하는 양방향호가를 제시하여 거래가 원활하게 체결되도록 유동성을 공급하는 마켓메이커(Market Maker)의 역할을 한다.

국채전문 유통시장에서 거래되는 채권은 국고채권 뿐만 아니라 통화안정증권, 예금보험기금채권도 포함되는데, 국고채권은 시장조성을 위해 특별하게 취급되는 지표종목(on-the-run issue)과 비지표종목(off-the-run-issue)으로 구분된다. 지표채권은 풍부한 유동성을 보유하고 있어서 유통시장을 통한 지표금리의 형성에 가장 적합하다고 판단되는 채권으로, 경쟁입찰을 통하여 발행된 명목 국고채권 중 만기별로 가장 최근에 발행된 종목과 물가연동국고채권 중 가장 최근에 발행된 종목을 말한다.

국고채권은 발행일자와 관계없이 모든 채권이 국채전문 유통시장에서 거래가 가능하나, 통화안정증권과 예금보험기금채권은 거래 대상에 일정한 제한이 있다. 통화안정증권의 경우 발행 당시 종목당 발행금액이 2,000억원 이상인 종목 중 만기별로 가장 최근에 발행된 2개 종목이며, 예금보험기금채권의 경우에는 만기가 5년이고 종목당 발행금액이 2,000억원 이상인 종목 중 가장 최근에 발행된 2개 종목이다.

국채전문 유통시장의 거래대상채권 요약

구 분		내 용
국고채	지표종목	경쟁입찰을 통하여 발행된 국고채로서 각각의 만기별로 가장 최근에 발행된 채권
	비지표종목	지표종목을 제외한 국고채 종목(경과물)
통화안정증권		발행금액이 2,000억원 이상인 종목 중 만기별로 가장 최근에 발행된 2개 종목
예금보험기금채권		만기 5년물이고 발행금액이 2,000억원 이상인 예보채 종목 중 가장 최근에 발행된 2개 종목

(source: 한국거래소 채권유통시장 해설)

국채전문 유통시장은 국고채 전문딜러의 시장조성기능을 지원하기 위해 조성호가와 매매호가라는 독특한 제도를 두고 있다. 조성호가와 매매호가는 국고채 지표종목에 한해 적용되는 구분으로, 비지표종목과 통화안정증권, 예금보험기금채권의 경우에는 별도의 호가구분을 적용하지 않는다.

국채전문 유통시장 호가의 종류

구 분		내 용
조성 호가	양방향 조성호가	국고채 전문딜러(PD)가 매도와 매수호가를 동시에 제출하는 호가로 PD가 시장조성의 의무로서 제출하는 호가
	일방향 조성호가	국채딜러(일반딜러 포함)가 제출하는 일반적인 의미의 매도 혹은 매수호가
매매호가		국채딜러(일반딜러 포함)가 제출하는 IOC(Immediate Or Cancel) 개념의 매도 혹은 매수호가 * IOC: 호가 제출 즉시 매매가 가능한 것만 체결하고, 미체결 잔량은 자동으로 취소

(source: 한국거래소 채권유통시장 해설)

결제제도

국채전문 유통시장의 결제에는 대금결제나 증권결제 모두 다자간 차감, 집중결제방식이 적용된다. 대금결제는 한국은행의 금융망인 BOK-Wire를 통하여 이루어지며, 증권결제는 한국예탁결제원의 예탁자 계좌간 대체방식을 통해 이루어진다. 1999. 3월 시장개설 당시에는 당일결제거래(T, trade date)이었으나, 2003.6월부터 익일결제(T+1, trade date+1)로 변경되었다.

3-1-2 Repo(환매조건부채권 매매)시장

Repo(Sale & Repurchase Agreement)거래란 현재시점(매매일)에 현물로 유가증권을 매도(매수)함과 동시에 사전에 정한 미래의 특정시점(환매일)에 동 증권을 환매수(환매도) 하기로 하는 2개의 매매계약이 동시에 이루어지는 유가증권의 매도, 매수계약이다. RP거래는 채권을 담보로 제공하고 자금을 차입(대여)하는 것이다.

채권, 주식, CP, CD, MBS 등 다양한 유가증권이 Repo거래의 대상이 될 수 있으나, 통상적으로 채권이 주류를 이루고 있기 때문에 환매조건부채권 매매거래 또는 RP거래로 불린다.

3-1-3 일반채권시장

국채, 지방채, 특수채, 회사채 등 거래소에 상장된 모든 채권을 거래대상으로 하며, 주로 회사채와 주식관련사채가 거래된다.

상장된 전환사채의 매매는 공정한 가격형성 및 유동성 제고를 위해 반드시 거래소시장을 통하여야 한다.

일반채권시장은 시장참가자에 대한 제한이 없고, 불특정다수의 일반투자자가 참여할 수 있는 도소매 시장으로 매매체계도 주식과 유사하기 때문에 주식매매에 익숙한 일반투자자라면 큰 어려움 없이 채권을 매매할 수 있다.

일반투자자의 채권에 대한 관심이 높아지면서 공모회사채를 중심으로 채권장내거래(일반채권시장)가 꾸준히 증가하고 있다.

하이일드 투자일임(신탁, 랩)으로 회사채 수요예측에 참여한 투자자들이 일반채권시장에서 채권을 매도하고 있어서 시장유동성(공급물량)도 높아지고 있다.

3-1-4 소액채권시장

소액채권시장 집중거래제도는 거래소 채권시장의 공신력을 활용하여 일반 국민들이 의무적으로 매입한 국공채의 환금성을 제고시킴으로써 첨가소화채권 매입의 편의제공과 부담경감을 위해 도입되었다. 국민주택채권(1종), 도시철도채권(지하철채권), 지역개발채권을 첨가소화채라고 한다.

거래집중대상 채권은 제1종 국민주택채권, 서울도시철도채권, 지역개발채권, 지방도시철도채권 등이 있으며, 매매거래일 기준으로 당월 및 전월에 발행된 채권으로서 1계좌당(소액채권전용 공동계좌는 1인당) 호가수량이 액면 5,000만원 이하인 채권을 말한다.

3-2 채권ETF

ETF(Exchange Traded Fund, 상장지수집합투자기구)는 특정지수 수익률을 얻을 수 있도록 만들어진 지수연동형펀드로 거래소에 상장되어 매매되는 상품을 말한다. 우리나라는 2009년 7월말에 최초로 국고채 ETF가 상장되었다.

ETF는 자산운용사가 투자자(기관투자자)를 모집, ETF설정에 필요한 채권 또는 현금을 납입 받아 ETF를 설정하고 매매는 한국거래소에 상장되어 주식과 동일한 방법으로 거래된다. ETF는 직접투자에 비해 소액 투자가 가능하고 증거금이 불필요하며 장내거래로 투명성이 높고 일반 채권형펀드에 비해 환금성이 좋으며 거래비용이 낮은 장점이 있다.

현재 단기유동성ETF, 단기통안채ETF, 통안채1년ETF, 단기채권ETF, 중기우량채ETF, 국고채3년ETF, 국고채10년ETF 등이 상장되어 거래되고 있다.

또한 채권금리와 반대방향의 국고채3년인버스ETF, 국고채10년인버스ETF도 상장되어 있다. 인버스(Inverse)ETF는 채권금리가 상승하면 ETF가격이 올라간다. 금리상승이 예상될 때 투자하면 좋은 상품이다.

좀 더 전문적인 상품으로 국채선물3년10년스티프너(Steepener), 국채선물3년10년스티프너2X, 국채선물3년10년플래트너(Flattener), 국채선물3년10년플래트너2X가 상장되어 거래되고 있다.

국채선물3년10년스티프너는 국채선물3년물과 국채선물10년물의 금리차이가 커지면(Steepening) 이익이 발생하는 상품이다. 2X는 수익이 2배(손실도 2배)인 레버리지(leverage) 상품이다. 국채선물3년10년플래트너는 국채선물3년물과 국채선물10년물의 금리차이가 좁아지면(Flattening) 이익이 발생하는 상품이다.

이 외에도 단기선진하이일드ETF, 단기채권액티브ETF도 있다. 단기채권액티브ETF는 자산운용사가 적극적으로(active) ETF를 운용하는 상품이다.

2022.7월 현재 국고채ETF의 시가총액은 7조원 수준이고, 일평균 거래대금은 1조원 내외이다.

일자별 국고채ETF 거래내역(예시)

년/월/일	거래량(좌)	거래대금(원)	시가총액(원)
20220715	8,716,409	899,694,455,230	7,218,126,040,000
20220714	4,613,072	476,972,662,980	7,397,731,990,000
20220713	9,734,917	1,001,134,020,690	7,490,233,695,000
20220712	7,972,192	799,319,279,705	7,653,019,370,000

(출처: 기획재정부 국채시장)

3-3 장외 채권시장

장외시장은 거래소시장 이외의 곳에서 거래되는 시장으로 주로 금융투자회사(증권회사) 창구를 중심으로 1:1 상대매매가 이루어지는 Dealer Market, Broker Market, Direct Search Market 등을 통칭한다.

장외에서 거래되는 채권을 장외채권, 장내에서 거래되는 채권을 장내채권이라고 한다. 공모로 발행된 채권의 경우, 장외에서 거래되면 장외채권, 장내에서 거래되면 장내채권이라고 한다. 사모로 발행된 채권의 경우 상장되지 않았기 때문에 장외에서만 거래가 가능하다.

채권거래 규모가 큰 기관투자자는 거래상대방을 직접 탐색하기가 힘들어 브로커(증권사)를 통한 상대매매 형태로 거래하고 있다.

장외시장은 거래소시장에서 거래가 곤란한 채권에 유동성을 부여함으로써 다양한 채권의 유통 원활화에 기여하고 있다.

채권거래전용시스템(K-Bond)

IMF 구제금융 이후, 우리나라 채권시장은 발행잔액 및 거래규모 등에 있어서 지속적으로 성장해왔으나, 채권거래량에 비해 채권 유통시장은 사설 메신저에 의존하는 등 유통시장의 질적개선이 요구되고 있었다.

2009년 10월 5일 금융위원회에서 우리나라 채권 유통시장의 제도개선 방안을 발표했다. 채권거래 전용시스템을 구축하여 기존의 사설 메신저에 의존하여 거래하는 관행을 개선하여 채권거래의 안정성을 제고하겠다는 것이 주요 내용이었다.

채권거래 전용시스템 구축은, 채권시장에 정형화된 시스템을 제공하여 거래의 안정성이 제고되고, 사설 메신저에 분산되어 있는 유동성이 집중되어 가격발견기능을 개선할 수 있다. 매수, 매도 호가가 많아지면 bid-ask spread가 좁아지고 채권시장이 한 단계 더 효율적인 시장이 될 수 있다.

기관투자자들은 공신력 있는 시스템을 통해서 거래함으로써 거래의 공정성을 확보하고, 내부통제 장치를 강화할 수 있게 되었다.

K-Bond는 채권 장외시장에서 가격발견 기능과 거래효율성을 향상시켜 장외 채권거래의 규모와 유동성을 높이는 채권거래 지원 시스템이다. 2010년 4월 FreeBond System으로 오픈하였으며, 2017.7월 K-Bond System으로 재구축했다.

K-Bond System의 주요기능은 다음과 같다.
① 메신저 기능: 대화방, 1:N 및 1:1 메신저기능, M 보드 기능
② 트레이딩 기능: 호가탐색, 주문, 협상, 매매확정
③ 공시 기능: 실시간으로 거래되는 호가 및 체결정보 공시화면 제공
④ 회사채 수요예측 기능

금융투자회사의 영업 및 업무에 관한 규정의 사전 신고, 등록제에 의거 채권거래 브로커, 딜러, 매니저, 트레이더 등 채권거래에 특화된 시장 관계자들로서 금융투자협회에 시스템 사용을 신청하고 협회가 이를 승인한 자만 이 시스템을 이용할 수 있다.

향후, 결제 기능이 보완된다면 외국의 ATS(Alternative Trading System) 역할을 할 수 있게 된다.

적격기관투자자(QIB)제도

2012년 5월, 적격기관투자자(QIB, Qualified Institutional Buyer)만이 참여하여 중소기업 등 국내 비상장기업이 발행한 증권 및 해외기업(정부포함)이 발행한 증권을 거래하는 시장을 FreeBond(**K-Bond**) System에 개설하였다.

채권대차(債券貸借)거래제도

한국예탁결제원의 중개를 통하여 대차거래 참가자간에 필요한 채권을 차입 또는 대여하는 거래로써 주로 기관투자자간에 이루어진다.

채권대여자는 보유채권의 대여를 통해서 수수료 수입을 확보할 수 있고, 채권차입자는 차입채권을 담보로 제공하거나 공매도함으로써 효율적인 투자가 가능하다.

증권대금 동시결제제도 (Delivery versus Payment)

채권거래의 안전성과 효율성을 높이기 위해 채권거래 시 채권 인도와 대금 결제가 동시에 이루어지도록 하는 증권대금 동시결제제도(DVP)를 1999년 11월에 도입하였다.

이 제도는 한국예탁결제원의 예탁자 계좌간 대체에 의한 채권인도와 한국은행 전산망(BOK-Wire)에 개설된 한국예탁결제원의 계좌를 통한 대금결제를 연계하여 동시에 처리하는 시스템이다.

이전의 증권인도(證券引渡) 시기와 대금결제(代金決濟) 시기가 서로 달라 거래당사자 중 일방이 계약을 불이행할 경우 발생하는 원금 손실위험(증권결제리스크)을 근본적으로 제거해주기 때문에 증권결제리스크를 관리하는데 가장 효과적인 수단이며 국제 증권결제시스템이 준수해야 할 표준이다.

3-4 채권등록 및 예탁제도

채권등록제도는 『국채법』 또는 『주식·사채 등의 전자등록에 관한 법률』에 따라 채권 실물을 보유하지 않고 등록기관이 관리하는 채권등록부에 채권자의 성명, 주소, 채권금액 등 권리내역을 등록(book-entry)토록 하는 제도이다.

채권자는 등록을 마침으로써 채권자로서의 권리가 확보되며 채권의 매매, 질권 및 담보권의 설정, 신탁재산의 표시 등은 채권등록부 기재를 통하여 해당 채권의 발행자 및 제3자에게 대항할 수 있다.

이러한 등록제도는 채권실물을 가지고 있어야만 채권자가 권리를 행사할 수 있는 것으로 규정한 민법 및 상법에 대한 특례이며, 실물 발행비용이 절감되고 원리금을 지급할 때 실물 확인절차를 생략할 수 있는 등 업무처리가 간편해지는 이점이 있다. 채권자의 입장에서도 실물보관에 따른 위험부담이 없고 보관비용이 절감되게 된다. 2019.9.16일 『주식·사채 등의 전자등록에 관한 법률』 시행으로 상장회사의 유가증권은 의무적으로 실물발행(physical issue) 없이 등록발행 해야 한다. 대부분의 국채와 통화안정증권은 한국은행이, 지방채, 금융채, 회사채 등 공사채(公私債)는 한국예탁결제원이 각각 등록업무를 담당하고 있다.

한편 채권예탁제도란 등록 및 실물 발행 여부와 관계없이 채권의 보관 및 관리를 위해 한국예탁결제원이 예탁자로부터 채권을 예탁 받고, 예탁자는 예탁계좌부를 통해 예탁 채권에 대한 권리를 행사하도록 하여 채권의 매매 또는 원리금 수령 등의 편의를 도모하기 위한 제도이다.

이처럼 채권등록제도(債券登錄制度)는 채권자의 권리보호 및 발행사무에 있어서의 편의를, 채권예탁제도(債券預託制度)는 매매과정의 편의를 목적으로 하고 있는데 이들 두 가지 제도를 연계시킨 것이 바로 채권 일괄등록제도(一括登錄制度)이다. 채권 일괄등록제도란 신규채권 발행 시 등록기관의 채권등록부에 한국예탁결제원의 명의로 일괄등록을 하고 한국예탁결제원의 예탁계좌부에는 채권 매수자별 거래계좌에 기재하는 방식으로 채권발행이 이루어지는 제도이다. 즉, 한국예탁결제원에 예탁계좌를 갖고 있는 채권 매수자는 별도의 등록절차를 밟지 않아도 되므로, 채권을 매매하기 위해 본인명의로 등록필증을 교부받아 한국예탁결제원에 이를 다시 예탁해야 하는 번거로움을 피할 수 있다.

공사채(公私債)의 경우 일반적으로 한국예탁결제원이 등록 및 예탁기관이 되는 일괄등록 발행방식으로 이루어지고 있다. 국고채(원화표시) 및 통화안정증권의 경우에는 한국은행이 한국예탁결제원 명의로 일괄등록하고, 한국예탁결제원에 인수자로 예탁하는 방식으로 발행이 이루어진다.

이와 같이 투자자들이 한국예탁결제원 명의로 일괄등록하고 있는 것은 증권회사의 경우 자본시장법 등에 의해 보유채권의 한국예탁결제원 예탁이 의무화되어 있을 뿐만 아니라 이 예탁제도가 유통시장에서의 원활한 채권거래에 유용하여 채권 발행자나 인수자 모두가 선호하기 때문이다.

채권투자자의 입장에서는 한국예탁결제원에 계좌를 개설하여 채권을 예탁한 후 채권의 매매 등에 따른 채권 및 자금결제를 실물의 이동 없이 계좌간 대체로 처리할 수 있다. 채권 발행자의 입장에서는 원리금을 한국예탁결제원으로 한꺼번에 지급하면 한국예탁결제원이 예탁자 계좌를 통하여 개별 예탁자에게 원리금을 지급하게 되므로 사무처리 절차가 간소해지는 이점이 있다.

한편 각 금융기관이 국채 및 통화안정증권을 한국예탁결제원 명의로 한꺼번에 등록함에 따라 한국은행은 금융기관의 채권보유현황을 적시에 파악하기 어려워 공개시장 조작의 원활한 수행 및 국채발행시장 감시 등에 어려움을 겪었다. 2002년 2월 증권거래법시행령을 개정하여 한국은행이 한국예탁결제원으로부터 유가증권 예탁 및 계좌간 대체에 관한 정보를 제공받을 수 있도록 하였으며 한국은행 BOMIS(Bond Market Information System)를 통해 정보를 입수하여 활용하고 있다.

제4장
돈의 시간가치
(Time Value of Money)

4-1 미래가치(Future Value)
4-2 현재가치(Present Value)
4-3 영구연금의 현재가치(Present Value of Perpetuity)

채권기초
THE BASICS OF BONDS

THE BASICS OF BONDS

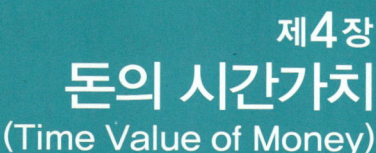

제4장
돈의 시간가치
(Time Value of Money)

돈은 시간가치를 가지고 있다. 오늘 현금 100만원을 가지고 있다면, 은행에 예금함으로써 경과기간(일수)에 해당하는 이자를 받을 수 있는 기회가 있기 때문이다.

이자금액은 예금금액 × 이자율 × $\frac{경과일수}{365}$ 로 계산할 수 있다. 원금을 포함한 원리금은 예금금액 × (1 + 이자율 × $\frac{경과일수}{365}$)로 계산한다.

4-1 미래가치(Future Value)

돈의 미래가치는 예금의 원리금과 같은 방법으로 계산한다.

$$FV(미래가치) = 현금 \times (1 + 이자율)^n \quad (n은 기간)$$

이자율이 0 이상이므로 미래가치는 현재의 현금보다 크게 된다.

예제 한채투2회(3개월 복리채)의 표면금리는 4%이다. 발행일인 2022년 7월 17일에 액면금액 100만원을 매입하면, 채권의 만기시에 지급받는 미래가치는 얼마인가?

한채투2회(3개월복리채)는 3년만기채이므로, 채권의 만기는 2025년 7월 17일이다. 액면금액 10,000원 기준 미래가격은 다음과 같다.

채권기초

한채투2회(3개월복리채)

발행일	2022-07-17			
만기일	2025-07-17	만기원리금	11,268.25	10,000 × (1 + 표면금리 / 4) ^ 12
액면가액	10,000			
표면금리	4.000%	4	1.000%	

투자금액이 100만원이므로, 3년 후 지급받는 금액은 112.6825만원이 된다(10,000원 기준으로는 11,268.25원).

$$112.6825만원 = 100만원 \times (1 + \frac{0.04}{4})^{12}$$

4-2 현재가치(Present Value)

현재가치는 미래가치와는 반대 방법으로 계산할 수 있다. 미래 일정시점에 일정금액을 확보하기 위해서 현재 투자해야 하는 금액을 계산하는 것과 같다.

여기서 현재 투자해야 하는 금액이 현재가치가 되는데,

$$PV(현재가치) = \frac{미래가치}{(1+할인율)^n} \quad (n은\ 기간)$$

할인율이 0보다 크기 때문에 현재가치는 미래가치보다 적다.

◆ 이표채의 현재가치(Present Value of a Series of Future Values)

한채투1회(이표)는 3개월 이표채이다. 표면이율이 연4%이기 때문에 액면금액 10,000원당 매3개월마다 100원이 이자를 받는다. 3년동안 매회 100원씩 총12회 이자를 지급받고, 만기에 원금 10,000원을 상환 받는 이표채이다.

이표채와 같이 현금흐름이 여러 번 있는 채권의 현재가치(PV)는 각각의 현금흐름에 대한 현재가치의 합이다. 할인율(채권수익률)이 3.5%일 때의 현재가치는 다음과 같다.

3개월 이표채의 현재가격 계산 방법

발행일	2022-07-17		
만기일	2025-07-17		
액면금액	10,000		
표면금리	4.000%	4	1.000%
매매일	2022-07-17		
매매금리	3.500%		

잔존일수	일자	이자	원금	CF	PV	PV계산식
1	2022-10-17	100		100	99.13	$100/(1+0.035/4)^1$
2	2023-01-17	100		100	98.27	$100/(1+0.035/4)^2$
3	2023-04-17	100		100	97.42	$100/(1+0.035/4)^3$
4	2023-07-17	100		100	96.58	$100/(1+0.035/4)^4$
5	2023-10-17	100		100	95.74	$100/(1+0.035/4)^5$
6	2024-01-17	100		100	94.91	$100/(1+0.035/4)^6$
7	2024-04-17	100		100	94.08	$100/(1+0.035/4)^7$
8	2024-07-17	100		100	93.27	$100/(1+0.035/4)^8$
9	2024-10-17	100		100	92.46	$100/(1+0.035/4)^9$
10	2025-01-17	100		100	91.66	$100/(1+0.035/4)^{10}$
11	2025-04-17	100		100	90.86	$100/(1+0.035/4)^{11}$
12	2025-07-17	100	10,000	10,100	9,097.43	$\dfrac{10,100}{1+\left(\dfrac{0.0175}{4}\right)^{12}}$
					10,141.81	

- 3개월 이표채이기 때문에 매3개월마다 이자를 지급한다.
- 표면금리가 연4%이고, 액면가액이 10,000원이므로 연간 400원의 이자가 지급되고, 1회 이자금액은 100원이다.
- 현재가치를 계산하기 위해서는 할인율이 필요하며, 할인율은 채권수익률이다(위의 경우에는 3.5%).
- 채권의 현재가치는 각각의 현금흐름에 대한 현재가치를 더하면 된다.

채권의 현재가치 = Σ(각각의 현금흐름의 현재가치)

채권기초

할인채와 복리채는 만기 시에 현금흐름이 발생한다. 만기에 상환되는 원리금을 할인함으로써 현재가치를 계산할 수 있다. 주의할 점은 3개월복리채, 6개월복리채, 연복리채 모두 연복할인 한다는 점이다. 할인채도 연복할인 방법으로 현재가치를 계산한다.

3개월 복리채의 현재가격 계산 방법

발행일	2022-07-17		
만기일	2025-07-17		
액면금액	10,000		
표면금리	4.000%	4	1.000%
매매일	2022-07-17		
매매금리	4.000%		

잔존일수	일자	이자	원금	CF	PV	PV계산식
	2022-10-17	100				
	2023-01-17	100				
	2023-04-17	100				
	2023-07-17	100				
	2023-10-17	100				
	2024-01-17	100				
	2024-04-17	100				
	2024-07-17	100				
	2024-10-17	100				
	2025-01-17	100				
	2025-04-17	100				
	2025-07-17	100	10,000	11,268.25	10,017.43	11,268.25 / (1 + 0.04)^3

- 발행일에 표면금리 4%인 3개월복리채를 4%금리로 할인한 것이다.
- 3개월복리채를 연단위로 복할인했기 때문에 표면금리와 매매금리가 동일함에도 불구하고 채권가격은 10,017.43원이다.

4-3 영구연금의 현재가치(Present Value of Perpetuity)

매년 일정금액이 영원히 지급되는 연금을 영구연금이라고 한다. 예를 들어, 매년 500원씩 영구히 지급하는 연금의 현재가치는 매년 지급되는 500원을 할인한 현재가치의 합이다.

영구연금의 현가계산공식을 활용하면 쉽게 계산할 수 있다.

$$\text{영구연금의 현가} = \frac{\text{매년 지급되는 연금금액}(c)}{\text{할인율}(y)}$$

매년 500원씩 영구히 지급되는 연금의 할인율이 10%라고 하면 영구연금의 현재가치는 5,000원이 된다.

$$5{,}000원 = \frac{500원}{0.1}$$

영구연금의 현가공식을 활용해서 채권금리가 주가에 미치는 영향을 살펴볼 수 있다. 주식의 가치평가 시에는 해당기업이 영속기업이라는 가정을 하기 때문에 영구연금과 유사하다고 볼 수 있다. 주식가치를 평가하기 위해서는 매년의 현금흐름이 필요한데, 평가자가 합리적으로 예측한 수치를 사용하면 된다.

미래의 현금흐름을 추정하는 대신에 현재의 현금흐름이 미래에도 변하지 않는다고 가정하면 영구연금과 동일한 조건이 된다. 할인율은 시장에서 구할 수 있기 때문에 주식의 가치평가 추정은 영구연금의 현가계산공식을 활용할 수 있다.

한채투의 매년 주당순이익이 500원이라고 가정하고, 할인율이 10%일 경우의 한채투 주식의 1주당 가치는 5,000원이 된다.

$$5{,}000원 = \frac{500원}{0.1}$$

할인율이 10%에서 5%로 하락하면 한채투의 1주당 가치는 10,000원으로 상승한다.

$$10{,}000원 = \frac{500원}{0.05}$$

채권기초

할인율이 추가로 하락해서 1%라고 하면 한채투의 1주당 가치는 50,000원으로 상승한다.

$$50,000원 = \frac{500원}{0.01}$$

한채투의 주당순이익이 변화하지 않는 경우에도 할인율(금리)이 변함에 따라 1주당 가치(Value)는 5,000원 → 10,000원 → 50,000원으로 크게 변화한다.

반대로 금리가 상승하는 경우에는 1주당 가치가 급격하게 하락하게 된다.

한채투의 순이익이 1주당 500원에서 400원으로 하락할 때, 주당 순자산가치는 20% 감소한다. 할인율을 고정시켜 놓고 주당순이익을 500원에서 400원으로 바꿔서 주당 순자산가치를 계산하면 가치가 20% 하락한다는 것을 알 수 있다.

$$4,000원 = \frac{400원}{0.1}$$

$$8,000원 = \frac{400원}{0.05}$$

$$40,000원 = \frac{400원}{0.01}$$

주당순이익의 변화보다 할인율의 변화가 주당순자산가치에 미치는 영향이 훨씬 크다.

제5장
채권금리(채권수익률)와 채권가격

5-1 채권수익률 구조
5-2 단리와 복리의 개념
5-3 복할인 방법
5-4 채권가격 계산방법
5-5 만기수익률(YTM)
5-6 경상수익률(Current Yield)
5-7 현물이자율(Spot Rate)
5-8 투자수익률 계산방법

채권기초
THE BASICS OF BONDS ———

THE BASICS OF BONDS

제5장
채권금리(채권수익률)와 채권가격

5-1 채권수익률 구조

채권수익률은 정책금리와 스프레드로 이루어져 있다.

스프레드는 기간스프레드와 신용스프레드로 구성되어 있는데, 기간스프레드는 국채 기간물 수익률과 국채 1일물 수익률의 차이이고, 신용스프레드는 동일 만기의 신용채권 수익률과 국고채 수익률의 차이다.

    채권수익률 = 정책금리 + 기간스프레드 + 신용스프레드
    금융시장 = 현금시장(Money Market) + 자본시장(Capital Market)

▶ 정책금리(Policy Rate)

정책금리는 1,2,4,5,7,8,10,11월 금융통화위원회에서 결정한다. 현재는 일주일물 국고담보RP금리를 정책금리로 사용하고 있다. 실무에서는 1일물 국고채수익률을 정책금리로 사용하고 있다. 현금시장에서의 1일물 콜금리와 국고담보RP 금리는 정책금리수준에서 결정된다. 2017년부터 3,6,9,12월에는 정책금리를 변동시키지 않기로 결정했다.

정책금리결정에 가장 큰 영향을 미치는 변수는 물가와 GDP성장률이다. 한국은행의 정책목표는 물가안정이므로 정책금리를 결정할 때 물가동향이 매우 중요하다.

미국 Fed의 목표는 완전고용과 물가안정이다. "FOMC seeks to foster maximum employment and price stability". 각국 중앙은행의 목표는 중앙은행이 만들어진 배경과 밀접한 관련이 있다. 중앙은행의 통화정책은 공익에 부합해야 한다. 나라별로

물가와 성장 중에서 한쪽을 더 중요시할 수 있다.

일반적으로 정책금리는 물가와 GDP성장률에 영향을 받는다. **지출측면**GDP는 민간소비, 민간투자, 정부지출, 순수출로 구성되어 있고, 민간소비의 비중이 높다. 우리나라의 경우에 민간소비는 GDP의 **약50%**를 차지하고 있다. 소비가 통화정책에 매우 중요한 변수라는 것을 알 수 있다.

2020년 Covid-19 Global Pandemic에 대한 대처방안으로 각국이 정책금리 인하, 통화량공급 및 정부지출확대 정책을 시행하여 GDP 성장률에서 정부지출이 차지하는 비중이 상당 폭 높아졌다.

소비에 가장 크게 영향을 미치는 것은 고용이다. 모든 국민이 고용되어 있고, 직업의 안전성이 높다면 소비를 늘릴 것이다. 반대로 실업률이 높거나, 고용이 불안할 때는 소비를 줄이고, 저축을 늘리려고 할 것이다.

정책금리를 예측하기 위해서는 물가, 민간소비(고용), 투자, 정부지출, 순수출, 환율 등을 종합적으로 고려해야 한다.

GDP는 생산측면에서, 분배측면에서, 지출측면에서 측정할 수 있다. 생산측면에서는 농림어업, 광공업, 전기가스수도사업, 건설업, 서비스업으로 나누어서 측정한다. 분배측면에서는 피용자보수, 영업잉여, 고정자본소모, 생산 및 수입세 등으로 나누어서 측정한다.

중앙은행의 통화정책

중앙은행의 전통적인 통화정책수단은 크게 공개시장운영, 여수신제도, 지급준비제도이다. 금융기관을 상대로 국채 등을 사고 팔아서 화폐의 양이나 금리수준에 영향을 미치는 것을 공개시장운영이라고 한다.

여수신제도는 개별금융기관을 상대로 대출하거나 예금을 받는 정책수단이고, 지급준비제도는 금융기관이 지급준비금적립대상 채무의 일정비율(지급준비율)에 해당하는 금액을 중앙은행에 지급준비금으로 예치하도록 의무화하는 정책수단이다.

중앙은행의 통화정책은 금리경로, 자산가격경로, 신용경로, 환율경로, 기대경로를 통해서 전달된다.

정책금리를 인상하면 채권수익률이 상승하고, 자산가격이 하락하며, 신용창출이 위축되고, 환율이 하락하는 등 전반적으로 경기상승을 억제하는 효과가 있다.

반대로, 정책금리를 인하하면 채권수익률이 하락하고, 자산가격(또는 자산가치)이 상승하며, 신용창출이 활발해지며, 환율이 상승하는 등 전반적으로 경기를 부양하는 효과가 있다.

국고채 수익률 = 정책금리 + 기간스프레드

국고채 3년물 수익률이 3.0%이고, 정책금리가 2.5%이면 국고채 3년물과 정책금리의 기간스프레드는 0.5%이다.

신용채권(회사채) 수익률 = 정책금리 + 기간스프레드 + 신용스프레드

여기서 정책금리+기간스프레드는 국고채수익률이다. 따라서 신용채권 수익률에서 국고채 수익률을 차감하면 신용스프레드이다. 신용스프레드를 계산할 때는 동일만기의 신용채권 수익률과 국고채 수익률을 차감해야 한다. 잔존만기 3년의 국고채 수익률에는 잔존만기 3년의 신용채권 수익률을 비교해야 한다.

예를 들어, 잔존만기 3년의 하이닉스반도체(A등급) 회사채 수익률이 4.5%이고, 잔존만기 3년의 국고채 수익률이 3.5%이면, 잔존만기 3년의 하이닉스반도체 회사채 신용스프레드는 1.0%이다(정책금리는 3.0%로 가정).

하이닉스반도체 회사채 수익률 = 3.0% + 0.5% + 1.0%
(3.0%는 정책금리, 0.5%는 기간스프레드, 1.0%는 신용스프레드)

모든 채권의 수익률은 정책금리, 기간스프레드, 신용스프레드로 나눌 수 있고, 채권의 가치평가 시 정책금리의 변화여부, 기간스프레드의 적정성여부, 신용스프레드의 적정성여부가 중요하다.

신용스프레드는 신용위험과 유동성위험의 영향을 받는다.

신용스프레드 = 신용위험 + 유동성위험

채권가격은 미래 현금흐름을 할인하여 계산한다.

$$채권가격 = \frac{미래현금흐름}{적절한 할인율}$$

할인율(채권수익률) = 정책금리 + 기간스프레드 + 신용스프레드

채권은 Fixed Income이므로 현금흐름은 확정되어 있다. 따라서, 할인율만 있으면 채권가격을 계산할 수 있다. 할인율은 정책금리, 기간스프레드, 신용스프레드로 구성되어 있기 때문에 정책금리 조정여부, 기간스프레드와 신용스프레드의 적정성여부를 따져보는 것을 채권의 가치평가(valuation)라고 할 수 있다.

5-2 단리와 복리의 개념

단리(單利, Simple Interest)

이자가 만기에 한번 발생하는 것을 단리라고 한다.

예를 들어 액면가액이 10,000원이고, 연이자율이 3.5%인 1년만기 채권(단리채)의 이자금액은 350원이다.

단리채 이자금액 = 액면가액 × 이자율 = 10,000원 × 3.5% = 350원

복리(複利, Compound Interest)

중간에 이자를 지급하는 것으로 가정하고, 지급된 이자를 표면금리로 재투자해서 만기에 지급하는 것을 복리라고 한다.

한채투2회(3개월복리채)의 경우, 액면가액 10,000원이고 표면금리가 4%이다. 이자계산 방법은, 표면금리에 따른 이자를 매3개월마다 지급하는 것으로 가정하고, 지급된 이자를 재투자해서 만기원리금을 계산한다.

한채투2회(3개월 복리채) 이자계산방법

한채투2회(3개월 복리채)

발행일	2022-07-17			
만기일	2025-07-17			
액면금액	10,000			
표면금리	4.000%	4	1.000%	
일자	표면이자	재투자회수	재투자이자	이자원리금
2022-10-17	100	11	11.57	111.57
2023-01-17	100	10	10.46	110.46
2023-04-17	100	9	9.37	109.37
2023-07-17	100	8	8.29	108.29
2023-10-17	100	7	7.21	107.21
2024-01-17	100	6	6.15	106.15
2024-04-17	100	5	5.10	105.10
2024-07-17	100	4	4.06	104.06
2024-10-17	100	3	3.03	103.03
2025-01-17	100	2	2.01	102.01
2025-04-17	100	1	1.00	101.00
2025-07-17	100	0	–	100.00
				1,268.25

- 재투자이자는 아래와 같이 계산한다.

$$11.57 = 100 \times \left(1 + \frac{0.04}{4}\right)^{11} - 100$$

$$10.46 = 100 \times \left(1 + \frac{0.04}{4}\right)^{10} - 100$$

- 만기일에 받는 100원은 당일 지급되므로 이자가 발생되지 않는다.

한채투2회(3개월 복리채)의 이자를 단리로 계산하면 액면가액 10,000원당 이자금액은 1,200원이고, 3개월복리로 계산하면 1,268.25원이 된다. 복리로 계산하면 3년간 0.68% 수익률이 높다(12% vs. 12.68%).

3년간 단리로 계산한 이자금액 = 10,000원 × 4% × 3 = 1,200원

5-3 복할인 방법

채권은 미래현금흐름이 정해져 있기 때문에 매매가격을 계산할 때는 미래현금흐름을 할인하는 방법을 사용한다(DCF, discounted cash flow).

할인하는 방법에 따라서 채권가격이 달라지는데, 이표채는 이자지급주기와 할인주기를 일치시켜서 계산한다. 예를 들면, 3개월 이표채는 3개월 복할인, 6개월 이표채는 6개월복할인, 연이표채는 연복할인하는 방법을 사용한다. 할인채와 복리채는 연단위로 복할인한다.

동일한 할인율이라면 할인주기가 짧으면 짧을수록 할인폭이 크기 때문에 채권매수자가 유리하게 된다.

연복할인과 3개월복할인의 채권가격 비교

한채투2회(3개월 복리채)

발행일	2022-07-17		
만기일	2025-07-17	만기원리금	11,268.25
액면가액	10,000		
표면금리	4.000%	4	1.000%
매매일	2022-07-17		
매매금리	4.000%		
구분	채권가격	계산식	
연복할인	10,017.43	$11,268.25 / (1+0.04)^3$	
3개월복할인	10,000.00	$11,268.25 / (1+0.04/4)^{12}$	

연복리채로 발행되는 토지보상채권의 경우, 연복할인의 방법으로 채권가격을 계산하고 있다.

예를 들어, 경기도시공사가 발행한 잔존만기 3년의 토지보상채(연복리)와 경기도시공사채(3개월 이표채)의 발행금리가 4%로 동일하다면, 토지보상채를 지급받는 투자자(토지주)는 교체매매를 통해서 투자수익을 제고할 수 있다.

토지보상채는 현시점 기준으로 연복리로 4%의 수익이 발생하는데 비해, 경기도시공사채는 3개월복리(3개월 이표채이므로 3개월 복리의 개념)의 재투자수익이 발생한다.

$$\text{토지보상채의 3년간 수익률} = 12.48\% = (1 + 4\%)^3 - 1$$

$$\text{경기도시공사채의 3년간 수익률} = 12.68\% = (1 + \frac{4\%}{4})^{12} - 1$$

유통시장에서, 연복할인하기 때문에 높은 가격으로 평가되는 토지보상채(연복리채) 매도하고, 3개월복할인하기 때문에 상대적으로 가격이 낮은 경기도시공사채(3개월 이표채)를 매입하면 3년간 투자수익률을 0.2% 제고할 수 있다.

이표채의 경우, 재투자수익률에 따라서 투자수익률이 매매수익률에 미치지 못할 위험이 있으나, 우리나라의 경우 (관행적으로) 연단위로 투자수익률을 계산하기 때문에 이표채의 만기수익률(YTM)을 투자수익률이라고 보면 된다.

관행적복할인과 이론적복할인

현금흐름과 복할인기간이 일치하지 않을 경우에 이론적인 방법으로 계산한 가격과 관행적인 방법으로 계산한 가격은 다르게 나온다.

연단위 이론적복할인법 $\quad PV = \dfrac{FV}{(1+r)^{\frac{t}{365}}}$ 또는 $PV = \dfrac{FV}{(1+r)^n}$

연단위 관행적복할인법 $\quad PV = \dfrac{FV}{(1 + r \times \frac{d}{365}) \times (1+r)^n}$ 또는 $PV = \dfrac{FV}{(1 + r \times \frac{d}{365})}$

(n은 잔존년수, r은 할인율, d는 1년 이내의 잔존일수, t는 총잔존일수)

- 이론적인 복할인과 관행적인 복할인방법은 1년 이내의 기간에 대해 할인하는 방법이 다르다.
- 이론적인 복할인은 잔존만기 1년 이내의 기간도 승수에 포함시켜서 할인하는 반면,
- 관행적인 복할인은 연단위의 기간만 승수에 포함한다.
- 1년이 366일이면 365대신에 366을 사용하여야 한다.

채권기초

예제 183일 남은 한채투3회(할인채), 액면 1,000만원을 3.5%에 매수할 때, 연단위 관행적 복할인법에 의한 매입금액과 연단위 이론적복할인법에 의한 매입금액은 다음과 같다.

이론적 복할인방법(연단위)과 관행적 복할인방법(연단위)

만기금액	10,000,000	
할인율	3.500%	
잔존일수	183	365
이론적복할인가격	9,829,001	
관행적복할인가격	9,827,547	1,454원 차이

연단위 이론적 복할인 가격: $9,829,001 = \dfrac{10,000,000}{(1+0.035)^{\frac{183}{365}}}$

연단위 관행적 복할인 가격: $9,827,547 = \dfrac{10,000,000}{(1+0.035 \times \frac{183}{365})}$

6개월, 3개월, 1개월 단위 이론적복할인과 관행적복할인의 경우에는 할인율(r)을 2, 4, 12로 나누고, 기간(n)에 2, 4, 12를 곱해주어야 한다.

6개월단위 이론적복할인: $PV = \dfrac{FV}{(1+\frac{r}{2})^{2n}}$

6개월단위 관행적복할인: $PV = \dfrac{FV}{(1+\frac{r}{2} \times \frac{잔존일수}{6개월일수})}$

3개월단위 이론적복할인: $PV = \dfrac{FV}{(1+\frac{r}{4})^{4n}}$

3개월단위 관행적복할인: $PV = \dfrac{FV}{(1+\frac{r}{4} \times \frac{잔존일수}{3개월일수})}$

1개월단위 이론적복할인: $PV = \dfrac{FV}{(1+\frac{r}{12})^{12n}}$

1개월단위 관행적복할인: $PV = \dfrac{FV}{(1+\frac{r}{12} \times \frac{잔존일수}{1개월일수})}$

5-4 채권가격 계산방법

5-4-1 채권금리와 채권가격의 관계

채권가격과 채권금리는 다음의 관계가 있다.

$$채권가격 = \frac{미래현금흐름}{(1+채권금리)^{기간}}$$

채권가격은 미래현금흐름을 채권금리로 할인한 것이다.

미래현금흐름은 고정되어 있기 때문에 채권금리가 상승하면 채권가격은 하락하고, 반대의 경우에는 채권가격이 상승한다.

채권수익률을 처음 접하는 투자자들은 채권수익률과 투자수익률을 혼동하는 경우가 있다. 채권수익률은 할인율(discount rate)이고 투자수익률은 투자의 결과 발생한 수익률(yield)이다. 은행의 정기예금의 경우, 이자율이 올라가면 만기에 받는 원리금이 증가하게 된다. 같은 논리로 은행채 수익률이 상승하면 은행채 투자성과가 좋아지는 것으로 생각할 수 있다.

이는 은행정기예금과 은행채의 차이점을 간과했기 때문이다. 은행의 정기예금은 오늘 투자하면 미래 원리금이 얼마가 되느냐? 의 관점이고, 은행채는 이미 정해져 있는 미래원리금을 몇%의 할인율을 적용해서 미래원리금보다 낮은 가격으로 매입하느냐? 의 관점이다.

정기예금 이자율 개념

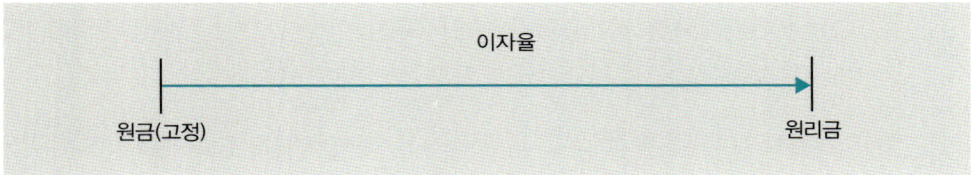

- 오늘 100만원을 투자하면 1년 후 얼마가 되느냐?의 개념이다.

채권수익률(할인율) 개념

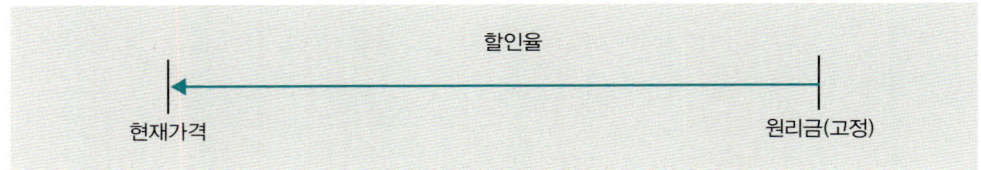

- 1년 후 100만원이 되는 채권을 오늘 얼마에 매입하면 되느냐?의 개념이다.

채권가격을 계산할 때 엑셀을 사용하면 여러모로 도움이 된다. 간편하게 계산할 수 있을 뿐만 아니라, 현금흐름을 생성해서 할인하는 과정을 거치기 때문에 채권에 내재된 향후의 현금흐름을 인지할 수 있다. 본 교재에서는 엑셀을 활용해서 채권가격을 계산하도록 한다.

5-4-2 채권가격 계산의 3단계

첫째, 미래현금흐름을 파악한다. 채권은 발행시점에 현금흐름이 이미 정해져 있기 때문에 발행조건을 살펴보면 미래현금흐름을 알 수 있다. 변동금리부채권의 경우에는 확정된 미래현금을 알 수 없고 이자를 계산하는 방법만 알 수 있다.

둘째, 적절한 할인률(채권수익률, 채권금리, YTM, YTC, YTP 등)을 결정한다. 매매당사자가 합의한 할인율이 있다면 그 할인율을 사용한다. 채권의 가치를 평가하는 목적이면, 해당 채권에 맞는 할인율을 결정해야 한다.

채권가격을 평가하는 민간평가회사는 KIS채권평가, 한국자산평가, 나이스채권평가, 에프엔자산평가의 4개사가 있다. 채권시가평가의 경우, 이들 민간평가회사가 제시하는 할인율(채권수익률)의 평균가격을 사용하는 것이 일반적이다.

민간 채권평가회사의 평균금리를 "민평금리", 평균가격을 "민평가격"이라고 한다.

셋째, 결정된(합의한) 채권수익률로 미래현금흐름을 할인하여 채권가격을 계산한다.

5-4-3 채권가격 계산 사례

이표채 가격계산

한채투1회(3개월 이표채)의 경우, 발행일에 채권금리가 4%일 때는 채권가격이 10,000원이지만, 채권금리가 3.5%로 하락하면 채권가격은 10,141.81원으로 상승한다.

우리나라는 3개월 이표채는 3개월 단위복할인, 6개월 이표채는 6개월 단위복할인, 연이표채는 연복할인한다.

채권금리가 4%일 때 이표채의 채권가격

발행일	2022-07-17			
만기일	2025-07-17			
액면금액	10,000			
표면금리	4.000%	4	1.000%	
매매일	2022-10-17			
매매금리	4.000%			

잔존일수	일자	이자	원금	CF	PV
1	2022-10-17	100		100	99.01
2	2023-01-17	100		100	98.03
3	2023-04-17	100		100	97.06
4	2023-07-17	100		100	96.10
5	2023-10-17	100		100	95.15
6	2024-01-17	100		100	94.20
7	2024-04-17	100		100	93.27
8	2024-07-17	100		100	92.35
9	2024-10-17	100		100	91.43
10	2025-01-17	100		100	90.53
11	2025-04-17	100		100	89.63
12	2025-07-17	100	10,000	10,100	8,963.24
					10,000.00

- $99.01 = \dfrac{100}{(1+\dfrac{0.04}{4})^1}$

채권기초

- $98.03 = \dfrac{100}{(1+\dfrac{0.04}{4})^2}$

  ...

- $8,983.24 = \dfrac{10,100}{(1+\dfrac{0.04}{4})^{12}}$

- 3개월 이표채이기 때문에 3개월단위 복할인한다.

채권금리가 3.5%일 때 이표채의 채권가격

발행일	2022-07-17		
만기일	2025-07-17		
액면금액	10,000		
표면금리	4.000%	4	1.000%
매매일	2022-07-17		
매매금리	3.500%		

잔존일수	일자	이자	원금	CF	PV
1	2022-10-17	100		100	99.31
2	2023-01-17	100		100	98.27
3	2023-04-17	100		100	97.42
4	2023-07-17	100		100	96.58
5	2023-10-17	100		100	95.74
6	2024-01-17	100		100	94.91
7	2024-04-17	100		100	94.08
8	2024-07-17	100		100	93.27
9	2024-10-17	100		100	92.46
10	2025-01-17	100		100	91.66
11	2025-04-17	100		100	90.86
12	2025-07-17	100	10,000	10,100	9,097.43
					10,141.81

THE BASICS OF BONDS

- $99.31 = \dfrac{100}{(1 + \dfrac{0.035}{4})^1}$

- $98.27 = \dfrac{100}{(1 + \dfrac{0.035}{4})^2}$

 ...

- $9,097.43 = \dfrac{10,100}{(1 + \dfrac{0.035}{4})^{12}}$

매매금리와 채권가격의 관계 요약

한채투1회(3개월 이표채)

발행일	2022-07-17
만기일	2025-07-17
표면금리	4.000%
매매일	2022-07-17
매매금리	**채권가격**
3.000%	10,285.87
3.250%	10,213.55
3.500%	10,141.81
3.750%	10,070.62
4.000%	10,000.00
4.250%	9,929.93
4.500%	9,860.42
4.750%	9,791.45
5.000%	9,723.02

- 표면금리 4%인 한채투1회(3개월 이표채)를 발행일에 4%로 할인하면 채권가격은 액면가인 10,000원이다.
- 채권수익률(할인율)이 3%로 하락하면 채권가격은 285.87원 상승하여 10,285.87원이 된다.
- 채권수익률(할인율)이 5%로 상승하면 채권가격은 276.98원 하락하여 9,723.02원이 된다.

매매금리와 채권가격의 관계

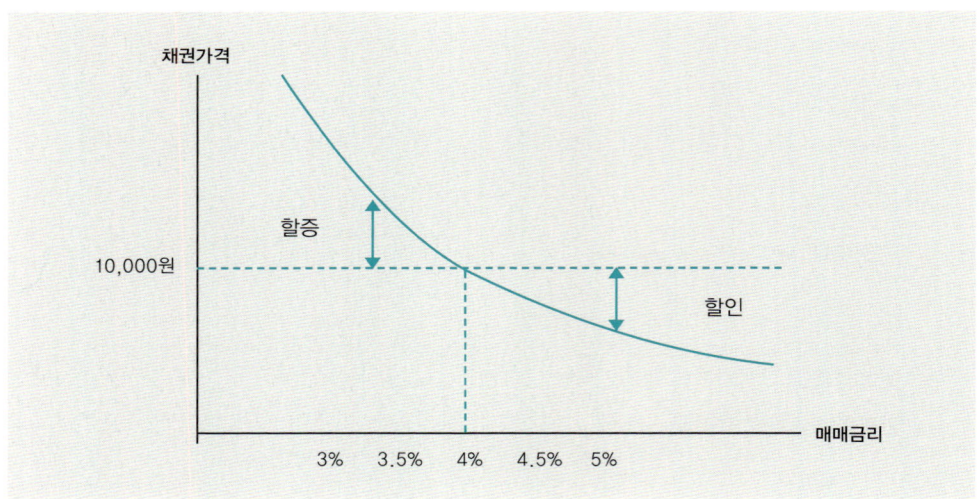

- 표면금리가 4%일 때, 매매수익률(할인율)이 4%이면 채권가격은 액면가액인 10,000원이 된다.
- 채권은 발행 당시에 표면금리가 확정되기 때문에 시간이 흘러도 표면금리는 변하지 않는다.
- 따라서 매매수익률(금리)이 바뀌면 채권가격 조정이 이루어진다.
- 예를 들어, 매매수익률(금리)이 5%이라고 하면 표면금리에서 4%의 수익이 발생하고, 채권을 할인 매입해서 1%의 수익이 나온다.

매매일이 이자지급일이 아닌 경우의 채권가격계산 방법

발행일	2022-07-17		
만기일	2025-07-17		
액면금액	10,000		
표면금리	4.000%	4	1.000%
매매일	2022-09-02	2022-07-17	92
매매금리	4.000%		

잔존일수	일자	이자	원금	CF	PV
45	2022-10-17	100		100	99.51
1	2023-01-17	100		100	98.53
2	2023-04-17	100		100	97.55
3	2023-07-17	100		100	96.59
4	2023-10-17	100		100	95.63

5	2024-01-17	100		100	94.68
6	2024-04-17	100		100	93.75
7	2024-07-17	100		100	92.82
8	2024-10-17	100		100	91.90
9	2025-01-17	100		100	90.99
10	2025-04-17	100		100	90.09
11	2025-07-17	100	10,000	10,100	9,008.80
					10,050.84

- 9월 2일부터 10월 17일까지 45일 간은 관행적복할인방법으로 할인하고, 그 이후부터는 3개월단위 복할인한다.

- $99.21 = \dfrac{100}{(1 + \dfrac{0.04}{4} \times \dfrac{45}{92})}$

- $98.53 = \dfrac{100}{(1 + \dfrac{0.04}{4} \times \dfrac{45}{92}) \times (1 + \dfrac{0.04}{4})^1}$

- $9{,}008.80 = \dfrac{10{,}100}{(1 + \dfrac{0.04}{4} \times \dfrac{45}{92}) \times (1 + \dfrac{0.04}{4})^{11}}$

복리채 가격계산

복리채의 가격계산은 이표채보다 훨씬 간단하다. 복리채의 표면이자는 동일한 표면금리로 재투자되어 만기에 원금과 함께 지급하기 때문에 현금흐름이 한 번 밖에 없다.

한채투2회(3개월 복리채)의 매매가격은 다음과 같이 계산할 수 있다.

만기원리금: $11{,}268.25 = 10{,}000 \times (1 + \dfrac{0.04}{4})^{12}$

복리채의 채권가격: $10{,}017.43 = \dfrac{11{,}268.25}{(1 + 0.04)^3}$

할인율이 4.0%인 경우 복리채의 가격계산 방법

발행일	2022-07-17		
만기일	2025-07-17		
액면금액	10,000		
표면금리	4.000%	4	1.000%
매매일	2022-07-17		
매매금리	4.000%		

잔존일수	일자	이자	원금	CF	PV	PV계산식
	2022-10-17	100				
	2023-01-17	100				
	2023-04-17	100				
	2023-07-17	100				
	2023-10-17	100				
	2024-01-17	100				
	2024-04-17	100				
	2024-07-17	100				
	2024-10-17	100				
	2025-01-17	100				
	2025-04-17	100				
	2025-07-17	100	10,000	11,268.25	10,017.43	11,268.25 / (1 + 0.04)^3

할인율이 3.5%인 경우 복리채의 가격계산 방법

발행일	2022-07-17		
만기일	2025-07-17		
액면금액	10,000		
표면금리	4.000%	4	1.000%
매매일	2022-07-17		
매매금리	3.500%		

잔존일수	일자	이자	원금	CF	PV	PV계산식
	2022-10-17	100				
	2023-01-17	100				

	2023-04-17	100			
	2023-07-17	100			
	2023-10-17	100			
	2024-01-17	100			
	2024-04-17	100			
	2024-07-17	100			
	2024-10-17	100			
	2025-01-17	100			
	2025-04-17	100			
	2025-07-17	100	10,000	12,268.25	10,163.32	11,268.25 / (1+0.035)^3

- 할인율이 3.5%일 경우의 복리채 가격은 10,163.32원이 된다.

할인채 가격계산

할인채도 복리채와 같은 방식으로 채권가격을 계산한다. 복리채와의 차이점은 만기원리금이 10,000원이라는 것이다.

한채투3회(할인채)의 매매수익률이 4%와 3.5%일때의 채권가격을 계산하면 다음과 같다.

할인채의 채권가격 계산

한채투3회(할인채)

발행일	2022-07-17	
만기일	2025-07-17	
액면가액	10,000	
발행금리	4.000%	
매매일	2022-07-17	
매매금리	4.000%	3.500%
매매가격	8,889.96	9,019.43
계산식	10,000 / (1+0.04)^3	10,000 / (1+0.035)^3

- 할인채는 만기상환금액이 액면금액인 10,000원이다.
- 잔존만기가 3년 남아있기 때문에 3년동안 연복할인하면 매매가격이 된다.

5-5 만기수익률(YTM, Yield to Maturity)

채권가격은 확정된 미래현금흐름을 채권수익률(금리)로 할인하여 계산한다. 만기수익률은 1개의 수익률(만기수익률)을 사용하여 채권가격을 계산할 때 사용되는 수익률이다. 그래서 YTM(yield to maturity)이라고 한다.

만기수익률은 미래 현금흐름과 현재의 채권가격을 일치시켜주는 한 개의 수익률이므로 내부수익률(IRR, Internal Rate of Return)이라고도 한다.

만기수익률이 투자수익률이 되기 위해서는 다음과 같은 가정을 하고 있다.

첫째, 만기 이전에 지급되는 이자를 만기수익률과 동일한 금리로 재투자하고,
둘째, 채권을 만기까지 보유한다.

채권금리는 채권의 내·외부 요인에 의해서 끊임없이 변화하기 때문에 첫번째 가정은 비현실적이다. 채권가격에 영향을 미치는 외부요인은 거시변수(macro variables)들이고, 내부요인은 잔존만기, 표면금리, 채권에 부가된 옵션, 신용상태 등 채권 고유의 특성들이다.

만기수익률의 비현실적인 가정에도 불구하고, 채권시장에서 실무적으로 채권을 거래할 때는 만기수익률을 사용하여 가격을 계산하고 있다.

우리나라의 경우 단순연율화 방법으로 투자수익률을 계산하기 때문에 위의 만기수익률과 투자수익률에 대한 설명이 맞지 않는다. 예를 들어 1년만기 연4% 3개월 이표채의 경우 만기수익률이 4%일 경우 투자수익률은 최소한 4% 이상이다.

매3개월마다 100원의 이자를 지급받는데, 표면이자를 합쳐도 400원이 되어 투자수익률은 연4%가 된다. 만기 이전에 지급받는 표면이자에 대해 증권회사의 예탁금이용료만 지급받아도 투자수익률은 연4%를 초과하게 된다.

우리나라에서 이표채의 경우 이자지급주기단위로 복할인하고, 투자수익률을 계산할 때는 연단위로 계산하기 때문에 이런 문제가 발생한다.

THE BASICS OF BONDS

1년만기 연4% 3개월 이표채의 현금흐름

일 자	이 자	원 금	비 고
3개월 후	100원		재투자수익발생
6개월 후	100원		재투자수익발생
9개월 후	100원		재투자수익발생
12개월 후	100원	10,000원	투자만기

만기수익률을 사용한 채권가격 계산

한채투1회(이표채)

발행일	2022-07-17		
만기일	2025-07-17		
액면금액	10,000		
표면금리	4.000%	4	1.000%
매매일	2022-07-17		
매매금리	3.700%	(만기수익률)	

잔존일수	일자	이자	원금	CF	PV
1	2022-10-17	100		100	99.08
2	2023-01-17	100		100	98.18
3	2023-04-17	100		100	97.28
4	2023-07-17	100		100	96.38
5	2023-10-17	100		100	95.50
6	2024-01-17	100		100	94.63
7	2024-04-17	100		100	93.76
8	2024-07-17	100		100	92.90
9	2024-10-17	100		100	92.05
10	2025-01-17	100		100	91.20
11	2025-04-17	100		100	90.37
12	2025-07-17	100	10,000	10,100	9,043.49
					10,084.81

채권기초

- $99.08 = \dfrac{100}{(1 + \frac{0.037}{4})^1}$

- $98.18 = \dfrac{100}{(1 + \frac{0.037}{4})^2}$

- $9,043.49 = \dfrac{10,100}{(1 + \frac{0.037}{4})^{12}}$

모든 현금흐름(Cash Flow)를 한 개의 수익률(YTM) 3.7%로 할인했다.

한채투의 3개월만기채 금리와 6개월만기채 금리가 동일하지 않을 것이기 때문에 잔존만기가 다른 현금흐름을 동일한 수익률(만기수익률)로 할인하는 것은 논리적으로 맞지 않다.

더 정확하게 채권가격을 계산하기 위해서는 현물이자율(spot rate)을 사용하는 것이 바람직하지만, 비용-효익(cost-benefit)측면에서 만기수익률이 유리한 측면이 있고, 시장 전체적으로도 제로섬(zero sum)이기 때문에 만기수익률을 사용하여 채권가격을 계산하고 있다.

* Zero Sum: 매수, 매도 양측의 손익을 더하면 0이 된다는 뜻이다.

5-6 경상수익률(Current Yield)

경상수익률은 채권의 연간표면이자를 채권가격으로 나누어서 계산한다. 경상수익률에서는 채권의 상환손익이 고려되지 않는다.

$$\text{경상수익률} = \dfrac{\text{연간 표면이자}}{\text{채권가격}}$$

초장기채의 경우 연간이자수익을 채권가격으로 나눈 경상수익률을 사용하는 것이 타당하다고 볼 수도 있다. 초장기채의 투자수익률에서 상환손익이 차지하는 비중은 매우 낮기 때문이다.

5-7 현물이자율(Spot Rate)

현물이자율은 무이표채(zero coupon bond)의 만기수익률이다. 3개월만기 CD금리, 6개월만기 CP금리, 1년만기 할인채금리 등이 모두 현물이자율이다.

현물이자율은 만기수익률에 대응되는 수익률 개념이다. 만기수익률은 이표채 여부를 고려하지 않고 만기까지의 수익률이라는 의미인데 반해, 현물이자율은 해당기간까지의 무이표채 수익률(무이표채의 만기수익률) 개념이다. 따라서 현물이자율은 zero coupon채의 만기수익률이라고 이해하면 된다. 3M CD금리, 6M CD금리, 1년 CP금리 등이 현물이자율이다.

현물이자율을 사용해서 채권가격을 계산하는 방법은, 각 현금흐름에 맞는 현물이자율을 구한 후, 각각의 현물이자율로 현금흐름을 할인하면 된다. 여러 개의 할인율(현물이자율)을 사용해서 채권가격을 계산한다는 것이 만기수익률에 따른 계산방법과의 차이이다.

현물이자율을 사용한 채권가격계산 예시

한채투1회(이표채)

발행일	2022-07-17		
만기일	2025-07-17		
액면금액	10,000		
표면금리	4.000%	4	1.000%
매매일	2022-07-17		

잔존일수	일자	이자	원금	CF	현물이자율	PV
1	2022-10-17	100		100	2.75%	99.32
2	2023-01-17	100		100	2.90%	98.57
3	2023-04-17	100		100	3.05%	97.75
4	2023-07-17	100		100	3.25%	96.81
5	2023-10-17	100		100	3.45%	95.80
6	2024-01-17	100		100	3.55%	94.84
7	2024-04-17	100		100	3.65%	93.84

8	2024-07-17	100		100	3.75%	92.81
9	2024-10-17	100		100	3.85%	91.74
10	2025-01-17	100		100	3.90%	90.75
11	2025-04-17	100		100	3.95%	89.75
12	2025-07-17	100	10,000	10,100	4.00%	8,963.24
						10,005.21

- $99.32 = \dfrac{100}{(1 + \dfrac{0.0275}{4})^1}$

- $98.57 = \dfrac{100}{(1 + \dfrac{0.0290}{4})^2}$

- $8{,}863.24 = \dfrac{10{,}100}{(1 + \dfrac{0.04}{4})^{12}}$

3개월물 현물이자율 2.75%, 6개월물 현물이자율 2.90%, …, 3년물 현물이자율 4.0%이라고 가정하고, 현물이자율을 사용해서 각현금흐름을 할인하여 더하면 10,005.21원이 된다.

우상향하는 수익률곡선에서는 현물이자율을 사용해서 계산한 가격이 YTM을 사용한 값보다 크다(10,000 vs. 10,005.21).

Bootstrapping

만기수익률(YTM)보다는 현물이자율을 사용해서 채권가격을 계산하는 것이 더 정확한 방법이지만, 현물이자율을 구하는데 상당한 애로가 있다.

예를 들어, 3개월, 6개월물 CD금리는 쉽게 발견할 수 있다고 하더라도, 9개월물 CD금리, 15개월물 CD금리 등은 시장에서 존재하지 않을 가능성도 있다.

이렇게 존재하지 않는 현물이자율(무이표채수익률)도 만기수익률을 활용하여 찾아내는 방법이 있다. 이를 Bootstrapping이라고 한다.

Bootstrapping은 이표채의 만기수익률을 활용해서 현물이자율을 계산하는 방법이다.

이표채의 만기수익률(YTM) → Bootstrapping → 현물이자율(Spot Rate)

채권가격이 10,000원으로 동일하고, 만기가 1,2,3년인 이표채(연단위 이자지급)의 표면금리 및 만기수익률이 각각 3%, 3.5%, 4%라고 할 때 1,2,3년 현물이자율을 찾아보자.

    1년 만기 이표채의 YTM = 3.0%(표면금리 3.0%, 채권가격 10,000원)
    2년 만기 이표채의 YTM = 3.5%(표면금리 3.5%, 채권가격 10,000원)
    3년 만기 이표채의 YTM = 4.0%(표면금리 4.0%, 채권가격 10,000원)
    * 표면금리와 만기수익률이 일치한다는 것은 채권가격이 액면가액이라는 뜻이다.

현물이자율은 무이표채 수익률(할인율)이므로 만기1년짜리 연이자지급 이표채는 만기수익률인 동시에 현물이자율이다. 1년만기 연단리 이표채는 1년 만기시점에 이자를 지급하기 때문이다.

    1년 만기채(연단리채)의 YTM = 1년 현물이자율
    따라서, 1년 현물이자율(S_1) = 3.0%

액면가액 10,000원 기준, 2년 만기 연이표채의 현금흐름은 다음과 같다.

2년 연이표채의 현금흐름

발행일	2022-07-17	
만기일	2024-07-17	
액면금액	10,000	
표면금리	3.500%	연이표채
채권가격	10,000	발행가격

일자	이자	원금	CF	현물이자율
2023-07-17	350		350	3.000%
2024-07-17	350	10,000	10,350	?

채권가격이 10,000원인 이유는 표면금리와 만기수익률(YTM)이 같기 때문이다. 채권을 발행할 때 액면가액으로 발행하기 때문에 발행가격은 10,000원이다.

2년 만기 이표채의 가격계산식을 현물이자율을 사용해서 정리하면 다음과 같다.

채권기초

$$10{,}000원 = \frac{350}{(1+0.03)^1} + \frac{10{,}350}{(1+S_2)^2}$$

S_2에 관해서 풀어보면 S_2는 3.509%가 된다. 2년 만기 현물이자율은 3.509%로 만기수익률 3.50%보다 높다는 것을 알 수 있다.

잔존만기가 길어질수록 채권금리가 상승하는 우상향 수익률곡선의 경우에, 현물이자율은 만기수익률보다 높다.

이제 잔존만기 3년의 현물이자율을 구해보자.

3년 이표채(연이표채)의 표면금리는 4%이므로 현금흐름은 다음과 같다.

3년 연이표채의 현금흐름

발행일	2022-07-17			
만기일	2025-07-17			
액면금액	10,000			
표면금리	4.000%	연이표채		
채권가격	10,000	발행가격		
일자	이자	원금	CF	현물이자율
2023-07-17	400		400	3.000%
2024-07-17	400		400	3.509%
2025-07-17	400	10,000	10,400	?

3년 만기 이표채의 가격계산식을 현물이자율을 사용해서 정리하면 다음과 같다.

$$10{,}000 = \frac{400}{(1+0.03)^1} + \frac{400}{(1+0.03509)^2} + \frac{10{,}400}{(1+S_3)^3}$$

위 식에서 S_3 = 4.027%이다. 우상향하는 수익률곡선이므로 현물이자율이 만기수익률보다 높다.

1, 2, 3년 현물이자율

발행일	2022-07-17	
만기일	2025-07-17	
액면금액	10,000	
표면금리	4.000%	연이표채
채권가격	10,000	발행가격

일자	이자	원금	CF	현물이자율
2023-07-17	400		400	3.000%
2024-07-17	400		400	3.509%
2025-07-17	400	10,000	10,400	4.027%

해당기업의 1, 2, 3년 현물이자율은 각각 3.000%, 3.509%, 4.027%로 계산된다.

선도이자율(Forward Rate)

선도이자율은 일정기간 이후부터 특정기간까지의 채권수익률을 의미한다. 예를 들어 2년 후 1년 만기채의 금리가 3%일 경우, 3%는 현재로부터의 금리가 아니기 때문에 선도이자율이라고 한다.

2년 후 1년물 금리는 $_1f_2$로 표시한다.

현물이자율과 선도이자율은 다음의 관계가 있다.

$$(1 + \text{현물이자율})^n = (1 + {_1f_0}) \times (1 + {_1f_1}) \times (1 + {_1f_2}) \times \cdots \times (1 + {_1f_{n-1}})$$

즉, 현물이자율은 선도이자율의 기하평균이다.

$$\text{현물이자율} = \{(1 + {_1f_0}) \times (1 + {_1f_1}) \times (1 + {_1f_2}) \times \cdots \times (1 + {_1f_{n-1}})\}^{\frac{1}{n}} - 1$$

앞에서 계산한 1, 2, 3년의 현물이자율을 이용해서 선도이자율을 계산해보자.

1년 현물이자율 = 3.000%
2년 현물이자율 = 3.509%
3년 현물이자율 = 4.027%

1년 후 1년만기채의 선도이자율($_1f_1$)은 다음과 같이 계산할 수 있다.

$$(1 + 0.03509)^2 = (1 + 0.030) \times (1 + {}_1f_1)$$

$$(1 + {}_1f_1) = \frac{(1 + 0.03509)^2}{(1 + 0.030)}$$

$${}_1f_1 = \frac{1.03509^2}{1.03} - 1 = 4.02\%$$

현물이자율과 선도이자율의 관계

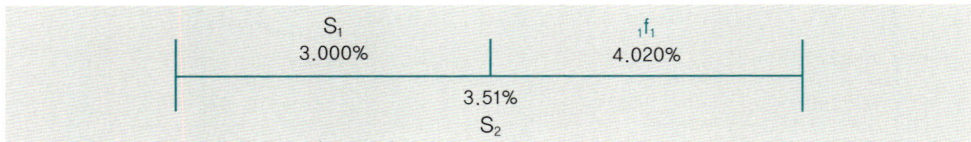

- S_1은 1년만기채의 현물이자율
- S_2는 2년만기채의 현물이자율
- ${}_1f_1$는 1년 후 1년만기 이자율(선도이자율)

같은 방법으로 2년 후 1년만기 선도이자율을 다음과 같이 계산할 수 있다.

$$(1 + 0.04027)^3 = (1 + 0.03509)^2 \times (1 + {}_1f_2)$$

$$1 + {}_1f_2 = \frac{(1 + 0.04027)^3}{(1 + 0.03509)^2}$$

$${}_1f_2 = \frac{(1 + 0.04027)^3}{(1 + 0.03509)^2} - 1 = 5.071\%$$

현물이자율(S_3)과 선도이자율(${}_2f_1$)의 관계

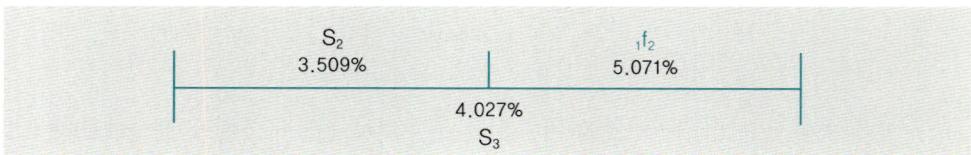

- S_2는 2년만기 현물이자율
- S_3는 3년만기 현물이자율
- ${}_1f_2$는 2년 후 1년만기 이자율(선도이자율)

만기수익률, 현물이자율, 선도이자율의 관계

연이표채	만기수익률	현물이자율	선도이자율
1년물	3.00%	3.000%	3.00%
2년물	3.50%	3.509%	4.020%
3년물	4.00%	4.027%	5.071%

위의 표에서, 우상향하는 수익률곡선에서는 선도이자율 〉현물이자율 〉만기수익률의 관계가 있다는 것을 알 수 있다. 우상향하는 수익률곡선이란 잔존만기 1,2,3년 채권수익률(YTM)이 만기가 길어질수록 증가한다는 의미이다. 1,2,3년 만기수익률은 3%〈 3.5%〈4%로 커지고 있다.

이 경우에는 만기가 길어질수록 현물이자율과 선도이자율도 증가한다. 우하향하는 수익률곡선의 경우에는 만기수익률 〉현물이자율 〉선도이자율의 관계가 성립한다.

현물이자율과 선도이자율의 관계를 요약하면 다음과 같다.

장기채 현물이자율 = 미래의 단기수익률(선도이자율)의 기하평균수익률

$$(1+0.04027)^3 = (1+0.030) \times (1+0.0402) \times (1+0.05071)$$
$$0.04027 = \{(1+0.030) \times (1+0.0402) \times (1+0.05071)\}^{\frac{1}{3}} - 1$$

5-8 투자수익률 계산방법

5-8-1 산술평균수익률(Arithmetic Average Rate of Return)

산술평균수익률은 매기의 수익률을 더해서 총기간으로 나누어서 계산한다.

예제 2019년부터 2021년까지의 3년간 수익률이 각각 +10%, -5%, +10%일 경우, 산술평균수익률은 다음과 같이 계산된다.

$$\frac{(10\% - 5\% + 10\%)}{3} = 5\%(연)$$

5-8-2 기하평균수익률(시간가중)(Geometric Rate of Return 또는 Time Weighted Rate of Return)

기하평균수익률 개념은 복리로 재투자한다는 가정으로 계산한 투자수익률이다.

위의 산술평균수익률에서 사용한 2019년~2021년 수익률로 기하평균수익률을 계산하면 다음과 같다.

$$\{(1+0.1) \times (1-0.05) \times (1+0.1)\}^{\frac{1}{3}} - 1 = 4.7538\% (연)$$

투자수익률 계산에 사용한 매기의 수익률이 동일한데도 산술평균수익률과 기하평균수익률이 차이가 나는 이유는, 산술평균의 경우 최초의 투자금액이 동일하게 유지된다는 가정을 하고 있기 때문이다.

산술평균수익률은 2019년에 발생한 수익 10%는 배분하고, 2020년에 입은 5%손실에 대해서는 추가 자금을 투입해서 최초의 투자금액을 유지할 경우의 수익률이다.

일반적으로는 산술평균수익률이 기하평균수익률보다 높다. 매기의 수익률이 동일할 경우에만 산술평균수익률과 기하평균수익률이 같다.

5-8-3 금액가중수익률(Dollar-Weighted Rate of Return)

금액가중수익률은 매기의 현금흐름과 최초의 투자금액을 일치시키는 수익률이다.

채권가격을 계산할 때 사용하는 만기수익률(Yield to Maturity)개념과 동일하며, 내부수익률(Internal Rate of Return)이라고 불리기도 한다. 채권수익률 계산방법으로 계산하면 된다.

금액가중수익률(r)을 계산하는 일반식은 다음과 같다.

$$투자금액 = \frac{C_1}{(1+r)^1} + \frac{C_2}{(1+r)^2} + \cdots + \frac{C_n}{(1+r)^n}$$

투자자금이 추가로 유입되면 C_1, C_2, $\cdots$, C_n은 -(minus), 배당금을 지급받는 경우에는 +(plus) 처리한다.

금액가중평균수익률을 계산하는 방법은 채권의 만기수익률을 계산하는 것과 동일하다. 투자자금의 유출입이 없을 경우에는 만기수익률과 기하평균수익률이 일치한다.

금액가중수익률의 경우 자금의 유입이나 인출이 투자수익률에 영향을 미치지만, 이는 자금운용자가 결정할 수 없는 외부변수이므로 운용능력을 평가하는데 한계가 있다. 실무에서는 Modified Dietz방식의 평잔개념수익률을 주로 사용한다.

$$r_{modified\ dietz} = \frac{V_1 - V_0 - CF}{V_0 + \sum CF_i \times W_i}$$

$$W_i = \frac{D_t - D_i}{D_t}$$

Bond Price Theorem(채권가격정리) by B.G. Malkiel

1. 채권가격과 채권수익률은 반비례 관계에 있다.
2. 장기채가 단기채보다 일정수익률 변동에 대한 가격변동폭이 크다(duration).
3. 채권수익률변동에 따른 채권가격 변동폭은 만기가 길수록 증가하나, 그 증가율은 체감한다.
4. 만기가 일정할 때 채권수익률 하락으로 인한 채권가격 상승폭이 같은 폭의 채권수익률 상승으로 인한 채권가격 하락폭보다 크다(convexity).
5. 표면이자율이 낮은 채권이 표면이자율이 높은 채권보다 일정한 채권수익률 변동에 따른 채권가격 변동률이 크다(duration).

THE BASICS OF BONDS

채 권 기 초

제6장
채권수익률곡선
(Yield Curve)

6-1 채권수익률곡선의 정의
6-2 채권시가평가 기준수익률
6-3 채권수익률곡선 형태
6-4 채권수익률곡선 이론
6-5 내재이자율(Implied Forward Rate)

채권기초
THE BASICS OF BONDS

THE BASICS OF BONDS

제6장
채권수익률곡선(Yield Curve)

6-1 채권수익률곡선의 정의

수익률곡선은 신용위험이 동일한 채권의 잔존만기와 채권수익률과의 관계를 나타낸 곡선이다. 여기에서 신용도가 동일하다는 것은 신용위험이 동일하다는 뜻이다. 발행자가 동일할 경우가 이에 해당된다.

실무에서는 개별 발행자의 수익률곡선보다는, 국채의 수익률곡선, 은행채(AAA)의 수익률곡선, AA등급 회사채 수익률곡선 등 신용도가 유사한 그룹의 수익률곡선이 주로 사용된다.

- 국채 수익률곡선
- 은행채(AAA) 수익률곡선
- 회사채(AA) 수익률곡선
- 회사채(A) 수익률곡선
- 회사채(BBB) 수익률곡선

수익률곡선은 장, 단기 금리차이를 나타내는 것이기 때문에 신용등급이 낮은 채권의 수익률곡선 활용도는 낮다. 신용등급이 낮은 채권의 가격은 잔존만기보다 신용상태, 시장유동성 등에 더 크게 영향을 받기 때문이다.

6-2 채권 시가평가 기준수익률(예시)

민간채권평가회사는 당일 채권매매가 종료된 후 거래내역을 취합하여 개별종목의 채권가격(채권수익률)을 결정한다. 또한 잔존만기별, 신용등급별 채권 시가평가 기준수익률표(금리 Matrix)를 작성, 제공하고 있다. 기준수익률표는 금융투자협회의 채권정보센터(Kofia BIS, bond information service)에서 무료로 조회할 수 있다.

채권 시가평가 기준수익률(예시)

(단위. %)

종류	종류명	신용등급	고시기관	3월	6월	9월	1년	1년6월	2년	2년6월	3년	4년	5년	7년	10년	15년	20년	30년	50년
국채	국고채권	양곡,외평,재정	민평평균	0.452	0.474	0.505	0.541	0.570	0.621	0.742	0.780	0.800	0.930	1.045	1.169	1.302	1.397	1.495	1.502	1.517
	제2종국민주택채권		민평평균	0.291	0.316	0.364	0.387	0.411	0.516	0.562	0.683	0.756	0.984	1.094	1.326	-	-	-	-	-
	제1종국민주택채권	기타국채	민평평균	0.549	0.575	0.621	0.644	0.668	0.771	0.814	0.905	0.964	1.192	-	-	-	-	-	-	-
지방채	서울도시철도공채증권	-	민평평균	0.587	0.611	0.655	0.682	0.704	0.809	0.856	0.956	1.014	1.239	1.277	-	-	-	-	-	-
	지역개발공채증권	기타지방채	민평평균	0.587	0.611	0.655	0.682	0.703	0.809	0.856	0.956	1.014	1.239	-	-	-	-	-	-	-
특수채	공사채 및 공단채	정부보증채	민평평균	0.545	0.580	0.666	0.721	0.773	0.837	0.910	0.981	1.063	1.217	1.306	1.461	1.517	1.570	-	-	-
		AAA	민평평균	0.589	0.619	0.704	0.760	0.814	0.900	0.952	1.018	1.096	1.239	1.333	1.488	1.544	1.597	1.602	-	-
		AA+	민평평균	0.631	0.670	0.751	0.813	0.870	0.965	1.012	1.083	1.163	1.337	1.470	1.682	1.764	1.845	-	-	-
		AA	민평평균	0.686	0.728	0.812	0.879	0.942	1.039	1.088	1.163	1.250	1.440	1.577	1.792	1.890	1.981	-	-	-
	한국주택금융공사유동화증권	MBS	민평평균	0.590	0.624	0.709	0.765	0.819	0.904	0.960	1.026	1.104	1.242	1.336	1.487	1.546	1.601	-	-	-
통안증권			민평평균	0.472	0.486	0.536	0.600	0.680	0.745	-	-	-	-	-	-	-	-	-	-	-
금융채 I(은행채)		AAA(산금채)	민평평균	0.556	0.600	0.703	0.724	0.775	0.841	0.912	1.002	1.080	1.256	1.332	1.537	1.622	1.739	-	-	-
		AAA(중금채)	민평평균	0.556	0.600	0.703	0.724	0.775	0.841	0.912	1.002	1.096	1.272	1.357	1.572	1.658	1.778	-	-	-
	무보증	AAA	민평평균	0.581	0.631	0.739	0.779	0.832	0.902	0.975	1.062	1.131	1.294	1.396	1.631	1.717	1.845	-	-	-
		AA	민평평균	0.781	0.843	0.959	1.024	1.091	1.187	1.253	1.389	1.459	1.660	1.760	2.013	2.201	2.390	-	-	-
		A+	민평평균	1.032	1.158	1.296	1.380	1.458	1.552	1.649	1.758	1.834	2.025	2.160	2.501	2.650	2.827	-	-	-
**금융채 II(금융기관채)		AA+	민평평균	0.819	0.868	0.945	0.983	1.064	1.231	1.298	1.400	1.489	1.554	1.598	2.069	-	-	-	-	-
		AA0	민평평균	0.847	0.898	0.982	1.024	1.105	1.265	1.348	1.450	1.531	1.704	1.806	2.304	-	-	-	-	-
	무보증	AA-	민평평균	0.981	1.049	1.133	1.250	1.353	1.511	1.576	1.656	1.698	1.832	1.977	2.546	-	-	-	-	-
		A+	민평평균	1.707	1.747	1.778	1.868	1.904	1.968	1.980	2.083	2.102	2.223	2.408	2.949	-	-	-	-	-
		A0	민평평균	1.931	1.965	1.997	2.071	2.102	2.228	2.344	2.434	2.512	2.653	2.754	3.224	-	-	-	-	-
		A-	민평평균	2.546	2.707	2.741	2.811	2.841	2.926	3.071	3.170	3.234	3.349	3.435	3.748	-	-	-	-	-
		BBB	민평평균	3.927	4.336	4.480	4.713	4.820	5.114	5.328	5.481	5.512	5.719	5.911	6.599	-	-	-	-	-
		특수은행,우량시중은행	민평평균	0.652	0.685	0.771	0.813	0.877	0.958	1.014	1.096	-	1.347	-	-	-	-	-	-	-
	***보증	시중은행	민평평균	0.783	0.810	0.900	0.955	1.045	1.138	1.204	1.298	-	1.510	-	-	-	-	-	-	-
		우량지방은행	민평평균	0.984	1.019	1.110	1.169	1.253	1.325	1.393	1.496	-	1.775	-	-	-	-	-	-	-
		기타금융기관	민평평균	1.278	1.375	1.518	1.626	1.750	1.961	2.077	2.259	-	2.589	-	-	-	-	-	-	-
회사채 I(공모사채)		AAA	민평평균	0.757	0.776	0.832	0.898	0.962	1.060	1.097	1.172	1.275	1.413	1.467	1.621	-	-	-	-	-
		AA+	민평평균	0.933	0.946	1.000	1.063	1.152	1.239	1.282	1.368	1.444	1.547	1.667	1.955	-	-	-	-	-
		AA0	민평평균	0.986	0.996	1.043	1.104	1.193	1.284	1.326	1.411	1.488	1.630	1.819	2.341	-	-	-	-	-
		AA-	민평평균	1.065	1.077	1.128	1.185	1.282	1.376	1.403	1.479	1.574	1.749	2.028	2.697	-	-	-	-	-
	무보증	A+	민평평균	1.391	1.416	1.475	1.519	1.555	1.608	1.631	1.746	1.857	2.163	2.441	3.115	-	-	-	-	-
		A0	민평평균	1.536	1.574	1.639	1.688	1.729	1.792	1.842	2.020	2.208	2.581	2.877	3.571	-	-	-	-	-
		A-	민평평균	1.762	1.813	1.890	1.951	2.004	2.124	2.241	2.462	2.713	3.167	3.412	4.087	-	-	-	-	-
		BBB+	민평평균	2.411	2.788	3.187	3.439	3.843	4.393	4.721	5.070	5.105	5.309	5.374	5.739	-	-	-	-	-
		BBB0	민평평균	2.791	3.292	3.768	4.114	4.653	5.338	5.754	6.118	6.145	6.352	6.426	6.857	-	-	-	-	-
		BBB-	민평평균	3.465	4.088	4.700	5.101	5.769	6.499	6.987	7.573	7.573	7.773	7.847	8.283	-	-	-	-	-
회사채 II(사모사채)		AAA	민평평균	0.825	0.884	0.949	1.019	1.101	1.212	1.257	1.343	1.453	1.612	1.705	1.890	-	-	-	-	-
		AA	민평평균	1.071	1.143	1.204	1.277	1.381	1.481	1.527	1.636	1.721	1.879	2.089	2.624	-	-	-	-	-
	무보증	A+	민평평균	1.580	1.651	1.737	1.793	1.849	1.924	1.975	2.104	2.227	2.552	2.864	3.575	-	-	-	-	-
		A0	민평평균	1.748	1.839	1.933	1.988	2.050	2.142	2.218	2.429	2.629	3.014	3.341	4.092	-	-	-	-	-
		A-	민평평균	2.009	2.111	2.219	2.294	2.368	2.510	2.649	2.888	3.151	3.631	3.907	4.621	-	-	-	-	-

(Source: 금융투자협회 채권정보센터)

위 표는 채권 종류별로 잔존만기를 구분하여 채권수익률을 표시하고 있다. 국채의 경우에도 잔존만기가 다르면 채권수익률(할인율)이 다르다는 것을 알 수 있다.

- 잔존만기3년 국채는 0.800%,
- 잔존만기3년 A-등급 (공모)무보증회사채는 2.462%로 할인한다는 의미이다.

> **채권 시가평가 기준수익률을 활용하여 채권가격을 계산하는 방법**
>
> 첫째, 평가하려는 채권의 신용등급과 잔존만기를 확인한다.
> 둘째, 위 표에서 적절한 채권수익율을 결정한다.
> 셋째, 해당채권의 현금흐름을 채권수익률로 할인해서 가격을 계산한다.

잔존만기가 3년인 A등급 공모회사채의 경우 2.020%의 채권수익률로 할인하면 채권의 시가(시장가격)를 계산할 수 있다.

채권 시가평가 기준수익률표는 개별종목의 채권가격 계산을 위해서 사용하기는 부적합한 경우가 있다. 신용등급이 A로 동일하다고 해서 발행자별 상황이 모두 동일하지 않다. 상대적으로 우량한 회사와 상대적으로 불량한 회사가 있을 수 있는데, 이들을 모두 같은 수익률을 적용해서 채권가격을 계산할 수는 없다.

개별 종목의 채권가격을 계산하기 위해서는 해당 종목 고유의 시가평가 수익률을 사용해야 한다. 개별 종목의 시가평가수익률은 민간채권평가회사에서 유료로 제공하고 있다. 민간채권평가회사가 제공하는 개별 종목(채권)별 할인율을 유료로 제공하는 정보단말기는 Check, Infomax, Bondweb, Market Point 등이다.

한국예탁결제원의 증권정보포털(http://www.seibro.or.kr)에서는 KIS채권평가의 민평금리(가격)를 무료로 제공하고 있다. 만기수익률표에서 공모회사채의 경우 B등급까지 금리가 제시된다.

결론적으로, 채권시가평가 기준수익률표는 신용등급별로 장, 단기 금리차가 어느 정도인지, 국채와의 신용스프레드가 어느 정도인지를 파악하는 목적으로 사용하는 것이 바람직하다.

6-3 채권수익률곡선 형태

채권수익률곡선은 다음과 같이 네가지 형태로 구분하고 있다.

- 우상향형(upward sloping): 잔존만기가 길어질수록 채권금리가 상승한다.
- 우하향형(inverted): 잔존만기가 길어질수록 채권금리가 하락한다.
- 수평형(flat): 장단기 채권금리가 동일하다.
- 낙타형(humped): 일정기간이 경과할 때까지 채권금리가 상승하다가, 그 시점 이후부터 하락하는 등 만기에 따라 채권금리가 등락한다(butterfly형).

우상향형 수익률곡선이 가장 일반적이다. 우하향형의 경우에는 경기하강의 신호로 해석하기도 한다.

수익률곡선의 4가지 형태

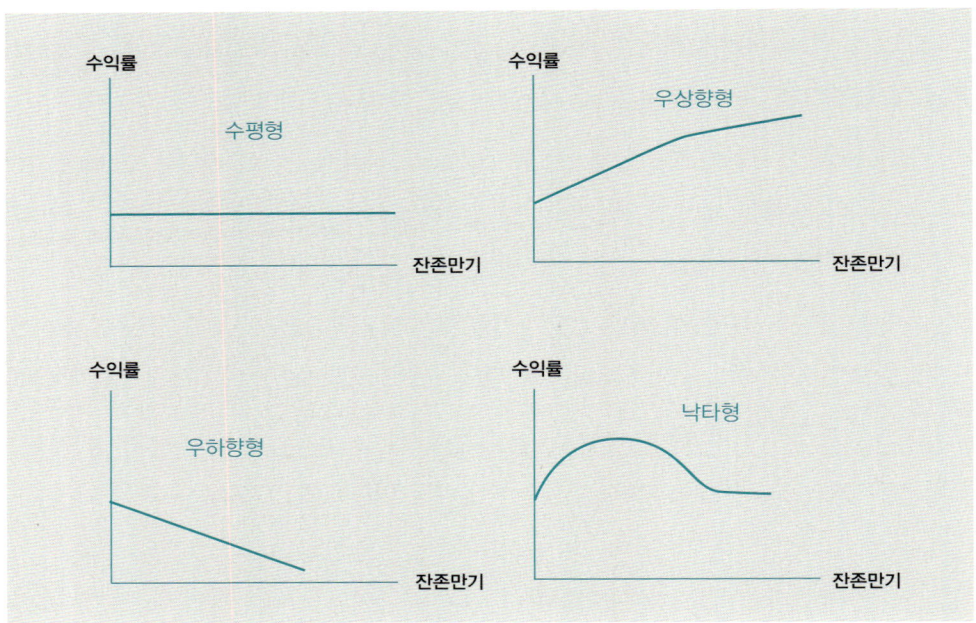

- 채권금리(가격)가 끊임없이 변화하듯이 채권수익률곡선 형태도 계속해서 변한다.

수익률곡선이 변하는 형태는 다음과 같이 나누어 볼 수 있다.

- 수평이동(Parallel)
- Twists: steepening, flattening
- Butterfly: positive butterfly, negative butterfly

장단기 채권수익률이 같은 방향으로 같은 폭만큼 움직이는 경우를 수익률곡선의 수평이동(Parallel Shift)이라고 한다.

단기와 장기채 수익률이 반대방향으로 움직이는 경우를 Twist라하고, 단기와 장기채는 같은 방향으로 움직이는데 중기채가 다른 방향으로(또는 다른 폭으로) 움직이는 경우를 Butterfly라고 한다.

수익률곡선의 이동 - Parallel

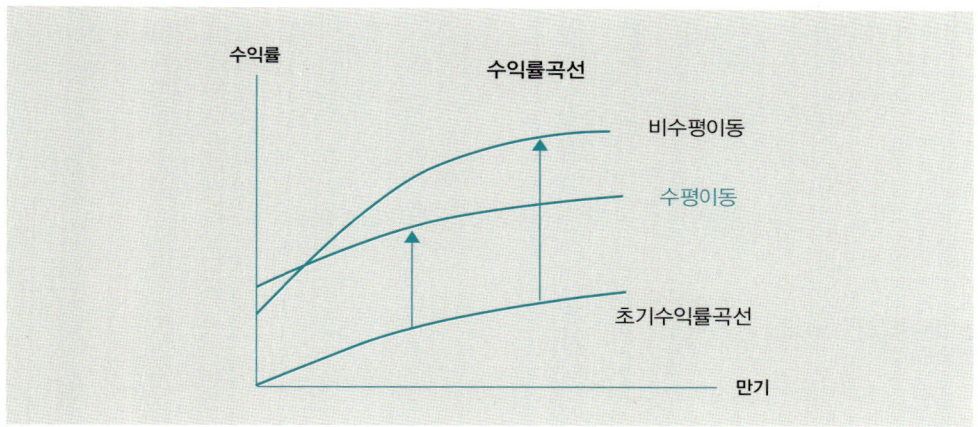

- 장, 단기 채권수익률이 같은 폭으로 상승 또는 하락하는 경우를 수익률곡선의 수평이동이라고 한다.
- 수익률곡선의 수평이동은 금리민감도분석을 위한 기본가정이다.
- 실제로는 수평이동보다 비수평이동(Twist, Butterfly)의 경우가 일반적이다.

수익률곡선의 이동 – Twists

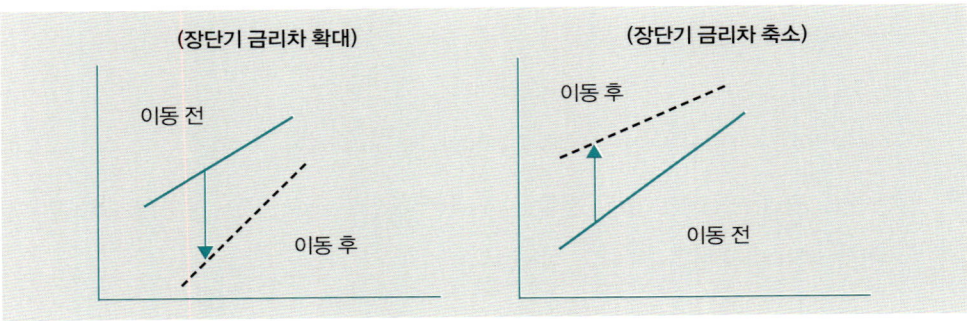

수익률곡선의 이동 – Butterfly

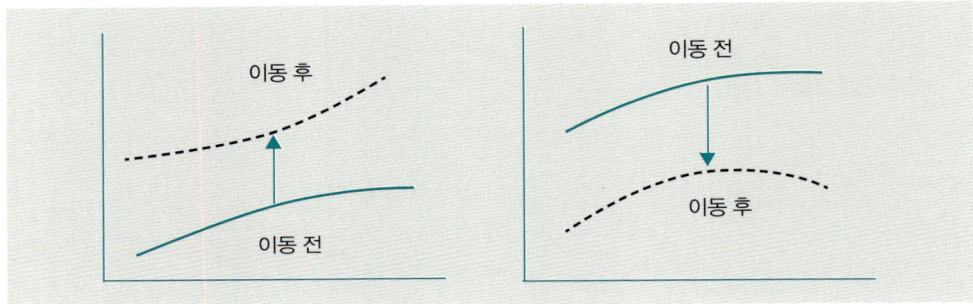

- 장, 단기 금리와 중기채의 움직이는 방향이 다르거나 폭이 다르다.

6-4 채권수익률곡선 이론

채권수익률곡선이론은 크게 기대이론(Expectation Theory)과 시장분할이론(Market Segmentation Theory)으로 나뉜다.

기대이론은 다시 순수기대이론(Pure Expectation Theory), 유동성이론(Liquidity Theory), 선호영역이론(Preferred Habitat Theory)으로 나눌 수 있다.

6-4-1 순수기대이론(Pure Expectation Theory)

장기채수익률은 미래의 단기채 수익율에 대한 투자자들의 기대가 반영된 것이라는 이론이다. 장기채수익률에 영향을 미치는 요인은 오직 투자자들의 미래 단기채 수익률에 대한 기대이며 다른 요인은 없다고 주장한다.

$$(1 + \text{장기채수익율})^n = (1 + {}_1f_0) \times (1 + {}_1f_1) \times (1 + {}_1f_2) \times \cdots \times (1 + {}_1f_{n-1})$$

> 장기채수익률 = $[(1+{}_1f_0) \times (1+{}_1f_1) \times (1+{}_1f_2) \times \cdots \times (1+{}_1f_{n-1})]^{1/n} - 1$
>
> ${}_1f_0$: 현재의 1년물 수익률
> ${}_1f_1$: 1년 후의 1년물 수익률
> ${}_1f_2$: 2년 후의 1년물 수익률
> …
> ${}_1f_{n-1}$: n-1년 후의 1년물 수익률

순수기대이론에 따르면, 미래의 단기채수익율이 상승할 것으로 예상되면 우상향 수익률곡선이 되고, 반대의 경우에는 우하향 수익률곡선이 된다.

순수기대이론은 다음과 같은 비현실적인 가정에서 출발한다.

- 모든 투자자는 위험중립형이다.
- 단기채권과 장기채권은 완전대체관계에 있다.
- 미래의 이자율을 정확하게 예상할 수 있다.

6-4-2 유동성이론(Liquidity Theory)

기본적으로, 장기채수익률에는 투자자들의 미래 단기채수익률에 대한 예측이 반영되어 있지만, 투자자들은 유동성을 선호하기 때문에 채권의 만기가 길수록 증가하는 위험에 대한 유동성프리미엄도 반영되어 있다는 이론이다.

매기의 유동성프리미엄은 만기가 길어질수록 증가하며, 미래의 단기수익률이 일정할 것으로 예상되더라도 유동성프리미엄의 영향으로 수익률곡선은 우상향하는 모양을 나타낸다고 주장한다.

유동성프리미엄이론에 따른 수익률곡선

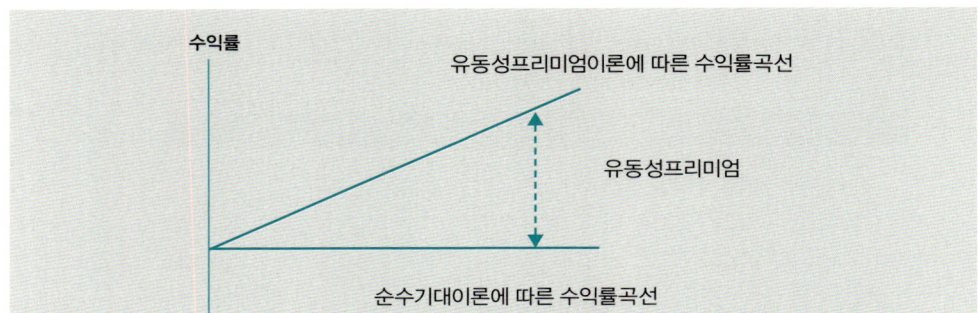

미래의 단기수익율이 일정할 것으로 예상되면 순수기대이론에 따른 수익률곡선은 수평(flat)형을 나타낸다. 이 경우에도, 유동성이론은 매기간의 유동성프리미엄이 가산되어 우상향하는 수익률곡선이 된다고 주장한다.

이 이론에 따르면, 순수기대이론에 따른 수익률곡선이 우하향형(inverted)이라고 하더라도 유동성프리미엄이 가산되어 우상향하는 수익률곡선이 가능하다.

순수기대이론에 따른 수익률곡선이 하향형일 경우

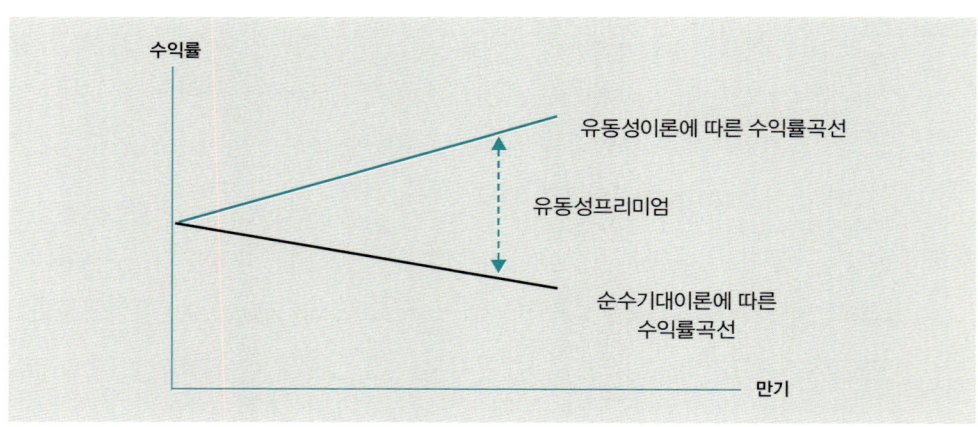

유동성이론은, 순수기대이론에 따른 미래 기대 단기수익률이 하락할 때에도 유동성프리미엄의 영향으로 우상향하는 수익률곡선이 가능하다고 주장하고 있다.

6-4-3 선호영역이론(Preferred Habitat Theory)

기대이론에 근거한 이론으로 장기채수익률에는 미래 단기금리에 대한 기대, 장기채의 유동성위험 외에도 해당만기의 수요와 공급이 채권수익률에 영향을 미친다는 이론이다.

그러나, 시장분할이론과는 달리 투자자별 선호하는 만기가 있으나, 기대수익이 현저하게 큰 채권에는 약간의 위험을 감수한다는 이론이다. 가장 현실성 있는 이론으로 받아들여지고 있다.

부채만기가 3년이면, 잔존만기 3년인 채권(자산) 위주로 투자한다. 그런데 잔존만기 5년짜리 채권이 아주 높은 금리로 거래된다면 약간의 금리변동위험을 감수하면서 3년물 대신 5년물에 투자할 수 있다는 것이다.

기대이론을 요약하면 다음과 같다.

- 순수기대이론 : 장기채수익률에는 오직 미래 단기채수익률에 대한 예상만 반영되어 있다.
- 유동성이론 : 장기채수익률에는 미래 단기채수익률에 대한 예상과 장기채의 위험프리미엄이 반영되어 있다.
- 선호영역이론 : 장기채수익률에는 미래 단기채수익률에 대한 예상, 장기채의 위험프리미엄, 그리고 선호영역의 수급(수요와 공급)이 영향을 미친다.

6-4-4 시장분할이론(Market Segmentation Theory)

투자자들은 제도적 또는 법률적 여건, 자금의 성격 및 운용방식의 차이에 따라 장단기채권에 대해 각자 민감한 선호를 가지고 있고, 아무리 좋은 조건이 제시되더라도 선호하는 영역을 벗어나지 않는다는 이론이다. 즉, 채권수익률은 전적으로 각 만기별 채권 수급에 따라 결정된다는 것이다.

금융기관들은 자신들의 부채만기와 유사한 자산에 투자한다는 것을 이론적 근거로 제시하고 있다.

시장분할이론과 수익률곡선

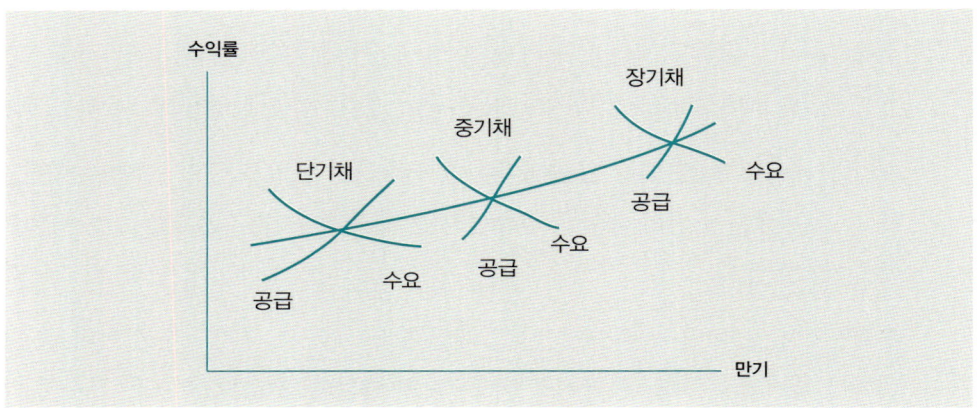

시장분할이론에 따르면, 단기채는 단기채의 수요와 공급에 의해서 채권수익률이 결정되고, 중기채, 장기채도 마찬가지로 각 만기의 수요와 공급에 따라서 채권수익률이 결정된다는 것이다.

6-5 내재이자율(Implied Forward Rate)

일정기간 후에 매매하기로 하는 계약을 선도계약(forward contract)이라고 한다. 선도계약은 지금 계약을 체결하고, 실제 매매는 일정시점이 지난 후에 이루어진다.

채권 매매 시에, 3개월 후에 국고채 3년물을 매입하거나, 매도하는 계약을 체결할 수 있다. 이런 계약에 사용되는 가격을 선도가격, 이를 금리로 표시하면 선도금리가 된다. 채권시장에는 선도계약을 대신할 선물시장이 있다. 우리나라 국채선물 3년물은 유동성이 풍부하기 때문에 국채3년물을 매매하면서 선도거래를 이용할 필요는 없다.

채권매매의 결과로 채권에 내재된 선도금리를 내재이자율이라고 한다. 내재이자율은 수익률곡선의 기울기를 숫자로 나타낸 것이라고 할 수 있는데, 사례를 통해서 살펴보기로 하자.

잔존만기 1년과 2년채 금리가 각각 3.5%, 4.0%라고 하자.

잔존만기 1년채 금리 = 3.5%
잔존만기 2년채 금리 = 4.0%

위의 금리를 활용하여 1년 후 1년만기채 금리를 알 수 있는데, 이를 1년 후 1년만기채의 내재이자율이라고 한다.

투자기간이 2년인 투자자를 가정해보자. 투자자는 1년물을 매입하여 상환 받고, 1년 후 다시 1년물을 매입하는 방법과 처음부터 2년물을 매입하는 방법이 있다.

- 투자안(1): 1년물 매입, 1년 후 1년물 재투자
- 투자안(2): 2년물 매입

2년물을 매입하면 투자수익률은 연4%로 확정된다. 채권은 만기확정금리부 자산이기 때문이다. 만약 1년물을 매입하면, 처음 1년동안은 연3.5%의 투자수익이 나오지만 1년 후의 1년간 실제투자수익률은 알 수 없다. 1년 후에 1년물 채권수익률이 어떻게 형성될 지 모르기 때문이다.

투자안별 투자수익률은 다음과 같다.

- 투자안(1): 최초 1년동안 연3.5% + 1년 후 재투자수익률
- 투자안(2): 2년동안 연4.0%(확정)

1,2년물 금리 3.5%, 4.0%가 시장에서 형성되었기 때문에 투자안(1)과 투자안(2)는 무차별적이다. 어떤 투자안을 선택해도 다른 투자안에 비해서 유리하거나 불리하지 않다는 것이다. 만약, 1안 또는 2안이 상대적으로 유리하다고 하면 1년물과 2년물 금리가 달라질 것이다. 즉, 1년물과 2년물 금리가 각각 3.5%, 4.0%로 결정된 것은 어느 것이 상대적으로 유리하거나 불리하지 않는 공평한 금리(가격)라는 것을 의미한다.

그렇다면, 투자안(1)의 2년간 투자수익률은 연4%가 되어야 한다. 이를 활용해서 1년 후 1년물 금리를 계산할 수 있다.

$$(1 + 0.035) \times (1 + 1년\ 후\ 1년물금리) = (1 + 0.04)^2$$

$$(1 + 1년\ 후\ 1년물금리) = \frac{1.04^2}{1.035}$$

$$1년 후 1년물금리 = \frac{1.04^2}{1.035} - 1 = 4.5\%$$

잔존만기 1,2년채에 내재된 1년 후 1년만기채의 선도이자율은 4.5%라는 것을 알 수 있다.

좀더 간편하게 내재이자율을 계산하는 방법이 있다. 2년만기채에서 연4%의 수익이 발생하므로 2년간 총 8%의 수익이 있다. 1년만기채에서는 3.5%의 수익이 나오므로 2년만기채와 동일한 총 8%의 수익을 위해서는 연4.5%의 수익이 필요하다. 이것이 간편법으로 계산한 내재이자율이다.

4% + 4% = 3.5% + 1년 후 1년만기채 금리(implied forward rate)

1년 후 1년만기채 금리(implied forward rate) = (4% + 4% − 3.5%) = 4.5%

내재이자율(Implied Forward Rate)

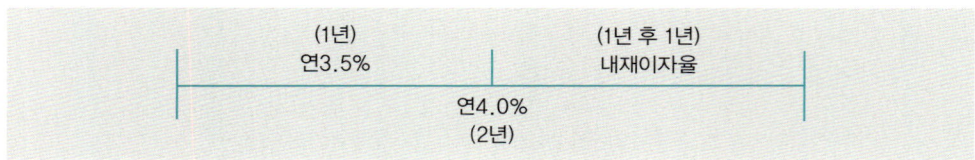

제7장
듀레이션과 Convexity

- 7-1 채권가격의 변동성
- 7-2 듀레이션의 의미
- 7-3 듀레이션 계산방법
- 7-4 Inverse FRN의 듀레이션
- 7-5 채권포트폴리오의 듀레이션
- 7-6 듀레이션의 활용: 금리민감도 분석
- 7-7 Convexity의 개념

채권기초
THE BASICS OF BONDS

제7장 듀레이션과 Convexity

7-1 채권가격의 변동성

채권의 가격변동성은 잔존만기에 크게 영향을 받는다. 잔존만기 1,3,5,10년채를 활용하여 채권금리변화에 따른 채권가격변동폭을 계산해보면 다음의 표와 같다.

이표채의 매매금리별 채권가격표

1,3,5,10년(3개월 이표채)

발행일	2022-07-17			
만기일	2023-07-17	2025-07-17	2027-07-17	2032-07-17
액면가액	10,000			
표면금리	4.000%	4	1.000%	
매매금리	3%, 4%, 5%			

구분	매매금리별 채권가격		
	3%	4%	5%
1년물	10,098.15	10,000.00	9,903.05
3년물	10,285.87	10,000.00	9,723.02
5년물	10,462.70	10,000.00	9,560.02
10년물	10,861.17	10,000.00	9,216.83

- 매매금리와 표면금리가 같고, 이표지급일이라면 채권가격은 액면가액인 10,000원이다.

표면이자율이 4%로 동일한 1,3,5,10년만기채의 경우 매매금리가 4%일때의 채권가격

채권기초

은 10,000원으로 동일하다.

매매금리가 3%로 1% 하락하면, 1년물 채권가격은 10,098.15원,
3년물 채권가격은 10,285.87원,
5년물 채권가격은 10,462.70원,
10년물 채권가격은 10,861.17원으로 상승한다.

매매금리가 5%로 1% 상승하면, 1년물 채권가격은 9,903.05원,
3년물 채권가격은 9,723.02원,
5년물 채권가격은 9,560.02원,
10년물 채권가격은 9,216.83원으로 하락한다.

매매금리 1% 하락 또는 상승에 따라, 1년물은 약0.97%, 3년물은 약2.77%, 5년물은 약4.4%, 10년물은 약7.8% 가격이 움직인다. 장기물이 단기물에 비해 채권가격변동폭이 훨씬 크다는 것을 알 수 있다.

7-2 듀레이션의 의미

1938년 F.R. Macaulay가 채권의 가격변동성을 효율적으로 측정하기 위해서 듀레이션을 개발했다. 이를 Macaulay Duration이라고 부른다. Macaulay는 채권가격에 잔존만기를 곱해서 잔존만기의 평균을 계산하고 이를 듀레이션이라고 했다. 즉, Macaulay가 개발한 듀레이션은 채권의 가중평균 상환기간으로, 채권의 원리금을 모두 상환받는데 걸리는 (평균)기간이었다.

$$\text{Macaulay Duration} = \frac{\sum_{t=1}^{n} PV_t \times t}{\sum_{t=1}^{n} PV_t}$$

Macaulay가 듀레이션을 개발한 초기에는 평균상환기간의 의미로 듀레이션을 1년, 2년, 3년, … 등으로 표기했다. 이는 듀레이션을 계산할 때 잔존기간을 사용했기 때문이다. 그러나, 듀레이션은 잔존기간이 아닌 금리민감도의 개념으로 사용된다. 따라서 듀레이션을 1년, 2년, 3년, … 등으로 표기하는 대신 1,2,3, … 등으로 표기하는 것이 맞다.

이후 좀더 정교하게 채권가격변동을 추정하기 위해서 Modified Duration이 개발되었는데, Macaulay듀레이션과 Modified듀레이션의 관계는 다음과 같다.

$$\text{Modified Duration} = \frac{\text{Macaulay Duration}}{(1 + \frac{\text{매매금리}}{4})}$$

* 3개월 이표채는 4로 나누고, 6개월 이표채는 2로 나누면 된다.

듀레이션은 채권금리변화에 대한 채권가격변동을 측정하는 수단으로 활용된다. 채권가격, 듀레이션, 금리변화의 관계는 다음과 같다.

$$\frac{dP}{P} = (-1) \times \text{modified duration} \times \Delta y$$

($\frac{dP}{P}$는 채권가격변동율(%), Δy는 금리변화(%))

위 식을 이용하여, 금리변화에 따른 채권가격 변동을 계산할 수 있다.

예를 들어, 한채투1회(3개월 이표채)를 발행일에 4%에 매입하였는데, 채권금리가 3.9%로 하락했을 경우의 채권가격 상승폭을 계산해보자.

한채투1회(3개월 이표채)의 Macaulay Duration은 2.8419이고, Modified Duration은 2.8137(=$\frac{2.8419}{(1+\frac{0.04}{4})}$)이다.

채권금리가 0.1% 떨어졌기 때문에 채권가격은 +0.28% 상승한다.

$+0.28\% = (-1) \times 2.8137 \times (-0.1\%)$

발행일에 액면가인 10,000원에 매입했다면, 채권금리가 0.1% 하락함에 따라 채권가격은 28원 상승한 10,028원이 된다(실제 채권가격은 10,028.18원).

10,000원 × (1 + 0.28%) = 10,000원 × 1.0028 = 10,028원

반대로, 발행당일 채권금리가 0.1% 상승한 4.1%이라고 할 경우의 채권가격을 구해보자. 한채투1회(3개월 이표채)의 Macaulay Duration이 2.8419, Modified Duration은 2.8137(=$\frac{2.8419}{(1+\frac{0.04}{4})}$)이다. 따라서 채권가격은 다음과 같이 0.28% 하락한다.

$-0.28\% = (-1) \times 2.8137 \times (+0.1\%)$

채권금리가 발행당일에 4%에서 4.1%로 상승하면, 채권가격은 9,971원이 된다. 액면가 10,000원에서 28원 하락한 9,972원이 된다(실제 채권가격은 9,971.907원).

$10,000원 \times (1 - 0.28\%) = 10,000원 \times 0.9972 = 9,972원$

7-3 듀레이션 계산방법

채권가격 계산식을 1차 미분하면 해당 채권의 듀레이션을 구할 수 있다. 미분이라는 개념이 생소하거나, 너무 오래전에 공부해서 잊어버린 독자들도 많이 있을 것이다. 본 교재에서는 미분을 사용하지 않고, 엑셀을 사용하여 쉽게 듀레이션을 계산하는 방법을 설명하려고 한다.

Macaulay Duration 계산 사례

한채투1회(3개월 이표채)

발행일	2022-07-17		
만기일	2025-07-17		
액면금액	10,000		
표면금리	4.000%	4	1.000%
매매일	2022-07-17	2022-07-17	92
매매금리	4.000%		

잔존일수	일자	이자	원금	CF	PV	t	PV * t
92	2022-10-17	100		100	99.0099	1	99.0099
1	2023-01-17	100		100	98.0296	2	196.0592
2	2023-04-17	100		100	97.0590	3	291.1770
3	2023-07-17	100		100	96.0980	4	384.3921
4	2023-10-17	100		100	95.1465	5	475.7328
5	2024-01-17	100		100	94.2045	6	565.2271
6	2024-04-17	100		100	93.2718	7	652.9026
7	2024-07-17	100		100	92.3483	8	738.7866
8	2024-10-17	100		100	91.4339	9	822.9058

9	2025-01-17	100		100	90.5287	10	905.2870
10	2025-04-17	100		100	89.6323	11	985.9561
11	2025-07-17	100	10,000	10,100	8,963.23	12	107,558.8
					10,000		113,676.3

Macaulay Duration	2.84190706

3년만기 한채투1회(3개월 이표채)의 Macaulay Duration을 계산하면 2.841가 된다. 매3개월마다 이자를 지급하므로 채권의 만기는 3년이지만 Macaulay Duration은 2.841로 3보다 적다.

Macaulay Duration 계산 과정

첫째, 각 현금흐름의 현재가치를 계산하고, 이를 더하여 채권가격을 계산한다.
둘째, 각각의 현재가치(PV)에 잔존기간(time)을 곱한다.
셋째, 잔존기간에 현재가치(PV)를 곱한 금액을 더한다.

넷째, $\dfrac{\Sigma 현재가치 \times 잔존기간}{\Sigma 현재가치 \cdot 4}$ 로 Macaulay Duration이 계산된다.

Macaulay Duration을 연율화하기 위해서 4로 나누었다. 4로 나눈 이유는 3개월 이표채(1년에 t가 4씩 증가) 이기 때문이다. 6개월 이표채의 경우에는 2로 나누면 된다. t를 multiplier이라고 한다.

이표채와는 달리 원리금이 만기에 일시 지급되는 복리채와 할인채의 Macaulay Duration은 채권의 잔존만기와 일치한다.

복리채와 할인채의 잔존만기 = Macaulay Duration

한채투2회(3개월 복리채)의 Macaulay 듀레이션

한채투2회(3개월 복리채)

발행일	2022-07-17		
만기일	2025-07-17		
액면금액	10,000		
표면금리	4.000%	4	1.000%
매매일	2022-07-17		
매매금리	4.000%		

잔존연수	일자	이자	원금	CF	PV	t	PV * t
3	2025-07-17			11,268.25	10,017.43	3	30,052.3

Macaulay Duration	3	3 = 30,052.3 / 10,017.43

- Macaulay 듀레이션은 가중평균상환기간의 개념이다.
- 3개월 복리채의 현금흐름은 3년 만기 시점에 한 번 이루어진다.
- 따라서 Macaulay Duration은 3이 된다.

한채투3회(할인채)의 듀레이션

한채투3회(할인채)

발행일	2022-07-17
만기일	2025-07-17
액면금액	10,000
표면금리	
매매일	2022-07-17
매매금리	4.000%

잔존연수	일자	이자	원금	CF	PV	t	PV * t
3	2025-07-17		10,000	10,000	8,889.964	3	26,669.89

Macaulay Duration	3	3 = 26,669.89 / 8,889.964

- 할인채도 복리채와 마찬가지로 채권의 만기시점에 현금흐름이 있다.
- 따라서 Macaulay Duration은 3이 된다.

위의 듀레이션 계산 사례에서, 잔존만기 3년의 복리채와 할인채의 Macaulay Duration이 3이라는 것을 알 수 있다.

듀레이션은 채권금리변화에 대한 채권가격변동성을 측정하기 위해서 개발되었는데, Macaulay Duration에 (1 + 채권금리 / 연이자지급회수)를 나눈 것이 더 정확한 방법이라는 것을 알게 되었다. 이것이 수정듀레이션(Modified Duration)이다.

$$\text{Modified Duration} = \frac{\text{Macaulay Duration}}{\left(1 + \dfrac{\text{채권매매금리}}{\text{연이자지급회수}}\right)}$$

위의 예에서 잔존만기 3년물의 Modified Duration은 다음과 같이 계산된다.

잔존만기 3년 3개월 이표채의 Modified Duration: $\dfrac{2.841}{\left(1 + \dfrac{0.04}{4}\right)} = 2.84$

잔존만기 3년 복리채와 할인채의 Modified Duration: $\dfrac{3}{1.04} = 2.88$

7-4 Inverse FRN의 듀레이션

이표채를 담보로 제공하고 FRN과 Inverse FRN을 발행할 수 있다. 반대로 FRN과 Inverse FRN을 결합하여 이표채를 만들 수 있다.

예제 한채투1회(3개월 이표채) 1,000억원을 담보로 FRN과 Inverse FRN을 각각 500억원 발행한 후에 Inverse FRN의 듀레이션을 계산해보자.

한채투1회(3개월 이표채)의 표면금리가 4%이므로,
FRN의 표면금리는 3M CD금리 + 0.5%,
Inverse FRN의 표면금리는 7.5% − 3M CD금리로 각각 500억원씩 발행할 수 있다.

이표채와 (FRN + Inverse FRN)의 연간 이자금액을 계산해보면 다음과 같다.

한채투1회(3개월 이표채)의 연간 이자금액 = 1,000억원 × 연4% = **40억원**
FRN의 연간 이자금액 = 500억원 × (3M CD금리 + 0.5%)
Inverse FRN의 연간 이자금액 = 500억원 × (7.5% − 3M CD금리)
(FRN + Inverse FRN)의 연간 이자금액

채권기초

$$= 500억원(3M\ CD금리 + 0.5\% + 7.5\% - 3M\ CD금리)$$
$$= 500억원(\cancel{3M\ CD금리} + 0.5\% + 7.5\% - \cancel{3M\ CD금리})$$
$$= 500억원 \times 8.0\% = \mathbf{40억원}$$

한채투1회(3개월 이표채)의 Macaulay Duration이 2.841이기 때문에 (FRN + Inverse FRN)의 Macaulay Duration도 2.841이다. 한채투1회(3개월 이표채) 1,000억원을 담보로 FRN과 Inverse FRN을 각각 500억원씩 발행했기 때문이다.

(FRN의 듀레이션 + Inverse FRN의 듀레이션) × 0.5 = 2.841

FRN의 듀레이션이 0에 가까우므로 Inverse FRN의 듀레이션은 5.682라고 할 수 있다.

(0 + Inverse FRN의 듀레이션) × 0.5 = 2.841
Inverse FRN의 듀레이션 × 0.5 = 2.841
Inverse FRN의 듀레이션 = 5.682

이를 일반화하면 다음의 공식이 성립한다.

Inverse FRN의 듀레이션 = (1 + L) × 이표채의 듀레이션   * L은 leverage

(L은 $\dfrac{\text{FRN금액}}{\text{Inverse FRN금액}}$, 5대5이면 L = 1, 8대2이면 L = 4)

7-5 채권Portfolio의 Duration

이제 채권포트폴리오의 듀레이션을 계산해보자.

투자자가 한채투1회(3개월 이표채)과 한채투2회(3개월 복리채) 두 종목에 50%씩 투자하고 있다고 가정하자. 이 포트폴리오의 듀레이션은 각각의 Modified Duration을 가중평균하여 계산한다.

한채투1회(3개월 이표채)과 한채투2회(3개월 복리채)의 Modified Duration이 각각 2.81, 2.88이므로 포트폴리오의 듀레이션은 2.845가 된다.

Portfolio Duration = 0.5 × 2.81 + 0.5 × 2.88 = 2.845

개별 채권의 듀레이션과는 달리 포트폴리오 듀레이션으로 채권가격변동성을 측정할 때는 특별한 주의가 필요하다. 포트폴리오에 포함된 채권 금리가 모두 동일하게 변화할 때(Parallel Shift)에만 유용하기 때문이다.

장, 단기 채권금리가 동일하게 움직이는 경우는 많지 않다. 수익률곡선이 수평이동하지 않을 경우(nonparallel shifts), 단기채와 장기채로 구성된 포트폴리오의 가격변동성을 측정할 때는 key rate duration을 사용하는 것이 좋다.

Key Rate Duration

Key rate duration은 채권포트폴리오에 포함된 대표적인 채권만기(듀레이션)의 영향을 측정하는 것이다. 예를 들어, 채권포트폴리오에 2, 3, 5, 10년만기 제로쿠폰채권이 각각 10%, 20%, 30%, 40% 있다면, 채권금리가 1% 변동할 때 각각의 잔존만기에 해당하는 듀레이션이 전체 포트폴리오에 미치는 영향을 계산한 것이 key rate duration이다. Key rate duration을 계산할 때는 다른 만기의 채권금리는 변화가 없다고 가정한다.

2, 3, 5, 10년 만기 무이표채의 듀레이션을 각각 D_2, D_3, D_5, D_{10}이라고 할 때 key rate duration은 다음의 표와 같다. 여기서 Duration은 Macaulay Duration을 사용하기로 한다. 무이표채의 Macaulay Duration은 잔존만기와 동일하다.

Key Rate Duration

구분	비중	D_2	D_3	D_5	D_{10}	Rate Duration
2년물	10%	2	0	0	0	0.2
3년물	20%	0	3	0	0	0.6
5년물	30%	0	0	5	0	1.5
10년물	40%	0	0	0	10	4.0
Portfolio	100%					6.3

- 2년만기채의 Macaulay duration이 2이고, 비중이 10%이므로 rate duration은 0.2이다.
- 3년만기채는 듀레이션이 3이고, 비중이 20%이므로 0.6
- 5년만기채는 듀레이션5, 비중30%이므로 1.5
- 10년만기채는 듀레이션10, 비중40%이므로 4.00이다.

Key rate duration은 각각의 채권이 포트폴리오에 미치는 영향을 파악하는 것으로써, 특정 만기의 채권금리가 크게 움직일 것으로 예상될 경우에 포트폴리오 가치변화를 측정하는데 유용하다.

예를 들어, 10년 만기채의 금리만 1% 하락할 것이 예상될 경우에 key rate duration을 활용하면, 채권포트폴리오의 가치가 약4% 상승할 것이라는 것을 알 수 있다.

7-6 듀레이션의 활용: 금리민감도 분석

듀레이션을 활용하면 간편하게 금리민감도 분석을 할 수 있다. 금리민감도 분석이란 채권금리의 변화에 따른 채권투자성과를 측정하는 일련의 작업을 말한다.

투자기간 1년으로 잔존만기 3년, Modified Duration이 2.90인 한채투1회(3개월 이표채)에 투자하는 것을 가정해보자. 한채투1회(3개월 이표채)를 발행일에 4% 채권수익률로 매입하고, 1년 후에 동 채권금리가 3.75%, 4%, 4.25%일 경우의 채권투자성과는 듀레이션을 활용하여 다음과 같이 계산할 수 있다.

수정 듀레이션을 활용한 금리민감도 분석 결과

매입일	2022-07-17
매도일	2023-07-17
매입금리	4.000%
매입 시 수정 듀레이션	2.81
1년 후 수정듀레이션	1.91

금리민감도분석표

1년 후 금리	이자수익	자본손익	연수익률
4.50%	4.00%	−0.48%	3.52%
4.25%	4.00%	−0.24%	3.76%
4.00%	4.00%	0.00%	4.00%
3.75%	4.00%	0.24%	4.24%
3.50%	4.00%	0.48%	4.48%

- 이자수익(연): 매입금리
- 자본손익(연): (−1)×매도시점 듀레이션×(매도금리−매입금리)

위의 표는 3년 만기 한채투1회(3개월 이표채)를 4%에 매입하여 1년 동안 보유 후 매도하는 경우의 1년간 투자수익률을 나타내고 있다.

1년 후 한채투1회(3개월 이표채)의 채권금리가 4%를 유지하고 있을 경우에는 연4%의 투자수익이 발생하고, 채권금리가 4.25%로 상승하면 투자수익률은 3.76%로 하락한다. 반대로 채권금리가 3.75%로 하락하면 투자수익률은 4.24%로 올라가게 된다.

듀레이션을 활용한 금리민감도 분석방법을 Duration Approach라고 한다. 우리나라처럼 채권수익률로 채권을 거래하는 나라는 Duration Approach를 사용하면 간편하게 금리민감도분석이 가능하다.

채권은 만기확정부자산(Fixed Income)이기 때문에 투자를 결정하기 전에 투자만기시점의 금리상황에 따른 자본손익을 계산할 수 있다.

7-7 Convexity(컨벡시티)의 개념

채권금리와 채권가격은 반대로 움직인다. 채권금리가 상승하면 채권가격이 하락하고, 반대의 경우에는 채권가격이 상승한다.

듀레이션을 활용하여 채권수익률 변화에 따른 채권가격변동폭을 예측하는 방법을 살펴보았다. 실제의 채권가격과 채권수익률의 관계는 역의 곡선의 관계인데 반해, 듀레이션으로 측정한 채권가격과 채권수익률의 관계는 역의 직선관계이다. 듀레이션으로 측정하면 실제와 오차가 있다는 뜻이다. 금리변화가 클 경우에는 오차도 커진다.

듀레이션으로 계산한 가격과 실제가격 비교

한채투1회(3개월 이표채)의 금리변화와 가격변동(듀레이션으로 추정)

채권금리	3%		4%	5%	
채권가격	실제가격	추정가격	10,000	실제가격	추정가격
	10,285.870	10,281.37		9,723.017	9,718.63
수정듀레이션			2.8137		

- 채권금리가 3%로 하락하면 채권가격은 10,285.87원으로 상승한다. Modified Duration으로 계산하면 10,281.37원이다.
  10,281.37원 = 10,000원 × (1 + 0.028137)
  듀레이션으로 계산한 가격이 4.5원 적다.
- 채권금리가 5%로 상승하면 채권가격은 9,723.017원으로 하락한다. Modified Duration으로 계산하면 9,718.63원이다.
  9,718.63원 = 10,000원 × (1 − 0.028137)
  듀레이션으로 계산한 가격이 4.38원 적다.

Convexity는 채권가격계산식을 2차미분해서 계산한 것으로 듀레이션의 추정오차를 상당부분 보완할 수 있다. 듀레이션으로 추정한 값에 Convexity 효과를 더하면 실제 채권가격에 거의 근접하게 된다.

채권가격추정에서 듀레이션과 Convexity

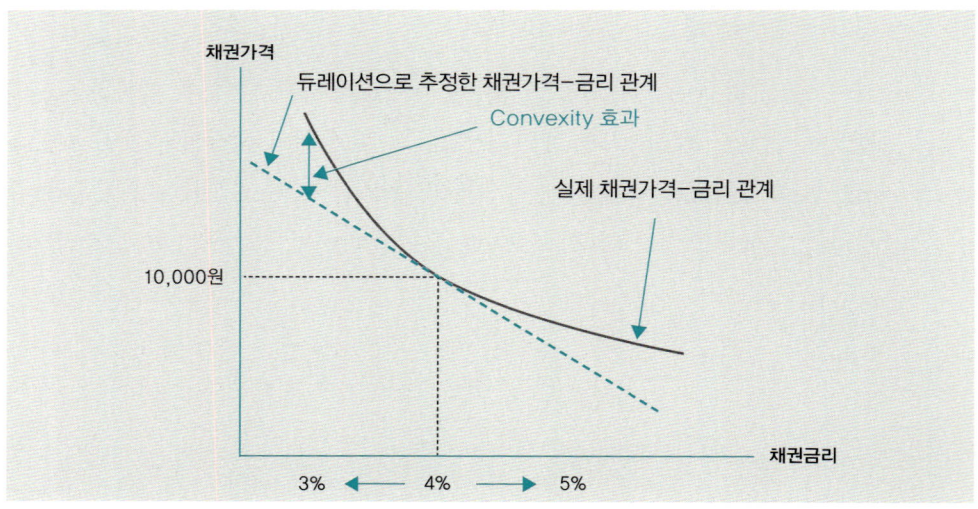

컨벡시티 계산방법

Modified Duration과 Convexity는 Taylor Expansion Series(테일러 전개식)을 활용해서 계산한다. 1715년 Brook Taylor는 곡선의 움직임(한 점에서 다음 점으로의)을 테일러 전개식으로 설명했다.

$$f(x) = \sum_{n=0}^{\infty} \frac{f^n(a)(x-a)^n}{n!}$$

테일러 전개식이 의미하는 바는, 곡선의 경우 미분을 반복함으로써 한 점에서 다음 점으로의 움직임을 찾아낼 수 있다는 것이다.

Modified Duration의 경우 Macaulay Duration과의 관계를 이용하면 쉽게 계산할 수 있기 때문에 미분할 필요가 없다.

Convexity를 계산할 때는 채권가격계산식(일반식)의 2차미분값을 사용해야 한다. 채권가격을 계산하는 일반식은 다음과 같다.

$$P = \sum_{t=1}^{n} \frac{CF_t}{(1+y)^t}$$

채권수익률(y, yield)로 채권가격(P)을 2차미분하면 다음과 같다.

$$\frac{d^2P}{dy^2} = \sum_{t=1}^{n} \frac{t \times (t+1) \times CF_t}{(1+y)^{t+2}}$$

Convexity는 2차미분값에 채권가격을 나누어서 계산한다.

$$\text{Convexity Measure(Convexity값)} = \frac{d^2P}{dy^2} \times \frac{1}{P}$$

실무에서는 2차 미분의 분자항을 a, 분모항을 b로 따로 계산한 후 a값에서 b를 나누는 방법으로 2차미분값을 계산한다. 2차 미분값을 계산하는 식이 다소 복잡하기 때문에 계산 실수를 줄이려는 목적이다.

엑셀을 활용해서 아래와 같이 Convexity를 계산할 수 있다.

채권기초

엑셀을 사용하여 Convexity 계산한 사례

한채투1회(3개월 이표채)

발행일	2022-07-17		
만기일	2025-07-17		
액면금액	10,000		
표면금리	4.000%	4	1.000%
매매일	2022-07-17	2022-07-17	92
매매금리	4.000%		

잔존일수	일자	이자	원금	CF	PV	t	PV*t	a t*(t+1)*CF	b (1+y/4)^(t+2)	a/b
92	2022-10-17	100		100	99.009901	1	99.0099	200	1.030301	194.11803
1	2023-01-17	100		100	98.0296049	2	196.0592	600	1.04060401	576.588207
2	2023-04-17	100		100	97.0590148	3	291.177	1,200	1.05101005	1,141.75883
3	2023-07-17	100		100	96.0980344	4	384.3921	2,000	1.061520151	1,884.09047
4	2023-10-17	100		100	95.1465688	5	475.7328	3,000	1.072135352	2,798.15416
5	2024-01-17	100		100	94.2045235	6	565.2271	4,200	1.082856706	3,878.62953
6	2024-04-17	100		100	93.2718055	7	652.9026	5,600	1.093685273	5,120.30302
7	2024-07-17	100		100	92.3483222	8	738.7866	7,200	1.104622125	6,518.06607
8	2024-10-17	100		100	91.4339824	9	822.9058	9,000	1.115668347	8,066.91346
9	2025-01-17	100		100	90.5286955	10	905.287	11,000	1.12682503	9,761.94148
10	2025-04-17	100		100	89.6323718	11	985.9561	13,200	1.13809328	11,598.3463
11	2025-07-17	100	10,000	10,100	8,963.23718	12	107,558.8	1,575,600	1.149474213	1,370,713.65
					10,000.000		113,676			1,422,253

2차 미분값	1,422,253
Convexity(3개월)(= 2차 미분값 / 10,000)	142.23
Convexity(연)(= Convexity(3개월) / 16) *16은 4(t)의 제곱	8.89

- 한채투1회(3개월 이표채)가 4%로 매매될 때의 Convexity는 8.89이다.

Convexity가 채권가격에 미치는 영향은 아래와 같다.

$$채권가격\ 변동(\%) = \frac{1}{2} \times convexity\ measure \times \Delta y^2$$

듀레이션과 Convexity가 동시에 채권가격에 미치는 영향은 아래와 같다.

$$채권가격\ 변동(\%) = (-1) \times modified\ duration \times \Delta y + \frac{1}{2} \times convexity\ measure \times \Delta y^2$$

예제 한채투1회(3개월 이표채)을 발행일에 4%에 매입하고, 당일 중에 채권금리가 ±1% 변할 경우, 듀레이션 + Convexity를 활용하여 채권가격을 추정하고 이를 실제 채권가격과 비교해 보자.

○ 채권금리가 3%로 1% 하락한 경우

$$채권가격\ 상승률 = (-1) \times 2.8137 \times (-1\%) + \frac{1}{2} \times 8.89 \times 0.01^2$$
$$= 2.8137\% + 0.04445\% = 2.85815\%$$

채권가격 = 10,000 × (1 + 0.0285815) = 10,285.815원(실제가격: 10,285.87)

○ 채권금리가 5%로 1% 상승한 경우

$$채권가격\ 하락률 = (-1) \times 2.8137 \times (+1\%) + \frac{1}{2} \times 8.89 \times 0.01^2$$
$$= -2.8137\% + 0.04445\% = -2.76925\%$$

채권가격 = 10,000 × (1 - 0.0276925) = 9,714.185원(실제가격: 9,714.127)

Duration과 Convexity로 채권가격을 추정한 결과표

채 권 가 격	채권금리	
	3%	5%
듀레이션으로 추정한 가격	10,281.37	9,718.63
듀레이션과 Convexity로 추정한 가격	10,285.81	9,723.07
실제 채권가격	10,285.87	9,723.01

듀레이션만으로 추정하는 것보다, 듀레이션에 Convexity를 추가해서 채권가격을 추정하는 것이 실제 채권가격에 훨씬 가깝다.

그러나, 채권가격계산에 엑셀 사용이 보편화되면서 Convexity의 중요성이 낮아지고 있다. 엑셀을 사용하면 채권가격을 쉽게 계산할 수 있다. 그렇기 때문에 굳이 Convexity를 사용해서 채권가격 변동을 추정할 필요가 없어진 것이다. Convexity는 장기채권의 채권투자수익률을 추정(금리 민감도분석)할 때 유용하게 사용된다.

단기채권의 채권금리변화에 대한 채권가격변동을 간편하게 추정할 때는 듀레이션만 사용하는 것이 일반적이다.

듀레이션만 사용할 경우에는 암산으로도 채권가격을 계산할 수 있을 정도로 간편할 뿐 아니라 듀레이션으로 계산한 채권가격이 실제가격보다 항상 적기 때문이다(보수적인 방법).

제8장
채권의 금리변동위험

8-1 금리변동위험 측정방법
8-2 금리변동위험 관리방법

채권기초
THE BASICS OF BONDS

제8장 채권의 금리변동위험

8-1 금리변동위험 측정방법

채권은 만기확정부 자산(Fixed Income)이므로 채권의 투자성과는 채권수익률(할인율)에 영향을 받는다. 채권을 만기까지 보유하면 매입금리로 투자수익이 확정되지만, 만기 이전에 매도할 경우에는 매도가격이 투자수익에 영향을 준다.

채권의 금리변동위험을 측정하는 가장 좋은 방법은 듀레이션을 활용하는 것이다. 여기서 듀레이션은 투자시점이 아닌, 매도시점의 듀레이션이어야 한다.

$$\frac{dP}{P}(\%) = (-1) \times \text{modified duration} \times \Delta y(\%)$$

매도시점의 듀레이션에 금리변화(매도금리 – 매입금리)를 곱해서 마이너스를 붙이면 채권의 자본손익이 계산된다.

채권을 매입해서 만기까지 보유할 경우에는 만기 시점의 듀레이션이 0이 되기 때문에 금리변동위험이 없다.

이표채의 경우에는 만기 이전에 지급받는 이자를 몇 %에 재투자하느냐? 도 투자수익에 영향을 준다. 장기투자의 경우에는 투자기간 종료시점의 채권 매도가격보다 재투자수익이 더 중요하다.

채권투자수익 또는 채권의 금리변동위험을 측정하는 방법은 Total Return Approach와 Duration / Convexity Approach가 있다.

Total Return Approach는 채권투자성과를 **이자, 재투자수익, 매매손익**으로 나누어서 추정하는 방법이고, Duration / Convexity Approach는 Duration의 성질을 활용해서 채권투자성과를 추정하는 방법이다. 우리나라처럼 금리로 채권을 매매하는 나라에서는 Duration / Convexity Approach가 간편하고 효율적인 방법이다.

8-1-1 Total Return Approach

Total Return Approach는 채권수익의 원천(Sources of Return)을 다음과 같이 분류한다.

- 이자(Coupon)
- 재투자수익(이자의 이자수익)
- 매매손익

Total Return Approach에 따른 채권투자성과는, 표면금리에 따른 이자 + 적정 재투자이자율을 감안한 재투자수익 + 투자종료 시점의 매매차익(매도가격 − 매입가격)로 계산된다.

투자성과를 추정하는 순서는 다음과 같다.
첫째, 각시점에 지급받는 이자금액을 더한다.
둘째, 이자에 대한 재투자수익을 추정한다.
셋째, 투자종료시점에 매도하는 가격을 추정해서 매매손익을 계산한다.
넷째, 이자 + 재투자수익 + 매매손익이 채권투자수익이다.

8-1-2 Duration / Convexity Approach

Duration / Convexity Approach는 채권의 투자성과를 이자수익과 자본손익으로 구분하여 추정한다. 이자수익은 매입금리를 그대로 사용하고, **자본손익**은 듀레이션과 Convexity를 활용하여 추정한다. 우리나라에서는 이 방법을 사용하면 손쉽게 금리민감도분석을 할 수 있다.

채권투자성과 = 이자수익 + 자본손익

이자수익 = 매입금리(매매금리, YTM, YTC, YTP)

자본손익 = $(-1) \times$ 투자종료 시점 duration $\times \Delta y + 0.5 \times$ 투자종료시점 convexity $\times \Delta y^2$

$(-1) \times$ duration $\times \Delta y$: 듀레이션 효과

$0.5 \times$ convexity $\times \Delta y^2$: Convexity 효과

투자종료 시점의 잔존만기가 5년 이내일 경우에는 Convexity없이 듀레이션만 사용하는 것이 일반적이다.

한채투1회(3개월 이표채)를 발행일에 4%에 매입해서 1년 후 매도하려고 할 때의 금리변동위험 또는 채권투자성과를 추정해보자.(3년물 매입, 2년 미스매치)

금리민감도 분석표

한채투1회(3개월 이표채)

투자기간	1년
1년 후 수정듀레이션	1.91
매입금리	4.000%

수익률곡선 수평이동 가정

채권수익률

1년	3.500%
2년	3.750%
3년	4.000%

금리가정	매도금리	이자수익	자본손익	연수익률
0.50%인상	4.250%	4.000%	−0.477%	3.523%
0.25%인상	4.000%	4.000%	0.000%	4.000%
금리불변	3.750%	4.000%	0.478%	4.478%
0.25%인하	3.500%	4.000%	0.955%	4.955%

- 금리변동은 1년간 수익률곡선이 수평으로 이동하는 정도를 나타낸다.
- 이자수익은 매입금리를 그대로 사용한다.

자본손익 계산식

−0.477% = (−1) × 1.91 × (4.250% − 4.000%)
0.000% = (−1) × 1.91 × (4.000% − 4.000%)
+0.478% = (−1) × 1.91 × (3.750% − 4.000%)
+0.955% = (−1) × 1.91 × (3.500% − 4.000%)

한채투1회(3개월 이표채) 3년물을 발행일에 4%에 매입하고, 1년 보유 후 매도할 경우, 매도시점의 채권금리에 따라서 투자성과가 달라진다.

1년이 지난 시점에 특정 매도금리를 가정하는 것보다 현재의 수익률곡선에 따른 2년물 금리를 기준으로 수익률곡선이 상, 하로 움직이는 것을 가정하는 것이 일반적이다. 이것이 수익률곡선의 Parallel Shift 가정이다.

 위의 한채투1회(3개월 이표채)를 발행일에 매입하여 <u>2년간 보유</u>하고 매도할 경우의 금리변동위험(또는 금리민감도분석)을 추정해보자.

금리민감도 분석표

한채투1회(3개월 이표채)

투자기간	2년
2년 후 수정듀레이션	0.975
매입금리	4.000%

수익률곡선 수평이동 가정

금리가정

1년	3.500%
2년	3.750%
3년	4.000%

금리가정	매도금리	이자수익	자본손익	연수익률
0.75%인상	4.250%	4.000%	−0.122%	3.878%
0.50%인상	4.000%	4.000%	0.000%	4.000%
0.25%인상	3.750%	4.000%	0.122%	4.122%

금리불변	3.500%	4.000%	0.244%	4.244%
0.25%인하	3.250%	4.000%	0.366%	4.366%
0.50%인하	3.000%	4.000%	0.488%	4.488%

- 3년물을 매입해서 2년간 보유했으므로 매도시의 잔존만기는 1년이다. 따라서 1년물의 금리가 중요하다.
- 이자수익은 매입금리인 4%이다. 2년동안 연4% 이자수익이 발생한다.
- 자본손익은 2년간의 금리변동에 따른 투자성과(연율)를 나타내고 있다.

자본손익 계산식

−0.122% = (−1) × 0.975 × (4.250% − 4.000%) / 2 (2로 나눈 것은 연율화)
0.000% = (−1) × 0.975 × (4.000% − 4.000%) / 2
0.122% = (−1) × 0.975 × (3.750% − 4.000%) / 2
...
0.488% = (−1)*0.975*(3.000%−4.000%)/2

3년물 한채투1회(3개월 이표채)를 매입해서 2년간 투자할 경우에는 같은 폭의 금리변화에도 채권투자수익은 훨씬 안정적이다. 매도 시점의 듀레이션이 0.975로 줄어들었기 때문이다.

  잔존만기 3년의 한채투1회(3개월 이표채)를 발행일에 4%에 매입하여 만기까지 보유할 경우의 금리변동위험을 계산해보자.

금리민감도분석표

한채투1회(3개월 이표채)

투자기간	3년
3년 후 수정듀레이션	0
매입금리	4.000%

채권기초

금리가정	매도금리	이자수익	자본손익	연수익률
0.75%인상	현금	4.000%	0.000%	4.000%
0.50%인상	현금	4.000%	0.000%	4.000%
0.25%인상	현금	4.000%	0.000%	4.000%
금리불변	현금	4.000%	0.000%	4.000%
0.25%인하	현금	4.000%	0.000%	4.000%
0.50%인하	현금	4.000%	0.000%	4.000%

- 이자수익은 매입금리인 연4%이다.
- 만기시점에 듀레이션이 0이기 때문에 자본손익은 0이다.
- 따라서 3년간 채권투자성과는 연4%로 확정된다.

이표채는 재투자수익을 감안할 경우 투자수익률이 연4%를 초과하게 된다. 3개월마다 지급받은 이자에 이자가 붙기 때문이다.

8-2 금리변동위험 관리방법

일반적으로 채권금리가 상승하면 채권가격이 하락한다. 이것이 채권의 금리변동위험 또는 금리상승위험이다.

향후 금리 상승이 예상되면 금리상승에 따른 가격하락위험을 회피하려고 하는데, 다음의 방법들을 사용할 수 있다.

- 장기채를 매도하고 단기채를 매입하는 방법
- 국채선물을 매도하는 방법
- 이자율스왑계약을 체결하는 방법(pay fixed, 고정금리 지급 Position)

8-2-1 장기채를 단기채로 교체매매

다른 조건이 일정하다면 장기채는 단기채보다 듀레이션이 크다. 따라서 장기채는 일정한 채권금리 변화에 대해 단기채보다 가격변동폭이 더 크다.

채권금리가 상승할 것으로 예상되면 장기채를 매도하고 단기채를 매수함으로써 금리

상승에 따른 가격하락위험을 회피할 수 있다. 이것은 일반적인 경우이고 채권금리가 상승하더라도 만기가 긴 장기채가 유리한 경우도 있다.

장, 단기채의 유·불리는 금리상승의 폭과 속도에 따라 다르다. 사례를 통해서 살펴보자.

> **예제** 잔존만기 2년의 한채투 회사채(3개월 복리채) 100억원을 보유하고 있다. 현재 2년만기 채권금리는 3.75%, 1년만기 채권금리는 3.50%이다.
>
> 향후 금리상승이 예상되어서 2년물을 3.75%에 매도하고 1년물을 매수하는 것을 검토하고 있다. 투자기간은 1년이고, 향후 1년간 한채투 회사채의 금리가 0.30% 상승할 경우 2년물을 그대로 보유하는 것과 1년물로 교체매매하는 전략을 비교해보자.

일반적으로는, 채권금리가 상승할 것으로 예상될 경우에 2년물을 매도하고 1년물로 교체매매하는 것이 금리상승위험을 회피하는 방법이다.

1,2년 한채투 회사채(3개월 복리) 금리가 각각 3.50%, 3.75%이고 향후 1년간 채권금리가 0.30% 상승할 것이 예상될 때도 2년물을 1년물로 교체매매하는 것이 금리상승위험을 회피하는 것일까?

2년물을 1년물로 교체매매할 경우의 향후 1년간 투자수익률

- 한채투 회사채 1년물을 3.50%에 매입해서 만기보유하므로 투자수익은 연3.50%로 확정된다.

2년물을 1년간 보유할 경우의 향후 1년간 투자수익률
- 한채투 회사채 2년물을 3.750%에 매입해서 1년 후 매도하는 전략이다.
- 1년 후 듀레이션을 1로 가정하고 금리민감도분석을 하면 다음과 같다.
- 이자수익: 3.750%
- 자본손익: −0.05% = −(1) × 1(1년 후 듀레이션) × (3.80%−3.75%)
    * 1년간 채권금리가 0.30% 상승하면, 1년 후에 1년물금리는 3.500%에서 3.800%로 0.30% 상승(수익률곡선이 수평이동(Parallel shift)하는 것으로 가정)
- 향후 1년간 투자수익률은 연3.70%(= 3.75% − 0.05%)이다.

투자수익률 요약

구 분	1년물로 교체	2년물 보유	비 고
연투자수익률	3.50%	3.70%	

채권금리가 상승할 때, 단기채가 장기채보다 항상 유리한 것이 아님을 알 수 있다. 향후의 금리상승 폭과 속도가 채권투자수익률에 영향을 미치기 때문에 투자의사 결정 전에 금리민감도분석이 필수적이다.

8-2-2 국채선물(KTB Futures) 활용

국채선물이란 국가가 발행하는 채권을 기초자산으로 하는 선물거래이다. 국채시장 규모가 확대되고 2000.7월부터 채권시가평가제도가 시행되면서 채권투자자에게 가격변동위험을 관리할 수 있고, 또한 국채의 거래를 활성화하기 위해 1999.9월에 3년만기 국채선물이 상장되었다.

이후 2003.8월에 5년만기 국채선물이 상장되었고, 2008.2월에는 10년만기 국채선물이 상장되어, 현재 한국거래소(KRX, Korea Exchange)에는 3년, 5년, 10년 만기 국채선물이 거래되고 있다(기획재정부 국채시장, http://ktb.moef.go.kr).

3년만기 국채선물은 표면금리 5%, 듀레이션 2.8내외의 가상 현물국고채바스켓(Basket)으로 만든 장내파생상품이다. 현물국채를 복제했기 때문에 국채선물가격은 현물국채와 같은 방향으로 움직인다. 현물국채의 듀레이션이 국채선물과 동일하다면 가격움직임의 방향 뿐만 아니라 등락폭도 국채선물과 동일하게 된다.

국채현물을 보유하고 있는 투자자는 채권금리상승위험을 회피하기 위해 보유채권을 매도하는 방법 외에도 국채선물을 매도함으로써 목적을 달성할 수 있다.

현물 국채를 매도하는 대신, 국채선물을 매도할 경우에는 최소한 현물과 선물의 달러 듀레이션(=채권가격 × 듀레이션)을 일치시켜야 현물과 선물 간의 괴리를 줄일 수 있다. 만기가 동일하더라도 표면금리 차이에 따라 Convexity 차이는 존재하지만, 만기가 짧을 경우에는 Convexity 영향은 무시해도 될 수준이다.

3년만기 국채선물 듀레이션(예시)

발행일	2022-03-10		
만기일	2025-03-10		
액면금액	10,000		
표면금리	5%	2	2.500%
매매일	2022-03-10		
매매금리	3.00%		

일자	이자	원금	CF	PV	t	PV * t
2022-09-10	250		250	246.3054	1	246.3054
2023-03-10	250		250	242.6654	2	485.3309
2023-09-10	250		250	239.0792	3	717.2377
2024-03-10	250		250	235.5461	4	942.1842
2024-09-10	250		250	232.0651	5	1,160.325
2025-03-10	250	10,000	10,250	9,374.057	6	56,244.34
				10,570		59,796

Macaulay Duration	2.828634
Modified Duration	2.786831

- 국고채 3년물 매매금리가 하락하면서 듀레이션이 2.75(매매금리 5%)에서 2.78(매매금리 3.0%)로 커졌다.

회사채를 보유하고 있는 투자자가 채권금리상승위험을 회피하기 위해 국채선물을 매도하는 경우에는 신용스프레드 확대위험이 여전히 존재한다.

신용스프레드가 확대된다는 것은 향후의 회사채수익률과 국채수익률의 차이가 커진다는 뜻이다. 회사채수익률과 국채수익률이 모두 상승한다고 하더라도, 회사채수익률의 상승폭이 국채수익률의 상승폭보다 더 커질 경우에 신용스프레드(=회사채수익률 - 국채수익률)는 확대된다.

회사채투자자가 국채선물 매도를 통해서 금리상승위험을 회피할 때의 신용스프레드 확대 위험을 살펴보자. 채권금리 상승으로 보유회사채에서 평가손실이 발생하고, 국채선물 매도포지션에서 이익이 발생한다.

문제는 현물 회사채에서 발생한 손실이 국채선물 매도에서 나온 수익보다 크다는데 있다. 회사채수익률이 국채수익률보다 더 큰 폭으로 상승했기 때문이다. 이 경우에는 국채선물 매도를 통해 금리상승위험 회피 목적을 달성했다고 할 수 없다.

채권시장에 신용경색(Credit Crunch)이 나타나면 국채수익률은 하락하는데 반해, 회사채수익률은 상승하는 경우도 있다. 이를 안전자산 선호현상(flight to quality)이라고 한다.

신용경색이 나타난다면, 회사채의 금리상승위험을 회피하기 위한 국채선물 매도전략으로 2중 손실을 입을 수 있다. 금리상승으로 보유회사채에서 평가손실이 발생하고, 국채금리 하락으로 국채선물매도포지션에서도 평가손실이 발생한다.

- 회사채 현물포지션 : 회사채수익률 상승으로 채권가격 하락
- 국채선물 매도포지션 : 국채수익률 하락으로 국채선물가격 상승 → 매도포지션이기 때문에 손실 발생

8-2-3 이자율스왑(IRS, Interest Rate Swap) 활용

이자율스왑은 약정된 원금에 해당하는 고정금리 이자와 변동금리 이자를 교환하는 장외파생계약이다. 매기에 이자만 교환하고 원금은 교환하지 않는다. 액면금액(이자계산을 위한 원금), 고정금리, 계약기간이 이자율스왑계약의 주요 요소이다.

액면금액(Notional Principal Amount)

이자계산을 위한 계약금액이다. 이자율스왑 계약금액이 100억원이고, 고정금리 4%와 3M CD금리를 매3개월마다 교환하는 계약을 체결할 경우의 1회 이자금액은 아래와 같이 계산한다.

- 고정금리이자 : 100억원 $\times \dfrac{4\%}{4}$ = 1억원

- 변동금리이자 : 100억원 $\times \dfrac{3M\ CD금리}{4}$

IRS를 활용하여 금리상승위험을 회피하는 방법

예제 한국채권투자운용이 잔존만기 3년 회사채(3개월 이표채) 100억원을 보유하고 있는데, 향후 채권금리상승이 예상되어 이자율스왑으로 금리상승위험을 회피하는 과정을 살펴보자.

먼저, 정보단말기(Check, 연합인포맥스, 마켓포인트 등)에서 이자율스왑 호가를 확인한다.

3년물 호가가 3.4%-3.5%라고 한다면, 호가는 스왑은행에게 항상 유리하게(또는 스왑계약자(채권보유자)에게 항상 불리하게) 적용된다. 한국채권투자운용이 고정금리를 지급받을 때는 낮은 금리인 3.4%가 적용되고, 반대로 고정금리를 지급할 때는 높은 금리인 3.5%를 적용한다. 호가차이가 스왑은행에게는 일종의 수수료이다.

한국채권투자운용은 보유하고 있는 잔존만기 3년 회사채(3개월 이표채)의 금리상승위험을 회피하려고 하기 때문에, 고정금리지급 & 변동금리수취 이자율스왑계약을 체결한다.

이자율스왑계약 체결 후의 한국채권투자운용의 잔존만기 3년 회사채(3개월 이표채) 액면금액 100억원에 대한 현금흐름은 아래와 같다.

- 잔존만기 3년 회사채(3개월 이표채)로부터 연4% 이자(수취)
- 스왑계약에 따른 고정금리 연3.5% 이자(지급)
- 스왑계약에 따른 3M CD금리(수취)

  → +4% − 3.5% + 3M CD금리 → 3M CD금리 + 0.5%

  (고정금리 → 변동금리)

채권수익률(금리)이 상승하면 3M CD금리도 상승한다고 가정하면, 이자율스왑계약을 통해서 금리상승위험을 회피했다고 할 수 있다.

그러나, 이자율스왑에서도 잔존만기 3년 회사채 수익률과 3M CD금리의 장단기 금리차와 3M CD금리의 상승속도에 따라서 금리상승위험 회피 목적의 달성여부가 달라진다. 이자율스왑 계약을 체결하기 전에 금리상승 시나리오별 채권투자성과를 검증하는 것이 필요하다.

> **예제** 3년 만기 회사채(3개월 이표채)를 발행일에 4%에 매입하고, 3.5% 고정금리지급 & 3M CD금리수취의 이자율스왑계약을 체결할 경우와 회사채 현물을 보유할 경우의 3년간 투자수익을 계산해보자(단 이자율스왑계약을 체결할 때의 3M CD금리는 2.5%이고, CD금리는 매년 0.5%씩 상승한다고 가정).

고정금리채와 (고정금리채 + IRS)의 투자결과 비교

액면금액	10,000,000,000		
채권금리	4.000%	4	1.000%
스왑금리	3.500%	4	0.875%
가산금리	0.500%		

0.125% CD금리	일자	채권이자	이자율스왑 지급이자	이자율스왑 수취이자	채권 + IRS이자
2.500%	1	100,000,000	87,500,000	62,500,000	75,000,000
2.625%	2	100,000,000	87,500,000	65,625,000	78,125,000
2.750%	3	100,000,000	87,500,000	68,750,000	81,250,000
2.875%	4	100,000,000	87,500,000	71,875,000	84,375,000
3.000%	5	100,000,000	87,500,000	75,000,000	87,500,000
3.125%	6	100,000,000	87,500,000	78,125,000	90,625,000
3.250%	7	100,000,000	87,500,000	81,250,000	93,750,000
3.375%	8	100,000,000	87,500,000	84,375,000	96,875,000
3.500%	9	100,000,000	87,500,000	87,500,000	100,000,000
3.625%	10	100,000,000	87,500,000	90,625,000	103,125,000
3.750%	11	100,000,000	87,500,000	93,750,000	106,250,000
3.875%	12	100,000,000	87,500,000	96,875,000	109,375,000
		1,200,000,000			1,106,250,000

1회 채권이자: 100,000,000원 = 100억원 $\times \dfrac{4\%}{4}$

1회 이자율스왑 지급이자: 87,500,000원 = 100억원 $\times \dfrac{3.5\%}{4}$

이자율스왑 수취이자

- 3M CD금리가 연간 0.5% 상승하므로 매3개월마다 0.125% 상승
- 계약시점의 3M CD금리는 3개월 후에 적용되는 금리이고, 이후 매3개월마다 0.125%씩 상승 가정
- 1회 수취이자: $62,500,000 = 100억원 \times \dfrac{2.5\%}{4}$

채권 + 이자율스왑 이자

- $75,000,000원 = 100억원 \times \dfrac{2.5\%(3M\ CD금리) + 0.5\%}{4}$

3년동안 동 회사채(3개월 이표채)를 만기보유할 경우 3년간 총 1,200,000,000원, 채권 + 이자율스왑의 경우에는 1,106,250,000원의 이자수익이 발생한다.

금리가 상승함에도 불구하고 채권만 보유한 포지션(position)의 수익이 93,750,000원 더 많다. 금리상승이 예상된다고 해서 반드시 금리상승위험을 hedge해야 하는 것이 아님을 알 수 있다.

Leverage와 Deleverage

채권투자에서 듀레이션을 늘리는 전략을 Leverage, 듀레이션을 축소하는 전략을 Deleverage전략이라고 한다.

Leverage전략으로는 장기채 매수, 국채선물 매수, 변동금리지급 & 고정금리수취 이자율스왑계약, 역변동금리부채권매입, 그리고 RP발행으로 자금을 차입하여 채권을 매수하는 방법 등이 있다.

Deleverage전략으로는 장기채 매도, 국채선물매도, 고정금리지급 & 변동금리수취 이자율스왑계약, 변동금리부채권 매입 등이 있다.

8-2-4 RP(Repurchase Agreement) 활용

RP는 Repo 또는 환매조건부채권매매라고 하는데, 채권을 매도하고 일정 기간 후에 재매수를 약정하는 거래(또는 채권을 매입하고 일정 기간 후에 재매도를 약정하는 거래, Reverse RP)이다. RP거래는 채권을 담보로 자금을 차입(RP매도), 또는 대여(RP매입)하는 것이다.

1일물 RP를 Overnight Repo, 2일 이상은 Term Repo라고 한다. RP이자금액은 다음과 같이 계산한다.

$$RP\ 이자금액 = 차입금액 \times RP이자율 \times \frac{일수}{365}\ (1년이\ 366일이면\ 366)$$

채권보유자는 RP매도를 통해서 자금을 차입하여 추가로 채권을 매입함으로써 Leverage 전략이 가능하다.

예제 한채투1회(3개월 이표채, 표면금리 4%) 100억을 보유한 투자자가 RP를 활용하여 leverage전략을 구사하는 과정을 살펴보자.

Repo 거래를 통해 보유하고 있는 한채투1회(3개월 이표채)를 매도하여 100억원을 차입할 수 있다. 추가 확보된 100억원으로 한채투1회(3개월 이표채)를 매입한다면, 투자자는 100억원으로 200억원의 채권을 보유하게 된다. 채권매입에 소요된 200억원 중, 100억원은 자기자금이고 나머지 100억원은 차입금이다.

Repo금리가 3년 내내 3%를 유지한다고 할 경우에는 매년 1억원씩 3억원의 차익이 발생한다.

1억원 = 100억원 × (4% − 3%)　　* 세금 등 비용은 없다고 가정

8-2-5 변동금리부채권(FRN)과 역변동금리부채권(Inverse FRN)

변동금리부채권(FRN, Floating Rate Note)은 채권이자금액이 일정한 기준에 따라서 주기적으로 변동하는 채권이다. 우리나라는 주로 3M CD금리에, 국제금융시장에서는

LIBOR(London Inter-Bank Offered Rate)에 연동된다. 공식적으로 Libor는 2021년부터 사용이 중단되고, 상당부분 SOFR(secured overnight financing rate)로 대체되고 있다.

일반적인 변동금리부채권의 이자율(표면금리)은 다음과 같다.

표면금리: 3M CD금리 + 0.5%

여기서 3M CD금리는 기준금리, 0.5%는 가산금리라고 한다.

액면금액이 100억원이고, CD금리가 3%일 때 3개월 이표채인 위 변동금리부채의 1회 이자금액은 다음과 같이 계산한다.

$$87{,}500{,}000원 = 100억원 \times \frac{3.5\%(=3\%+0.5\%)}{4}$$

3M CD금리가 변동하면, 매3개월마다 지급되는 이자가 CD금리에 연동하여 변동하는데, CD금리가 상승한다면 이자금액도 증가하게 된다. 따라서 FRN은 금리 상승기에 유리한 채권이다.

역변동금리부채권(Inverse FRN)은 기준금리(reference rate)가 상승하면 오히려 이자금액이 감소하는 채권이다. 역변동금리부채권의 표면이자는 (지정금리 − 기준금리)로 구성된다.

역변동금리부채권의 표면이자가 7.5% − 3M CD금리라면, 3M CD금리가 상승하면 역변동금리부채권의 이자율은 낮아지고, 반대의 경우에는 높아진다. 여기서 7.5%는 지정금리, 3M CD금리는 기준금리이다.

이표채로 변동금리부채권과 역변동금리부채권을 만들 수 있다. 한채투1회(3개월 이표채) 1,000억원으로 다음과 같이 FRN과 Inverse FRN을 각각 500억원씩 발행할 수 있다.

FRN(500억원)의 표면이자: 3M CD금리 + 0.2%
Inverse FRN(500억원)의 표면이자: 7.8% − 3M CD금리
FRN + Inverse FRN의 표면이자: 4% { = (0.2% + 7.8%) × 0.5}

여기서 Inverse FRN의 듀레이션에 주목할 필요가 있다. 한채투1회(3개월 이표채)의 Modified Duration이 2.81이고, 한채투1회(3개월 이표채)로 만든 FRN의 듀레이션이 0에 가까우므로 Inverse FRN은 2.81의 두배에 가깝다.

한채투1회(3개월 이표채) 듀레이션 = 0.5 × (FRN + Inverse FRN의 듀레이션)의 등식이 성립한다. FRN의 듀레이션이 0이라면 Inverse FRN의 듀레이션은 5.62이 된다.

향후 금리하락이 예상되어 leverage전략을 사용할 때, 한채투1회를 매입하는 대신에, 한채투1회로 만든 Inverse FRN을 매입하면 듀레이션을 두 배 늘릴 수 있다.

반대로 금리상승이 예상되어 Deleverage전략을 사용할 때는 FRN을 매입함으로써 듀레이션을 줄일 수 있다.

8-2-6 콜옵션부채권(Callable Bond)

콜옵션부채권은 채권의 만기 이전에 채권발행자가 임의로 상환할 수 있는 권리가 부여된 채권이다. 채권발행자가 콜옵션을 가지고 있으므로 채권투자자는 콜옵션을 매도한 것과 같다. 따라서 콜옵션부채권은 일반채권에 비해 콜옵션만큼 금리가 높아야 한다.

콜옵션부채권 = 일반채권(Straight Bond) - 채권의 콜옵션

콜옵션부채권의 채권금리-채권가격의 관계는 다음의 그림과 같다.

콜옵션부채권의 채권금리-채권가격의 관계

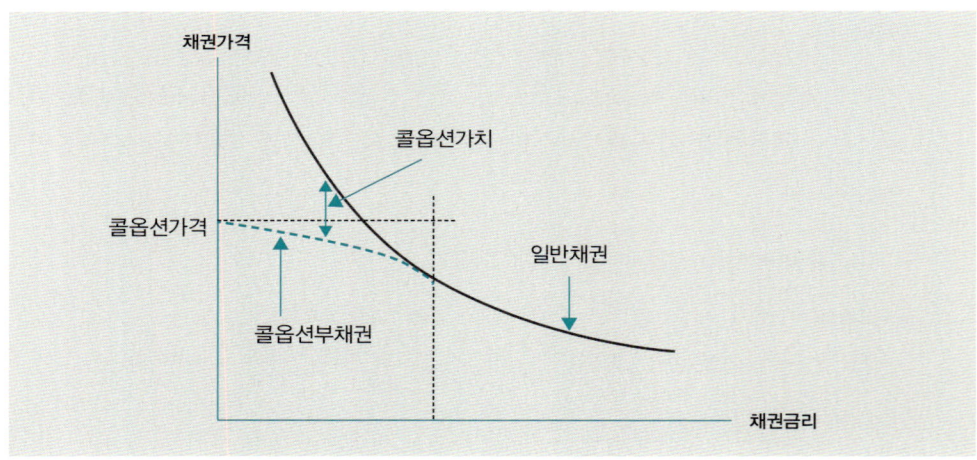

콜옵션부채권은,

- 채권수익률이 상승할 때는 일반채권과 마찬가지로 채권가격이 하락한다.
- 채권수익률이 표면금리 이하로 하락할 때는 채권가격이 더 이상 상승하지 않는다.
  (이것이 콜옵션부채권의 가격위험(price compression)이다)

채권수익률이 표면금리 이하로 하락하면 콜옵션이 행사될 가능성이 높다. 채권발행자는 낮은 금리로 채권을 발행해서 기존은 고금리채를 상환하면 이익이 되기 때문이다.

따라서 콜옵션부채권의 금리변동위험은 채권수익률이 하락할 때 발생한다. 채권발행자의 조기상환은 투자자에게는 재투자위험이 된다. 재투자위험은 기존채권의 만기 이전에 지급받은 원리금을 저금리 채권에 투자함으로써 투자수익률이 하락하는 위험이다.

콜옵션부채권에는 금리하락 시 채권가격이 상승하지 않을 위험과 상환된 원금을 낮은 금리로 투자해야 할 재투자위험이 내재되어 있다.

콜옵션부채권의 수익률계산 방법

콜옵션부채권을 평가할 때 사용하는 수익률은, 콜옵션행사일에 채권이 상환된다고 가정한 Yield to Call을 사용한다. Yield to Call은 채권의 현금흐름이 콜옵션일까지만 발생하는 것으로 가정하고 미래현금흐름과 현재 채권가격을 일치시키는 한 개의 수익률(YTM)이다.

> **예제** 한채투1회(3개월 이표채)가 발행일로부터 2년 후에 콜옵션행사가 가능한 조건으로 발행되었다고 가정하자. 채권발행 후 1년 시점인 2023.7.17일에 10,020원에 거래된다고 할 때, 만기수익률(Yield to Maturity)과 콜옵션일까지의 수익률(Yield to Call)을 계산해보자.

채권기초

만기수익률(YTM)

한채투1회(3개월 이표채, 2년 콜)

발행일	2022-07-17		
만기일	2025-07-17		
액면금액	10,000		
표면금리	4.000%	4	1.000%
매매일	2023-07-17	2023-07-17	92
매매금리	3.896%	(YTM)	

잔존일수	일자	이자	원금	CF	PV
92	2023-10-17	100		100	99.04
1	2024-01-17	100		100	98.08
2	2024-04-17	100		100	97.13
3	2024-07-17	100		100	96.20
4	2024-10-17	100		100	95.27
5	2025-01-17	100		100	94.35
6	2025-04-17	100		100	93.44
7	2025-07-17	100	10,000	10,100	9,346.49
					10,020.00

- 채권가격이 10,020원이면 만기수익률(YTM)은 3.896%이다.

엑셀의 해찾기(solver) 기능 사용 방법

엑셀 윗부분의 데이터 → 가상분석 → 목표값 찾기 click

수식 셀	채권가격합계 셀 지정
찾는 값	10,020 입력
값을 바꿀 셀	매매금리 셀 지정

콜옵션일까지의 수익률(YTC)

한채투1회(3개월 이표채, 2년 콜)

발행일	2022-07-17		
만기일	2025-07-17		
액면금액	10,000		
표면금리	4.000%	4	1.000%
매매일	2023-07-17	2023-07-17	92
매매금리	3.795%	(YTC)	

잔존일수	일자	이자	원금	CF	PV
92	2023-10-17	100		100	99.06
1	2024-01-17	100		100	98.13
2	2024-04-17	100		100	97.21
3	2024-07-17	100	10,000	10,100	9,725.60
					10,020.00

채권가격이 10,020원이면, 콜옵션일까지의 수익률(YTC)은 3.795%이다. YTC는 2024.7.17일에 원금이 상환되는 것으로 가정하고 계산한 수익률이다.

한채투1회(3개월 이표채, 콜옵션)의 채권가격은 10,020원으로 동일하지만 콜옵션이 행사될 경우에는 채권수익률이 3.795%로 낮아진다. 만기수익률인 3.896%를 목표수익률로 하여 채권을 매입하였다면 콜옵션행사로 투자수익률이 목표수익률을 하회하게 된다. 이것이 콜옵션위험이다.

2023.7.17일에 한채투1회(3개월 이표채, 콜옵션)를 매입할 때, 채권수익률은 3.896%가 아닌 3.795%라고 생각하고 매입하는 것이 바람직하다.

콜옵션부채권은 최초행사일로부터 3개월 또는 6개월 주기로 채권의 만기까지 콜옵션 행사가 가능한 것이 일반적이다. 따라서 실무에서는 Yield to Worst를 사용하여 콜옵션부채권의 가치를 평가한다. Yield to Worst는 같은 가격에 대해서 가장 낮은 수익률이 나오는 콜옵션행사일까지의 수익률을 의미한다.

채권기초

Yield to Worst를 계산하는 방법은,

첫째, 콜옵션행사일까지의 현금흐름을 생성한다. 콜옵션행사일이 여러 번 있을 경우에는 각각의 현금흐름을 생성한다.

둘째, 현재 매매가격에 맞는 수익률(Yield)를 계산한다. 엑셀의 해찾기(solver)기능을 활용한다.

셋째, 가장 낮은 수익률이 Yield to Worst이며, 이를 채권수익률로 사용한다.

＊＊주의할 점

즉시 콜옵션행사가 가능하지 않는 경우에 채권가격이 콜옵션 행사가격 이상으로 상승할 수도 있다. 표면금리가 높고 채권금리가 낮은 경우에 콜옵션부채권의 가격이 콜옵션행사가액 이상으로 상승한다.

> **예제** 한채투1회(3개월 이표채, 표면금리 4%, 콜옵션)가 2023.7.17일에 10,030원에 거래되고 있다. 콜옵션행사일은 2024.7.17일이고, 콜옵션행사가격은 10,000원이다. 잔존만기 1년, 2년인 한채투 회사채(3개월 이표채)의 매매금리가 각각 3.500%, 3.750%일 경우, 콜옵션부채권과 콜옵션이 없는 1,2년 만기채의 투자수익률을 비교해보자.

콜옵션이 없는 채권의 수익률은 각각 연3.50%(1년), 연3.75%(2년)이기 때문에, 각각의 만기에 맞는 콜옵션부 채권의 수익률을 계산해서 비교해볼 수 있다.

1년 후 콜옵션이 행사될 경우의 수익률

한채투1회(3개월 이표채, 2년 콜)

발행일	2022-07-17			
만기일	2025-07-17			
액면금액	10,000			
표면금리	4.000%	4	1.000%	
매매일	2023-07-17	2023-07-17	92	
매매금리	3.693%	(YTC)		
잔존일수	일자	이자	원금	CF	PV
92	2023-10-17	100		100	99.09
1	2024-01-17	100		100	98.18
2	2024-04-17	100		100	97.28
3	2024-07-17	100	10,000	10,100	9,735.45
					10,030.00

한채투1회(3개월 이표채, 표면금리 4%, 2년콜)을 2023.7.17일(발행 후 1년 시점)에 10,030원에 매입하고, 발행 후 2년 시점인 2024.7.17일에 콜옵션이 행사되면 1년 간 투자수익률은 연3.693%이다.

콜옵션이 행사되지 않고 만기상환 되는 경우의 수익률

한채투1회(3개월 이표채, 2년 콜)

발행일	2022-07-17		
만기일	2025-07-17		
액면금액	10,000		
표면금리	4.000%	4	1.000%
매매일	2023-07-17	2023-07-17	92
매매금리	3.843%	(YTM)	

잔존일수	일자	이자	원금	CF	PV
92	2023-10-17	100		100	99.05
1	2024-01-17	100		100	98.11
2	2024-04-17	100		100	97.17
3	2024-07-17	100		100	96.25
4	2024-10-17	100		100	95.33
5	2025-01-17	100		100	94.42
6	2025-04-17	100		100	93.53
7	2025-07-17	100	10,000	10,100	9,356.15
					10,030.00

2023.7.17일에 콜옵션이 행사되지 않고 만기에 상환될 경우의 채권수익률은 연 3.843%이다. 이 경우에는 2년만기 정상채권의 3.75%보다 유리하다.

1년 후 콜옵션이 행사될 경우, 1년물 일반채권(SB, straight bond) 보다 투자수익률이 높고(3.693% > 3.50%), 만기 상환될 경우에도 2년물 일반채권보다 투자수익률이 높다(3.843% > 3.75%).

즉시 콜옵션행사가 가능하지 않은 콜옵션부채권의 경우 콜옵션가격(10,000원) 보다 높은 가격(10,030)에 거래될 수 있다는 것을 알 수 있다.

THE BASICS OF BONDS

채 권 기 초

제9장
채권의 신용위험

- 9-1 신용위험의 정의
- 9-2 신용위험의 종류
- 9-3 신용위험 분석방법
- 9-4 채권의 신용평가등급
- 9-5 청구권(Claim Rights)
- 9-6 신용위험 회피방법
- 9-7 채권자 가치와 주주의 가치

채권기초
THE BASICS OF BONDS ———

제9장 채권의 신용위험

9-1 신용위험의 정의

채권의 신용위험은 국채 등 무위험채권(credit risk-free bond)이 아닌 신용채권(credit bond)에서만 발생하는 위험을 의미한다. 무위험채권에 대해서는 원리금지급 가능성을 의심하지 않는 반면, 신용채권은 원리금이 제때 지급되지 않을 위험이 있다는 것을 전제로 한다.

9-2 신용위험의 종류

신용위험에는 부도위험, 신용등급 하락위험, 신용스프레드 확대위험이 있다.

9-2-1 부도위험(default risk)

부도위험이란 채권의 발행자가 정해진 일자에 원리금을 상환하지 않을 위험이다. 신용채권에서 가장 중요한 위험으로 부도발생 시 신용채권의 가치가 많이 훼손된다. 그러나, 신용등급하락이나 신용스프레드확대보다 발생빈도가 낮다.

부도위험에는 투자하고 있는 해당 회사채의 원리금을 제때에 지급하지 않는 경우 외에, 발행자가 다른 채무를 이행하지 않는 경우도 포함된다. 이를 Cross Default라고 한다.

Cross Default의 예를 들면, 리만브라더스가 발행한 채권이 1, 2회가 있는데, 1회의 이자는 정상적으로 지급했으나, 2회의 이자를 미지급한다면 1, 2회 모두 부도가 된다.

CDS(credit default swap)를 기초자산으로 만든 구조화증권의 경우, 원리금지급 실패 뿐만 아니라 채무재조정(만기연장, 이자감면, 출자전환), 준수사항(Covenant) 미준수 등도 부도사건(신용사건, Event of Default, EOD)에 포함되는 것이 일반적이다. 부도의 범위가 넓기 때문에 주의해야 한다.

9-2-2 신용등급 하락위험(down-grade risk)

신용채권은 신용평가등급으로 안전성을 나타내고 있는데, 신용평가등급이 하락하면 해당채권의 채권수익률(할인율)이 상승하게 된다. 할인율이 높아지면 채권가격이 하락하기 때문에 신용등급하락은 신용채권의 중요한 위험이다.

일반적으로 신용등급은 회수율(recovery)을 나타낸다고 생각하기 쉽다. 신용평가회사에 전화해서 신용등급의 정당성에 대해 문의하면 '신용등급은 recovery를 나타내는 것이 아닙니다'라는 답변을 받는 경우가 있다. '신용평가는 기업실체에 대한 Fundamental분석과 이에 기반한 미래현금흐름 예측으로 원리금 상환능력(cashflow의 適時性)을 판단하는 것'이라는 것이 신용평가회사의 설명이다.

직접적으로 신용등급이 떨어지는 것 외에 등급전망(Rating Outlook)의 변화와 등급감시(Credit Watch) List에 포함될 경우에도 채권가격에 영향을 준다.

Outlook은 긍정적(Positive), 안정적(Stable), 부정적(Negative)으로 구분되며, 안정적에서 긍정적으로 변한다면 채권가격이 상승할 것이고, 반대로 부정적으로 변한다면 채권가격이 하락할 것이다.

Watch list는 상향, 하향, 미확정검토(evolving)의 세가지로 구분되며, Evolving은 향후의 진행상황을 지켜볼 필요성이 있을 경우이다. Outlook이 6개월에서 2년간의 전망인데 반해서 Watch list는 3개월 이내의 단기적 관점의 등급방향에 대한 시그널(signal)이다.

9-2-3 신용스프레드 확대위험(credit spread widening risk)

동일만기의 신용채권과 국채와의 금리차이를 신용스프레드라고 한다. 신용스프레드가 좁으면 국채대비 신용채권의 가치가 높게 평가되고 있고, 반대의 경우에는 신용채권의 가치가 낮게 평가되고 있다.

발행자의 신용상태가 높아지면 신용스프레드가 축소될 것이고, 반대의 경우에는 신용스프레드가 확대된다. 신용스프레드는 신용채권 고유의 요인(신용위험) 외에 자본시장의 유동성(liquidity)에서도 영향을 받는다.

신용스프레드는 항상 변화하기 때문에 수시로 관찰해야 하는 위험이지만 신용등급하락이나 부도발생처럼 일시에 채권가격에 큰 충격을 주지는 않는다.

그러나, 신용경색(Credit Crunch)이 오면 신용스프레드는 크게 확대되고, 신용등급이 낮은 채권은 매수호가를 찾기 어려울 경우도 있다. 신용스프레드는 발행자 고유의 상황과 시장유동성의 복합적 요인에 의해서 움직이기 때문이다.

신용채권에 투자하는 기관들은 Yield Tilt전략을 통해서 신용채권의 신용스프레드 확대위험을 관리하기도 한다. 신용등급이 낮은 채권은 만기보유전략, 신용등급이 높은 채권은 기간 미스매치 전략을 구사하는 것을 Yield Tilt전략이라고 한다.

예를 들어, 채권포트폴리오에 국채와 BBB등급 회사채를 각각 50%씩 투자하고, 투자기간은 1년, 포트폴리오 듀레이션은 2를 유지하려고 한다고 가정하자. 이 경우에 BBB등급 회사채는 잔존만기 1년 채권으로, 국채는 잔존만기 3년으로 포트폴리오를 구성하는 것이다.

BBB등급 회사채의 만기를 투자기간과 일치시켜서 유동성 위험을 제거하고, 국채의 만기를 길게 하여 전체 포트폴리오 듀레이션을 2로 유지할 수 있다. BBB등급 회사채는 만기에 현금으로 상환 받기 때문에, 발행자가 부도만 나지 않으면 유동성 위험으로부터 안전하게 된다.

9-3 신용위험 분석방법

신용위험 분석은 크게 신용평가등급을 활용하는 것과 신용위험모형(Credit Risk Model)을 사용하는 방법으로 나눌 수 있다.

9-3-1 신용평가등급

신용평가등급은 AAA, AA, A, BBB, BB, B, C, D로 구분되고 등급별로 ±를 추가해서 세분류하고 있다. AAA등급이 제일 안전하고, BBB-등급까지 투자적격등급, BB+ 등급 이하는 투자부적격등급(투기등급)으로 분류한다. D는 Default등급이다. 채권의 신용평가등급에 대해서는 후술하기로 한다.

9-3-2 신용위험모형

신용위험모형(Credit Risk Model)은 크게 구조모형(Structural Models)과 축약모형(Reduced-Form Models)로 나눌 수 있다. 필자는 구조모형을 적극 지지하고 있다.

구조모형(Structural Models)

(자본)구조모형은 자본구조를 활용하여 신용위험을 측정하는 것으로써 옵션모형(Option Model)이라고도 한다.

구조모형은 채권자를 콜옵션매도자(short call), 주주를 콜옵션매수자(long call),, 콜옵션대상을 회사의 자산, 콜옵션의 행가가액을 부채로 규정하고, 회사의 자산가치(S)가 행사가액인 부채(X)보다 클 경우 주주가 회사에 대한 콜옵션을 행사해서 채무를 상환하고 잔여자산을 가진다고 설명한다. 이 경우에는 부도나지 않는다.

참고로, 주식콜옵션에서 주가(Stock Price, S)가 행사가격(Exercise Price, X)보다 크면 콜옵션의 본질가치는 0보다 크다. 이 경우에는 콜옵션이 행사된다.

주식회사는 유한회사(有限會社, Limited)이므로 주주는 보유지분을 포기하면 추가적인 의무를 부담하지 않는다. 회사의 자산가치(S)가 부채(X)보다 적을 경우에는 주주가 주주권(경영권 등)을 포기하고(부도나고), 자산은 모두 채권자에게 귀속된다. 구조모형은 주식회사 제도를 이용해서 신용위험을 측정하는 모형이다.

구조모형에서의 신용위험은 부채비율과 발행회사의 자산가치 변동성이 주요변수이다. 회사의 Fundamental(재무구조 등)이 주요 변수이므로 기업가치모형(Firm Value Model)이라고도 한다.

신용위험 = F(부채비율, 발행회사 자산가치의 변동성, etc.)

채권가치 = 액면금액 − Max{액면금액 − 자산가치, 0}
(자산가치가 채권의 액면금액 이상이면 채권은 온전한 가치가 있다는 것이다.)

이를 달리 표현하면, $B(T) = A(T) - Max(A(T) - K, 0)$이다. 여기서 $B(T)$는 T시점의 채권의 가치, $A(T)$는 T시점의 자산가치, K는 부채의 원리금이다.

예를 들어, T시점에 자산가치가 부채의 원리금보다 클 경우, $Max(A(T) - K, 0)$는 $A(T)-K$이다. 그러면 T시점 채권의 가치는 K가 되어 원리금을 확보할 수 있다. 여기서 $Max(A(T) - K, 0)$가 옵션이기 때문에 구조모형을 옵션모형이라고 하는 것이다.

구조모형의 핵심포인트는 해당기업의 **자산가치를 정확하게 추정**하는 것이다. 추정된 자산의 가치가 부채총액보다 크다면 부도위험이 낮고, 반대의 경우에는 부도위험이 크다고 판단한다. 여기서, 추정된 자산의 가치는 공시된 재무상태표 상의 장부가치가 아닌 실제 현금화 가능한 가치이다.

실무에서는 Moody's의 KMV사 모형에 근거한 **EDF**(expected default frequency)가 사용하고 있다. EDF는 발행회사의 주가가 신용위험을 측정하는 주요 변수이다. 자산가치 측정이 어려워서 주가를 이용한 시가총액을 자산가치 대용으로 사용한다.

EDF의 신용위험 = F(주가, 재무상태표)

축약모형(Reduced-Form Models)

축약모형에서는 부도확률과 부도시의 회수율을 외생변수(독립변수)라고 본다. 부도의 원인은 무시하고 부도사실 자체로만 채권가치를 분석한다. 또한 동일회사의 장, 단기

채권의 부도는 상관성이 없다는 가정을 하고 있다.

축약모형의 주요변수는 부도시점, 부도시의 회수과정, 무위험이자율이다. 부도발생은 그 사실 자체로만 받아들인다. 부도시의 회수과정이 일사분란하게 이루어지면 채권 가치는 높게 평가된다. 그러나 부도에 따른 회수과정이 간단하게 측정될 문제가 아니기 때문에 실무에 적용하는데 어려움이 있다. 축약모형은 신용평가등급 변동(rating transition matrix), 채권관련파생상품 매매 시 활용되고 있다.

9-4 채권의 신용평가등급

9-4-1 신용평가등급의 정의

신용평가등급은 신용평가회사가 신용채권의 안전성(원리금 상환 가능성)을 평가한 결과물이다. 우리나라의 신용평가회사는 한국신용평가(KIS), 한국기업평가(KR), NICE 신용평가의 주요 3개사가 있다. 한신평의 신용평가에 대한 정의는 다음과 같다. "신용평가는 기업실체에 대한 Fundamental분석과 이에 기반한 미래 현금흐름 예측으로 원리금 상환능력을 판단하는 것이다."

주의할 점은 신용등급(Credit Rating)이 회수율을 나타내는 것이 아니라는 점이다. S&P의 경우 B+등급 이하 회사채(미국)의 회수율을 나타내는 Recovery Rating(회수율등급)을 별도로 제공하고 있다.

신용평가회사는 신용평가등급을 산정할 때, 발행자의 현금흐름분석을 통한 상환능력을 가장 중요시한다. 신용평가의 관점에서는 발행자의 현금흐름이 가장 중요하다는 것이다.

신용평가등급은 이들 신용평가회사의 홈페이지에서 무료로 조회할 수 있다. 신용채권에 투자하는 경우에는 신용평가등급을 최우선적으로 고려해야 한다. 신용채권 거래가 신용평가등급을 중심으로 이루어지기 때문이다.

장, 단기 신용평가등급

장기등급(3년)을 높은 등급 순으로 나열하면 다음과 같다.

AAA

AA+, AA, AA-

A+, A, A-

BBB+, BBB, BBB-

BB+, BB, BB-(투기등급)

CCC, CC, C (워크아웃 등급)

D (부도등급)

우리나라의 신용등급표기법은 S&P와 Fitch의 표기법과 유사하다. Moody's의 경우에, AAA → Aaa, AA → Aa, AA- → Aa3, BBB → Baa, BB+ → Ba1으로 표기한다.

단기등급(1년)을 높은 등급 순으로 나열하면 다음과 같다.

A1,

A2+, A2, A2-

A3+, A3, A3-

B+, B, B-- (투기등급)

우리나라의 경우, 증권회사에서 CP(융통어음)를 중개하려면 신용등급이 최소한 B-이상이어야 한다.

등급별 정의

등급	정의
AAA	원리금 지급능력이 최상급임
AA	원리금 지급능력이 매우 우수하지만 AAA의 채권보다는 다소 열위임
A	원리금 지급능력은 우수하지만 상위등급보다 경제여건 및 환경악화에 따른 영향을 받기 쉬운 면이 있음
BBB	원리금 지급능력은 양호하지만 상위등급에 비해서 경제여건 및 환경악화에 따라 장래 원리금의 지급능력이 저하될 가능성을 내포하고 있음
BB	원리금 지급능력이 당장은 문제가 되지 않으나 장래 안전에 대해서는 단언할 수 없는 투기적인 요소를 내포하고 있음
B	원리금 지급능력이 결핍되어 투기적이며 불황시에 이자지급이 확실치 않음

CCC	원리금 지급에 관하여 현재에도 불안요소가 있으며 채무불이행의 위험이 커 매우 투기적임	
CC	상위등급에 비하여 불안요소가 더욱 큼	
C	채무불이행의 위험성이 높고 원리금 상환능력이 없음	
D	채무불능 상태임	

(출처: 한국신용평가)

등급전망(Rating Outlook)

신용평가회사는 해당채권의 신용등급 바로 뒤에 장기적인 등급조정 전망을 표시하고 있는데, 이것을 Outlook이라고 한다. S&P의 경우는 6개월에서 2년의 기간 동안의 전망이고, 한신평의 경우 6개월에서 1년 6개월의 전망을 나타내고 있다.

등급전망별 정의는 다음과 같다.

- 안정적(Stable): 등급 유지 전망
- 긍정적(Positive): 등급 상향조정 전망
- 부정적(Negative): 등급 하향조정 전망

등급감시(Credit Watch)

신용평가회사는 단기에 신용등급을 조정할 가능성이 있는 채권을 Watch list로 관리한다. 등급을 상향조정할 가능성이 높을 때는 Upgrade watch, 하향조정 가능성이 높을 때는 Downgrade watch로 표시한다. 향후 단기간의 진행과정을 지켜보고 결정할 경우에는 Evolving watch로 표시한다.

- 상향검토(Upgrade Watch): 등급 상향조정 가능 ⬆
- 하향검토(Downgrade Watch): 등급 하향조정 가능 ⬇
- 미확정검토(Evolving Watch): 상, 하향 모두 가능 ⬍

등급변동기준(Key Monitoring Indicator)

우리나라의 신용평가회사는 신용평가등급을 평정할 때 Full Report와 Rating Summary의 2가지 종류의 Report를 작성한다. 이 중에서 Rating Summary는 홈페이지에서 무료로 열람할 수 있다. Full Report는 유료로 제공된다.

Rating Summary에는 **등급, 등급전망, 등급검토** 외에 **등급변동기준**이 제시된다. 신용평가회사는 향후에 어떤 조건이면 해당채권의 등급이 상향, 또는 하향조정 되는지 정량적인 기준, 정성적인 기준을 제시하고, 정량적인 기준의 경우에는 과거 3년간 Data를 제공하고 있다.

2000년 초부터 시행한 경영공시(영업실적 등 공시) 및 공정공시(특정 투자자에게 차별적으로 정보제공 금지) 제도에 따라 공모채권을 발행한 기업은 매3개월마다 금감원 전자공시에 재무제표를 공시해야 한다. 공시된 자료를 활용해서 신용평가회사가 제시한 등급변동기준을 계산해본다면 신용평가등급이 발표되기 전에 등급변동 방향을 예상할 수 있다.

신용등급의 종류

신용등급은 본평가, 정기평가, 수시평가가 있다. 본평가는 채권을 발행할 때 하는 것이고, 정기평가는 결산재무제표, 수시평가는 반기재무제표를 바탕으로 평가한다.

우리나라의 제조업체는 대부분 12월 결산법인이다. 경영공시제도에 따라 결산일로부터 90일 이내인 **3.30일**까지 감사보고서를 공시해야 하고, 분기별 재무제표는 기준일로부터 45일 이내인 **5.15일, 8.14일, 11.14일**까지 공시해야 한다.

본평가 일정은 회사의 자금계획에 따라 다르지만, 정기평가는 감사보고서가 공시된 이후인 5월~6월 사이에 발표되고, 수시평가는 11월~12월 사이에 발표되는 것이 일반적이다. 채권투자 시 신용평가등급이 발표되는 일정도 참고할 만하다.

신용평가등급은 기관투자자들의 투자가능종목을 결정할 때 가장 중요한 기준이 되고, 채권매매 시 채권금리에 큰 영향을 미치기 때문에 철저하게 분석하고 이해할 필요가 있다.

신용평가등급의 후행성

회사채 발행기업의 Fundamental(기업가치)은 시시각각으로 변하고, 투자자들은 매 3개월마다 발표되는 재무제표를 통해서 그 변화를 확인할 수 있다. 회사의 재무상태 변동이 신용평가등급에 반영되는 데는 상당한 시차가 존재한다. 이 때문에 신용평가

채권기초

등급에 전적으로 의존해서는 곤란한 경우가 있다.

하이트진로홀딩스의 회사채 등급을 예로 들어보자.
한국기업평가는 2019.6.13일 하이트진로홀딩스의 회사채 등급을 A-(안정적)에서 A-(부정적)으로 변경하였다.

2019.5.15일 2019년 1분기 실적(별도기준)으로 매출액 378,773백만원, 영업손익 -5,509백만원, 당기손익 -13,682백만원을 공시했다. 2019년 1분기에는 전년동기 대비 매출액은 변동이 없었지만, 영업손익과 당기손익 모두 적자로 전환되어 향후 전망이 좋지 않았다. 이 때문에 한국기업평가의 등급전망 하향조정은 타당해 보였다.

2019.7.4일 일본에서 대한국(對韓國) 수출규제를 발표하면서 상황이 급변했다. 일본상품 불매운동이 일어나면서 아사히맥주 판매가 급감하고 진로에서 생산하는 맥주(테라)의 판매는 급증했다. 2019.9월에는 자회사 하이트진로의 매출이 급증하고 있다는 기사가 여러 번 나왔다.

2019.8.14일 발표된 2분기(2019.4.1~2019.6.30) 실적은 여전히 부진했다. 영업손익은 7,995백만원으로 전분기 대비 흑자로 전환했지만, 당기손익은 -31,417백만원으로 적자폭이 더 커졌다.

2019.7월 이후 회사매출이 크게 성장하고 있었지만 발표된 실적(2분기)에는 반영되지 않았다. 이 때는 많은 투자자들이 3분기 실적을 궁금해 했을 것이다.

2019.11.14일 3분기 실적이 발표되었는데, 매출액 476,018백만원, 영업손익 +46,419백만원, 당기손익 +23,362백만원으로 Earning Surprise이었다. 일부 투자자들은 3분기 실적을 보고 향후 하이트진로홀딩스의 신용이 개선된다고 판단했을 것 같다.

좀 더 보수적인 투자자는 2020.3.12일 발표된 결산실적(4분기)까지 기다릴 것이다.

2019년 4분기에도 매출액 503,946백만원, 영업손익 +31,389백만원, 당기손익 -18,953백만원을 기록했다. 분기매출액이 5,000억원을 넘어서고, 영업이익도 2분기 연속 전년 대비 큰 폭으로 개선되었다. 이 시점에는 상당수의 투자자들이 하이트진로홀딩스의 신용상태가 개선되었다고 판단했을 것 같다.

2020.5.15일 2020년 1분기 실적이 발표되었는데, 매출액 487,224백만원, 영업손익 +51,076백만원, 당기손익 +28,754백만원이었다.

2020.5.29일 한국기업평가에서 하이트진로홀딩스의 등급전망을 A-(부정적)에서 A-(안정적)으로 변경 발표했다.

하이트진로홀딩스 영업실적(백만원, 별도기준)

구 분	Q1 2019	Q2 2019	Q3 2019	Q4 2019	Q1 2020
공시일	2019.5.15	2019.8.14	2019.11.14	2020.3.12	2020.5.15
매출액	378,773	471,409	476,018	503,946	487,224
영업손익	-5,509	7,995	46,419	31,389	51,076
당기손익	-13,682	-31,417	23,362	-18,953	28,754

(source: 금감원 전자공시)

동 사례는 신용평가등급을 Monitoring하는 것 외에 기업의 재무정보를 Follow-up 하는 것이 얼마나 중요한지를 보여준다.

담보회사채의 신용평가등급

담보회사채의 신용평가등급은 해당기업의 무담보회사채 신용평가등급보다 1notch 높은 것이 일반적이다. S&P, Moody's등 Global신용평가회사의 평가방법을 우리나라에서도 똑같이 적용한다는 것이 국내 신용평가회사의 설명이다.

우리나라에서는 발행기업이 부도나서 회생절차(rehabilitation process)에 들어갈 경우에 담보권자에게 담보자산에 대한 절대우선권(absolute priority)이 있다. 반면, 미국의 회생절차(reorganization process)에서는 절대우선권이 인정되지 않는다.

담보자산에 대한 절대우선권이 인정되지 않는 미국의 경우에는 담보채권의 신용등급을 무담보채권보다 1notch높게 평정하는 것이 합리적이라고 할 수 있다. 그러나, 절대우선권이 인정되는 우리나라의 경우에 담보채권과 무담보채권이 1notch 차이가 난다면 담보채권이 상대적으로 유리하다. 따라서, 담보가치가 높은 자산을 담보로 확보하고 있는 담보채권은 신용평가등급보다 훨씬 가치가 있다.

2016.3월 워크아웃에 들어간 디비메탈의 무보증회사채 등급은 CCC(워크아웃등급)이

었고, 동해공장을 담보(2순위)로 발행된 15회 회사채(담보부사채, 320억원)의 등급은 B-이었다.

담보자산관련 채권금액으로 1순위는 726억원, 2순위는 320억원인 반면, 담보자산의 가치는 1,289억원으로 안전한 채권인데 신용평가등급은 B-(CCC등급보다 1notch 높은 등급)가 부여되었다. 이후 워크아웃이 진행되면서 무담보 회사채는 만기가 최장 10년 연장되는 등 혹독한 채무재조정을 했으나, 15회(담보회사채)는 최초 만기일에 안전하게 상환 받았다.

결론적으로, 우리나라 회사채에 투자할 때 담보(가치있는)를 확보하는 것은 매우 중요하다.

9-4-2 신용위험 분석요소

발행회사의 신용위험분석 요인은 크게 상환의지(willingness to pay)와 상환능력(ability to pay)로 나눌 수 있다.

한신평은 경영관리능력, 사업의 안정성, 시장지위 및 경쟁력, 수익성, 재무안정성 등을 제조업체 신용평가등급의 주요변수로 제시하고 있다.

경영관리능력 평가의 주안점
- 경영자의 자질, 부채상환 의지(willingness to pay)
- 경영자의 과거 성과
- 경영자의 위기대처 능력
- 경영전략, 회계처리방침, 후계자승계 등

사업의 안정성 평가의 주안점
- 시장의 안정성
- 제품수요의 안정성
- 회사의 업력
- 사업포트폴리오

시장지위 및 경쟁력 평가의 주안점
- 시장점유율
- 전후방 산업과의 관계
- 매출액

수익성 평가의 주안점
- 수익의 안정성
- EBITDA / 매출액
- EBITDA / 평균영업자산
- EBITDA규모
  * EBITDA(Earnings Before Interest, Tax, Depreciation and Amortization)

재무안정성 평가의 주안점
- 이자보상배율: (EBIT 또는 EBITDA) / 연간이자비용
- 영업활동현금흐름 / 총부채
- 부채비율
- 수정차입금 의존도

미국의 경우에는 4C를 중심으로 신용위험을 분석하고 있다.
- Character: 대주주 또는 경영진의 특성(어떤 사람인지?)
- Covenant: 사채발행 시 맺은 조건의 준수여부(예 부채비율 등)
- Collateral: 담보자산의 질(Quality)
- Capacity: 부채를 상환할 재무적 능력

9-5 청구권(Claim Rights)

회사채는 상법상의 주식회사가 발행한다. 회사채 투자자는 주주의 배당에 우선하여 이자를 지급받고, 발행회사의 부도발생으로 파산할 경우에는 주주에 우선하여 해당

회사 자산에 대한 청구권을 가지고 있다.

채권을 발행한 회사가 어려움에 처할 경우 곧바로 부도나서 파산에 들어가는 것은 아니다. 발행회사가 정상적인 방법으로는 채무상환이 어려울 경우에는 『기업구조조정촉진법』에 따른 채권자 관리절차(일명 워크아웃)가 가능하다. 『기업구조조정촉진법』은 5년 한시법(限時法)으로 2018.9.20일부터 시행되었다.

워크아웃에 해당되지 못하는 회사는 『채무자회생 및 파산에 관한 법률』에 의거 회생절차에 들어갈 수도 있기 때문에 실제로 발행기업이 파산하는 경우는 드물다.

2006년 발효된 『채무자회생 및 파산에 관한 법률』은 일명 통합도산법으로 기존의 『회사정리법』, 『화의법』, 『파산법』, 『개인채무자회생법』을 합쳐서 만든 법이다.

『기업구조조정촉진법』을 적용한 워크아웃의 경우 상거래채권은 전액 변제되고, 모든 금융채권은 협약채권(워크아웃 대상 채권)으로 분류된다. 해당 기업이 발행한 회사채와 기업어음(융통어음)을 소지한 개인투자자도 협약채권자로 분류되나, 실무적으로 개인들을 워크아웃 협약채권자에 포함시키는 것은 어렵다. 이 때문에 『기업구조조정촉진법』에서도 일정금액 이하의 채권자는 협약채권에서 배제할 수 있도록 하고 있다.

해당기업의 부도 후에 진행되는 기업회생절차(법원관리)에서는 상거래채권(진성어음)이 회생채권(담보 없는)으로 분류된다. 이 경우 진성어음이 모두 부도처리되어 납품업체가 연쇄부도 나기 쉽다. 그래서, 대형 제조업체는 대부분 부도 대신 워크아웃으로 회생시킨다.

기업회생절차는 부도를 전제로 하고 있어서, 회생절차에 들어가면 기업의 가치가 크게 훼손된다. 이런 단점을 보완하기 위해서 회생제도 하의 ARS(autonomous restructuring support) Program을 도입했다.

회생절차를 신청한 기업이 ARS Program을 요청하면, 법원은 회생절차개시 결정을 1개월간 보류하고 채권자와 자율적인 구조조정에 합의할 시간을 준다. 시간이 더 필요할 경우 추가로 2개월 연장이 가능하기 때문에 총 3개월간은 정상적인 영업(상거래채권 상환)을 하면서 채권자와 구조조정에 대해 협의할 수 있다.

채권자와 합의할 경우에는 회생절차개시신청이 취하되고, 합의가 되지 않을 경우에는 회생절차를 개시한다.

우리나라의 경우, 워크아웃과 회생절차에서 담보채권자의 권리가 100% 인정된다. 이 때문에 절대우선원칙(Absolute Priority Rule)에 의거해서 채권가치를 평가해야 한다. 이 점은 채권투자에서 매우 중요하다.

9-5-1 청구권 계산

파산을 가정하고 배당률을 추정하는 것은 회사채의 최소가치를 계산해보는 작업이다. 회사채의 청구권분석은 상법의 선순위우선원칙(Absolute Priority Rule)을 적용한다.

Absolute Priority Rule이란 발행기업의 파산(청산) 시에, 담보권자 > 무담보권자 > 주주 순으로 자산을 배분하는 원칙을 말한다. 회사의 청산시에 담보권자는 담보자산에 대한 완전한 권리가 인정된다. 담보자산에서 회수한 현금은 담보채권자에게 우선 배분하고, 남는 금액이 있을 경우에 무담보채권자에게 배분한다.

담보자산에서 회수된 금액이 담보채권자의 채권금액에 미달하는 경우에, 미달금액은 무담보 선순위채권이 된다. 회사의 채무는 후순위라고 명시되어 있지 않으면 모두 선순위이고, 회사채와 기업어음은 동일한 청구권을 가진 선순위채권이다.

선순위채를 모두 상환하고 남은 자산은 후순위채권자에게 배분된다. 여기서 주의할 점은, 선순위채권자가 일부라도 받지 못한 상태에서 후순위채권자에게 1원도 배분하지 못한다는 것이다.

후순위채를 전부상환하고 남은 자산은 주주의 몫이다. 잔여 자산을 주식수로 나누면 1주당 배분금액이 계산된다.

> **예제** Lehman이라는 회사는 총자산 1,000억원, 은행차입금 300억원, 회사채 200억원, 자기자본 500억원으로 구성되어 있다. 부도 발생시의 회수율이 40%라고 할 때 이해관계인별로 회수율과 회수금액을 계산해보자(단, 은행차입금은 130% 근저당이 설정되어 있으며, 모든 자산의 회수율이 40%라고 가정).

Lehman(가상)의 요약재무상태표

(백만원)

자산	
계정과목	금액
유동자산	50,000
비유동자산	50,000
소 계	100,000

부채 및 자본	
계정과목	금액
담보차입금	30,000
무보증회사채	20,000
자기자본	50,000
소 계	100,000

- 자산은 편의상 유동자산과 비유동자산에 500억원씩 배분
- 담보차입금 300억원에 대해서 390억원(130%) 근저당설정

이해관계인별 회수금액(회수율)

회사 전체의 회수율이 40%이므로, 자산 1,000억원에서 400억원을 회수할 수 있다. 은행의 담보차입금에 설정된 근저당금액은 390억원이기 때문에, 여기서도 40%가 회수되면 156억원이다.

담보자산에서 회수된 금액은 담보권자에게 우선 배분한다. 따라서 은행은 300억원의 대출금 중에서 담보자산으로부터 156억원을 우선 지급받는다. 은행의 잔여채권 144억원은 무담보 선순위채권이 된다. 다음 배분대상인 무담보 선순위채권금액은 회사채 200억원과 은행의 담보권에서 이전된 144억원을 합쳐서 344억원이 된다.

한편, 회사 전체적으로 총 400억원을 회수하여 156억원을 담보권자에게 우선 배분하고 남은 금액은 244억원이다. 배분할 자금은 244억원이고, 선순위채권금액은 344억원이므로 선순위채권자의 회수율은 71%가 된다($= \frac{244억원}{344억원}$).

은행의 선순위채권금액 144억원에 대해서 102억원(71%), 회사채 투자자의 200억원에 대해서 142억원(71%)을 배분하고, 잔여금액이 없기 때문에 주주에게는 배당금액이 없다. 선순위채권자도 100% 회수하지 못했기 때문에 후순위인 주주는 회수할 금액이 없는 것이 당연하다.

이해관계인별 회수금액과 회수율 요약

담보대출자		회사채투자자		주주	
회수금액	회수율	회수금액	회수율	회수금액	회수율
258억원	86%	142억원	71%	0	0%

- 86% = 258억원 / 300억원
- 71% = 142억원 / 200억원

9-5-2 후순위채의 청구권

후순위채는 선순위 다음의 청구권을 가지고 있다. 후순위채 투자자는 선순위채를 모두 상환하고 남은 자산에 대해서만 청구권을 갖는다. 선순위채 투자자들이 손실을 입을 정도의 회사가 파산한다면, 후순위투자자는 투자금액 전부 손실을 보게 된다.

후순위채권자의 불리한 청구권에도 불구하고 후순위채권의 신용등급은 선순위채권보다 1 notch 낮게 부여된다. 예를 들어, 선순위채의 신용등급이 BB+라면 같은 회사의 후순위채 신용등급은 BB이다.

선순위채 신용등급이 BB+이므로 투기등급이다. 발행회사가 파산할 경우에는 선순위채에서 손실이 발생할 가능성이 높다. 이 경우에 후순위채 투자자의 회수율은 0이 된다. 그럼에도 불구하고 후순위채 신용등급이 BB라는 것은 비현실적이라고 할 수 있다. 신용평가회사의 입장은 "신용등급이 회수율을 나타내는 것이 아니라는 것"이다.

전세계적인 신용평가회사의 관행이기 때문에 우리나라에서만 후순위채 신용등급을 조정한다는 것이 불가능하다면, 투자자들이 후순위의 위험성을 정확하게 인지하는 것이 필요하다.

후순위채는 주로 은행 등 금융기관에서 발행하고 있는데, BIS(Bank for International Settlement)의 자기자본비율을 계산할 때 보완자본(Tier II 자본)으로 인정되기 때문이다.

2003년부터는 채권형신종자본증권(후후순위채)이 발행되고 있는데, 이는 후순위채보다 더 후순위의 성격을 가지고 있으며, BIS 자기자본비율 계산 시에 자기자본(Tier I

자본)으로 인정되었다.

2013년부터는 후후후순위채인 CoCo Bond(Contingency Convertible Bond)가 발행되고 있다. CoCo Bond는 발행금융기관이 부실금융기관으로 지정될 경우 보통주로 전환(convert)하거나 상각(償却)되는 조건으로 발행되는데, 우리나라에서 발행되는 CoCo Bond는 모두 상각조건부로 발행되고 있다. 상각조건부란 발행자가 부실금융기관으로 지정될 경우 채권자체가 소멸한다는 의미이다.

9-5-3 PF ABCP의 청구권

우리나라는 2007년부터 부동산 PF 대출에서 부실이 발생하기 시작하여 2012년까지 이어졌다. PF대출을 기초자산으로 만든 PF ABS(ABCP)의 경우, 보증을 제공한 시공사(건설회사)의 부도 등으로 일부 손실이 발생하기도 하였다. 이 때문에 채권투자자들의 PF ABCP 기피현상이 심화되었고, 담보가 충분한 PF ABCP조차 제대로 거래되지 않는 일까지 발생했다.

PF ABCP는 SPC가 발행하고 (일반적으로) 시공사가 보증을 제공하는 채무증서이다. PF ABCP의 직접적인 채무자는 SPC이고, 담보자산은 SPC가 소유하고 있는 자산이다. SPC가 부채(PF ABCP)를 상환할 수 있다면, 보증을 제공한 시공사의 부도 등에도 안전하게 원리금을 상환 받을 수 있다.

SPC의 자산으로 PF ABCP를 전부 상환하지 못할 경우에, 잔여 미상환금액은 보증을 제공한 시공사에 대한 보증채무이행청구권이 된다. 즉, 보증인에 대한 청구권이 발생한다는 것이다.

예제 여주 세라지오 골프장(준공, 37%분양완료)의 골프회원권 582구좌(분양금액 1,233.5억원)를 담보로 제공하고, ㈜한라가 채무인수를 약정한 700억원의 PF ABCP의 청구권을 분석해보자.

(추가정보)
- 일반회원의 분양가는 1구좌당 약5.7억원(37%분양완료)
- 주중회원의 분양가는 1구좌당 약5,000만원(분양예정)

SPC의 요약 재무상태

자산	금액
미분양 골프회원권	1,233.5억원

부채	금액
PF ABCP	700억원

* SPC에 대해 ㈜한라가 채무인수 약정 제공

- SPC가 지급불능상태이면, PF ABCP 투자자는 미분양 골프회원권의 소유권을 확보하고,
- 분양가의 약57%에 골프회원권을 매각하면 원리금전액 회수할 수 있다(57%= $\frac{700억원}{1,233.5억원}$, 선취이자이기 때문에 700억원이 원리금이다).
- 미분양 골프회원권을 매각한 금액이 700억원에 미달하는 600억원이라면, ㈜한라에 100억원의 지급을 청구할 수 있다. ㈜한라에 대한 100억원의 보증채무이행청구권이 발생한다.
    * 보증채무이행청구권: 보증채무를 갚으라고 청구할 수 있는 권리. ㈜한라의 선순위채권자와 순위가 동일하다.
- 골프회원권은 일종의 유가증권이기 때문에 유동성이 풍부한 점을 감안한다면 PF ABCP 투자자에게는 안전성이 높은 투자수단이다.

9-5-4 모회사-자회사 관계

자회사 지분 100%를 보유하고 있는 모회사는, 자회사보다 신용등급이 1 notch 낮은 것이 일반적이다. 자회사 주식(후순위)이 모회사의 재무상태표상의 자산으로 있기 때문이다.

모회사(Holding Company)	
자회사 주식(후순위)	모회사 회사채(B)

자회사(Subsidiary)	
현금 등 자산	자회사 회사채(선순위)(A)
	자회사 주식(후순위)

- 자회사 회사채(A)는 현금 등 실체가 있는 자산에 대한 우선권이 있는 반면, 모회사 회사채(B)는 자회사 회사채보다 후순위인 자회사 주식에 대한 권리가 있다.

경영난을 가정한 시나리오별로 모회사와 자회사 관계를 분석해보면 자회사 회사채가 모회사 회사채보다 유리함을 알 수 있다.

자회사는 정상인데 모회사가 유동성위험을 겪을 경우

모회사가 유동성위기를 겪을 경우에는 자산인 자회사를 매각해서 어려움을 해결하려고 할 것이다. 자회사는 다른 주주에게 매각되기 때문에 자회사 채권자에게 피해는 없을 것이다.

모회사는 정상인데 자회사가 유동성위험을 겪을 경우

이 경우에는 모회사가 자금을 지원하여 자회사의 유동성위기를 해결할 것이다. 모회사 입장에서 자회사는 바로 자기자신의 자산이다. 자회사가 부도나면 그 손실은 모회사가 입기 때문에 자회사는 유동성위기에서 벗어난다. 모회사는 자회사의 주식(후순위)을 보유하고 있기 때문에 자회사가 부도나면 자회사의 채권자보다 먼저 손실을 보게 된다. 결국 자회사의 채권과 자회사의 주식 중에서 어느 것이 안전한가의 문제이다.

결론적으로, 자회사는 스스로의 장부를 가지고 있으면서 모회사라는 든든한 버팀목이 있기 때문에 모회사보다 신용평가등급이 높다. 영어로는 "Subsidiary is stronger than parent."라고 표현한다.

9-6 신용위험 회피방법

신용위험을 회피하기 위해서는

- 신용채권을 매도하거나
- CDS(Credit Default Swap)거래에서 프리미엄을 지불하고 부도 시에 원금을 보장받는 방법이 있다.

9-6-1 CDS(Credit Default Swap)

CDS는 준거채권(reference obligation)에 부도사건이 발생하면 보장매도자가 보장매입자에게 약정된 원금을 보장해주는 장외파생계약이다. 보유채권을 매도하지 않고 CDS계약으로 부도위험을 회피할 경우, CDS상대방이 계약을 이행하지 않을 위험이 존재한다. 이를 거래상대방위험(counter-party risk)이라고 한다.

CDS 구조

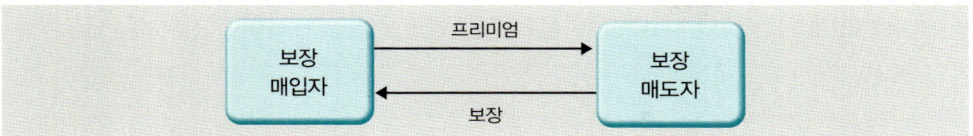

CDS의 보장매도자가 부도위험을 회피하기 위해서는
- CDS계약을 제3자에게 매각하거나
- CLN(또는 DLS, ABCP) 등을 발행해서 매각하면 된다.

CDS의 보장매도자가 신용위험을 회피하는 구조

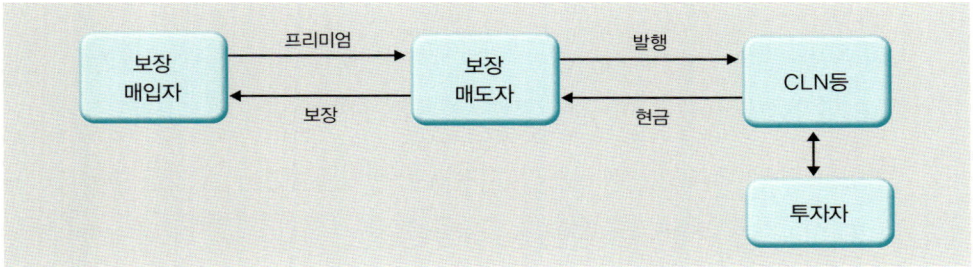

- 보장매도자는 CDS(보장매도)계약을 담보로 CLN(Credit Linked Note), DLS(Derivative Linked Securities) 또는 SPC 설립 후 ABCP를 발행하여 신용위험을 제3자에게 전가할 수 있다.
- CLN 등은 CDS를 근거로 발행하기 때문에 투자자 입장에서는 해당 회사채에 투자한 것과 경제적 실질이 같다. CLN은 해당회사채의 부도위험 외에 CLN 발행자의 부도위험에도 노출된다는 점을 유의해야 한다.

9-6-2 신용파생계약(상품)의 정산방법

신용파생계약(CDS 등)에서 부도사건이 발생하면 계약당사자간에 정산하게 된다. 정산은 크게, 현금정산(Cash Settlement)과 현물인도(Physical Delivery) 방법이 있다.

CLN 매입자의 경우, 신용사건이 발생하지 않으면 원리금을 지급받고, 부도 등의 신용사건이 발생하면 부도채권을 받거나, 부도채권의 가치에 상당하는 현금을 받게 된다.

부도채권을 받는 것을 현물인도(Physical Delivery), 현금으로 받으면 현금정산(Cash Settlement)이라고 한다. 현금정산의 경우에, 부도회사채의 가치를 두고 CLN투자자와 CLN발행자의 이해가 대립한다. 일반적으로 CLN 등의 발행자가 부도채권의 가치를 평가하는 계산대리인을 겸하고 있기 때문에, CLN 등의 매입자가 불리할 가능성이 있다.

신용파생상품을 매입하는 투자자 입장에서는 현물인도(Physical Delivery)방식이 유리하다. 채권 실물(등록발행의 경우 권리)을 인도받아서 부도채권으로 매도하거나, 파산 등에 참여해서 회수하는 방안 등을 직접 결정할 수 있다.

현금정산방법의 경우, 가격을 불문하고 부도채권을 매도해서 현금으로 돌려준다는 개념이다. 부도채권의 가치를 평가하지 않고 미리 회수율을 정하는 경우도 있다. 20% Recovery, Zero Recovery 같은 것인데, 20% Recovery란 부도채권의 가치를 20%라고 미리 정한 것이다. 이 경우 CLN투자자는 80% 손실을 입게 된다.

신용사건에는 부도 뿐만 아니라, 만기연장, 이자감면 등이 포함되어 있다. 부실기업의 상당수가 『기업구조조정촉진법』을 적용한 워크아웃(채권자관리)으로 회생하는데, 워크아웃의 경우에는 채무재조정(만기연장, 이자감면, 출자전환)과 신규자금지원이 이루어진다.

단순히 만기만 연장되어도 원금의 80% 손해를 본다면 합당할까? 실제 워크아웃의 회수율은 60~100% 수준이므로 20% Recovery는 CLN 매입자에게 매우 불리한 조건이라고 할 수 있다.

Single name(한 개의 종목에 대한) CDS의 경우에는 현물인도(現物引渡)가 국제적인 관행이다.

9-7 채권자 가치와 주주의 가치

상법상의 주식회사는 주주와 채권자로 구성된다. 주주가 출자한 자금은 자기자본, 채권자로부터 차입한 자금은 타인자본이다.

채권자는 회사에 자금을 빌려주고 원리금을 받으며 선순위청구권이 있지만, 경영에는 관여할 수 없다. 반면, 주주는 채권자보다 후순위청구권이 있지만 회사의 경영권을 가지고 있다.

회사채의 가치는 회사의 재무정책에 영향을 받는데, 이러한 재무정책은 주주(경영자)의 고유 영역이다. 여기서 채권자와 주주간의 이해상충문제가 발생할 수 있다.

채권자는 안전하게 원리금이 지급되는 재무정책을 선호하고, 주주는 위험을 감수하더라도 높은 수익이 기대되는 재무정책을 선호할 수 있다.

채권자에게 유리한 재무정책은 유상증자와 주식관련사채의 발행이다. 유상증자의 경우에는 채권보다 후순위인 자본이 증가하므로 선순위채권의 안전성이 높아진다. 증자로 부채비율이 낮아지면 신용등급이 상향 조정될 수도 있다.

주식관련사채의 경우에도 채권자에게 불리하지 않다. 주식시장이 활황이 되면 기존에 발행했던 주식관련사채가 주식으로 전환될 수 있다. 사채가 주식으로 전환되기 때문에 부채는 감소하고 자본이 증가한다. 기업의 실적과 무관하게 부채비율이 낮아져서 재무구조가 좋아진다. 현대로템30회CB의 경우, 주식전환이 가능한 2020.7.17일부터 7.31일까지 1,856억원의 전환사채가 주식으로 전환되었다. 부채 1,856억원이 감소하고 자본 1,856억원이 증가한 것이다.

기업별 주식관련사채의 주식전환내역은 한국예탁결제원의 증권정보포털(http://www.seibro.or.kr)에서 조회할 수 있다.

채권투자자에게 불리한 재무정책으로는 유상감자, 고배당, 자사주매입 등이다. 유상감자는 회사의 현금성자산으로 기발행된 주식을 매입해서 소각하는 것이다. 이 경우 부채는 변하지 않고 자본이 감소하기 때문에 부채비율이 높아진다. 회사의 현금으로 주주에게 높은 배당금을 지급하는 고배당정책도 채권투자자에게 불리하다. 회사채 투자자를 위한 자금이 외부로 유출되기 때문이다.

자사주매입의 경우에도 채권투자자의 이익을 심각하게 침해할 수 있다. 회사의 가용 현금으로 시장에서 거래되는 자사주를 매입하면, 유동성이 높은 현금이 비유동성자산으로 바뀐다. 뿐만 아니라, 회사의 부도 시에 자사주는 회사채에 비해서 후순위이기 때문에 가치가 전혀 없다.

THE BASICS OF BONDS
채 권 기 초

제10장
주식관련사채

- 10-1 전환사채(CB)
- 10-2 전환사채를 활용한 무위험 차익거래
- 10-3 전환사채의 최소가치
- 10-4 전환사채 사례분석
- 10-5 신주인수권부사채(BW)
- 10-6 신주인수권부사채 사례분석
- 10-7 교환사채(EB)
- 10-8 주식관련사채 투자 시 주의할 점

채권기초
THE BASICS OF BONDS

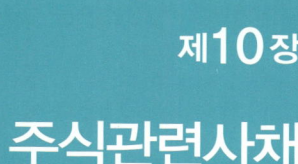

제10장
주식관련사채

주식콜옵션이 부가된 채권을 주식관련사채라고 한다. **전환사채**(CB, Convertible Bond), **신주인수권부사채**(BW, Bond with Warrant), **교환사채**(EB, Exchangeable Bond)가 대표적이다.

주식관련사채 = 회사채(corporate bond) + 주식콜옵션(call option on the stock)

상법의 개정으로 다양한 주식관련사채가 출현할 수 있으나, 채권에 주식콜옵션이 부가된 기본 구조는 동일할 것이다.

이익참가부사채(PB, Participating Bond)는 기업수익의 급증으로 주주가 일정율 이상의 배당을 받을 때 사채권자도 참가할 수 있는 권리가 부여된 사채로서 이익분배부사채(利益分配附社債) 또는 참가사채(參加社債)라고도 한다.

배당을 받지 못했을 경우 다음 연도로 권리가 넘어가는지 여부에 따라 누적적 이익참가부사채와 비누적적 이익참가부사채로 구분한다. 누적적 이익참가부사채는 회사의 이익분배에 대한 참가권이 부여됨으로써 투자 매력이 높아 회사채 발행에 의한 자금조달을 원활하게 하는 장점이 있으나, 그 만큼 주식에 대한 배당을 감소시키기 때문에 주식발행에 의한 자금조달을 어렵게 하는 요인이 되기도 한다.

상환전환우선주(RCPS, redeemable convertible preferred stock)의 경우에는 주식으로 분류되지만, 주식관련사채와 손익구조가 동일하다. 채권과 마찬가지로 현금으로 상환하고, 콜옵션과 동일하게 보통주로 전환할 수 있는 권리가 있기 때문이다. 채권보다 후순위인 우선주라는 것만 다르다.

10-1 전환사채(Convertible Bond)

전환사채(CB)는 미리 정해진 조건에 의거 채권을 주식으로 전환할 수 있는 권리가 부여된 채권이다. 미리 정해진 조건은 전환권행사기간, 주식 1주당 전환가액, 전환비율 등이다.

전환권행사기간

전환사채를 주식으로 전환할 수 있는 기간이다. 일반적으로 공모전환사채의 경우 발행일로부터 1개월이 경과한 시점부터 만기일 1개월 이전까지 전환권 행사가 가능하다. 사모의 경우에는 발행 1년 후부터 전환권 행사가 가능하다.

전환권 행사기간이 경과한 후에는 전환사채에 내재된 주식콜옵션의 가치가 0이다. 주식콜옵션 만기(행사기간)가 지났기 때문이다. 주식관련사채에 투자할 때 콜옵션 행사기간을 확인하는 것은 매우 중요하다.

1주당 전환가액(exercise price, X)

보통주 1주를 바꾸는데 필요한 금액이다. 1주당 전환가액이 5,000원이라면, 전환사채 액면금액 10,000,000원으로 주식 2,000주를 받을 수 있다.

$$2,000주 = \frac{10,000,000원}{5,000원}$$

전환가액 재조정(reset)

주가가 전환가액 이하로 하락할 경우 전환가액을 낮춰주는 조항이다. 현대로템30회(CB)의 경우 전환가액은 9,750원이고, 80%까지 reset이 가능하다. 현대로템 주가가 9,750원 이하로 하락하면 전환가액을 (시가수준으로) 조정해주는데, 최대 7,800원까지 하향조정이 가능하다.

$$7,800원 = 9,750원 \times 0.8$$

전환비율

전환비율은 전환사채를 주식으로 전환할 수 있는 비율이다. 전환비율이 100%라면,

보유하고 있는 전환사채 전부를 주식으로 전환할 수 있고, 전환비율이 50%라면 보유하고 있는 전환사채의 50%만 주식으로 전환할 수 있다. 일반적으로 전환비율은 100%이다.

Parity가격

주가가 상승하면 전환사채의 가치도 상승한다. Parity가격은 주가상승에 따른 전환사채의 전환권가치(본질가치)를 나타낸 것으로 다음과 같이 계산한다.

$$\text{Parity가격} = \frac{주가}{전환가액} \times 10{,}000원$$

10,000원을 곱한 것은 채권(액면금액 10,000원)과 비교하기 위해서다.

Parity가격은 주가가 전환가액보다 높은 상태(In the money, ITM)일 때의 전환사채 공정가치라고 할 수 있다. Parity가격과 전환사채(CB)의 매매가격을 비교해서 차익거래 기회가 있는지를 판단할 수 있다.

Parity가격 > CB 매매가격 → 전환사채 차익거래 가능(주식차입매도 & CB매입)

Parity가격은 전환사채의 주식가치를 나타낸다. 현대로템30회(CB)의 전환가액이 1주당 9,750원이고, 주가가 15,000원이라고 가정하자. 현대로템30회(CB)의 전환권가치(본질가치)는 15,384.61원이고, Parity가격도 15,384.61원이다.

$$15{,}384.61원 = \frac{15{,}000}{9{,}750} \times 10{,}000원$$

현대로템30회(CB)의 경우 액면금액 19,500원을 매입하여 주식으로 전환하면 2주를 받는다. 1주당 전환가액이 9,750원이므로 2주를 받으려면 2 × 9,750원(액면금액)을 매입하면 된다.

1주당 주식가격이 15,000원이면 2주의 가치는 30,000원이다.

현대로템30회(CB)가 액면금액 10,000원당 14,000원에 거래된다면 전환권가치(본질가치)보다 낮은 가격에 매매되는 것이다. 이럴 때는 주식을 차입해서 매도하고, 전환사채를 매입해서 주식으로 전환함으로써 무위험차익거래가 가능하다.

10-2 전환사채를 활용한 무위험차익거래(Convertible Bond Arbitrage)

현대로템30회(CB)를 활용한 무위험차익거래 과정은 다음과 같다.

첫째, 현대로템 주식 2주를 차입한다.

둘째, 현대로템 주식2주를 주당 15,000원에 매도하고, 동시에 현대로템30회(CB) 액면 19,500원을 27,300원에 매입한다. 수수료를 고려하지 않은 매입비용은 27,300원이다.

$$27,300 = 19,500 \times \frac{14,000}{10,000}$$

셋째, 매입한 현대로템30회(CB)의 권리행사(전환신청)로 2주를 받아, 차입주식 2주를 상환한다.

거래비용이 없다면 2,700원의 차익이 발생한다.

주식 2주 매도: +30,000원
전환사채 매입: -27,300원
―――――――――――――――
차익　　　　　 +2,700원

주가가 상승하거나 하락해도 차익 규모는 변함이 없다. 주식을 30,000원에 매도하고 동시에 전환사채를 27,300원에 매입했기 때문에 향후의 주가와는 아무런 관련이 없다. 그러므로 2,730원은 무위험(risk-free) 차익이다.

10-3 전환사채의 최소가치

전환사채의 최소가치는 다음과 같다.

전환사채의 최소가치 = Max(채권가치, 전환권가치)

전환권가치는 주가에서 행사가를 차감한 금액으로 콜옵션의 본질가치이다. 주가가 하락해서 주식콜옵션의 가치가 0이 되더라도, 여전히 채권의 가치를 가지고 있다.

주식콜옵션은 본질가치와 시간가치로 구성된다. 주식콜옵션 매매가격에서 본질가치를 차감하면 시간가치가 계산된다.

10-4 전환사채 사례분석

사례1: 현대로템30회(CB)

공모청약관련 주요내용

- 공모방법: 주주우선배정 후 일반공모
- 일반 청약일: 2020.6.12(금)~2020.6.15(월)
- 청약처: HMC투자증권, NH투자증권
- 인수방식: 잔액인수
- 납입일(환불일): 2020.6.17일

(source: 금감원 전자공시)

현대로템30회(CB) 발행정보

- 발행일: 2020.6.17
- 만기일: 2023.6.17
- 표면금리: 연1%(3개월 이표채)
- 만기보장수익률: 연3.70%
- 만기상환율: 108.5250%
- 만기상환금액: 10,852.5원(액면 10,000원당)
- 전환가액: 보통주 1주당 9,750원
- 전환가액 재조정(reset): 최초 전환가액의 80%(7,800원)까지 가능
- 전환비율: 100%

(source: 금감원 전자공시)

일반공모청약 결과

- 경쟁률: 48대1(청약일 기준 parity가격이 15,000원 수준)

(source: 금감원 전자공시)

전환권 행사 내용

행사기간(1차)	행사금액	7.31일 주가	Parity가격	비고
2020.7.17 ~2020.7.31	1,856억원	18,050원	18,512원	2020.8.14일 상장

(출처: 한국예탁결제원 증권정보포털, http://seibro.or.kr)

- 첫번째 전환권행사기간에 1,856억원의 전환권청구가 되었다.
- 현대로템(회사) 입장에서는 1,856억원의 부채가 없어지고, 자본이 1,856억원 증가했으므로 그만큼 자본구조가 개선되었다.

현대로템30회(CB)의 손익그래프

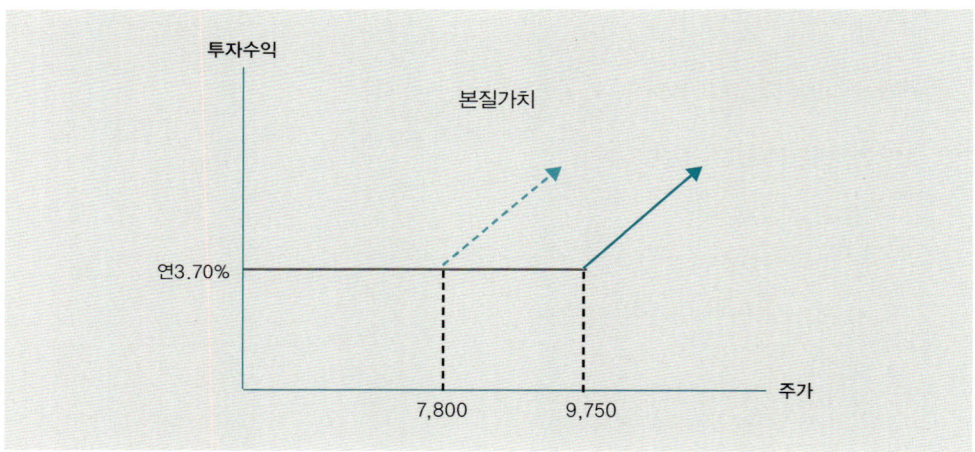

> 사례2: 두산건설64회(CB)

공모청약관련 주요내용

- 청약일: 2011.5.19~5.20일
- 인수단(청약처): 신영증권, 대우증권, 동양증권, 한투증권, 금호종금, 하나대투증권, 현대증권, 대신증권, 유진투자증권

- 인수방식: 잔액인수
- 납입일(환불일): 2011.5.24일

(source: 금감원 전자공시)

공모 간접발행의 경우, 총액인수, 잔액인수, 모집주선 방식이 있는데, 발행물량을 모두 인수 후에 매도하는 것을 총액인수라 하고, 공모에 미달하는 물량을 인수단이 매입하는 것을 잔액인수라고 한다.

모집주선은 청약기관(증권회사)이 매도를 대행하는 역할만 하는 경우로써, 모집액이 발행목표에 미달할 경우에는 모집금액만 발행된다.

유상증자의 경우에도 동일하게 적용되는데, 발행방식을 보면 증자의 성공여부를 알 수 있다. 총액인수와 잔액인수는 인수단의 부도 등을 제외하고는 공시시점에서 증자가 확정되었다고 봐도 된다. 모집주선의 경우에는 최종 모집결과를 지켜봐야 하기 때문에 증자 공시만으로 자본확충이 이루어졌다고 볼 수 없다.

두산건설64회CB의 발행정보
- 발행일: 2011.5.24
- 만기일: 2014.5.24
- 표면금리: 연4%(3개월 이표채)
- 만기보장수익률: 연7.5%
- 만기상환율: 111.6534%
- 만기상환금액: 11,165.34원(액면 10,000원당)
- 풋옵션일(풋옵션가격): 2012.11.24일(10,550.23원), 2013.5.24일(10,747.70원), 2013.11.24일(10,952.64원)
- 전환가액: 보통주 1주당 5,000원
- 전환비율: 100%

(source: 금감원 전자공시)

채권기초

> **용어설명**

- **청약일**: 두산건설64회(CB)를 매입하려고 청약하는 날이다. 일반적으로 청약기간은 2일간이다.
- **환불일**: 청약경쟁률이 1:1 초과 시, 미청약금액을 돌려주는 날이다. 일반적으로 청약마감일 +2일이 납입일이면서 환불일이다.
- **납입일**: 현금을 지불하고 채권을 매입하는 날. 계좌에서 현금이 빠져나가고 채권이 입고되는 날이다. 일반적으로 환불일과 납입일이 일치한다.
- **만기보장수익률**: 만기까지 주식으로 전환하지 않으면 보장하는 수익률이다. 기 지급한 표면이자를 더한 수익률이다. 만기보장수익률이 연7.5%이고, 표면이자율은 연4%이므로 매년 3.5%의 원금이 증가한다.

증가되는 원금은 연3.5%를 매3개월마다 지급하는 것으로 가정하고 3개월 복리로 계산한다. 이 때 적용하는 이자율은 7.5%이다.

액면 10,000원 기준으로, 매3개월마다 지급되는 만기보장이자는 87.5원이다(87.5원 = $\frac{350원}{4}$). 만기 시 지급되는 만기보장이자는 다음과 같이 계산한다.

- 첫번째 3개월 후의 87.5원의 만기원리금은 $87.5 \times (1 + \frac{0.075}{4})^{11}$원이다. 만기까지 3개월단위가 11번 있기 때문에 11승을 한다.
- 다음 3개월 후의 87.5원에 대한 만기원리금은 $87.5 \times (1 + \frac{0.075}{4})^{10}$원이다.
- …
- 만기 시의 87.5원은 재투자 이자가 없다. 곧바로 현금으로 지급되기 때문이다. 마지막 87.5원에 대한 만기원리금은 $87.5 \times (1 + \frac{0.075}{4})^{0}$이다.
- 위의 값을 모두 더하면 만기상환금액에서 액면금액을 차감한 값이 된다(1,165.34원, 원금 증가분인데 세법에서는 할인액으로 봄).

- **만기상환율**: 전환사채의 만기일인 2014.5.24일까지 주식으로 전환하지 않을 경우에 지급하는 원금금액의 액면금액 대비 비율이다.
- **만기상환금액**: 만기에 상환하는 금액이다(액면10,000원 기준).
- **풋옵션 행사일**: 풋옵션일 2개월 전부터 1개월 전까지의 기간이다. 거래 증권회사에 풋옵션 행사의사를 표시해야하는 기간이며, 기간 내에 의사표시를 하지 않으면 풋옵션을 행사할 수 없다.
- **풋옵션일**: 투자자가 만기 이전에 채권의 상환을 요구하여 현금이 지급되는 날이다.
- **풋옵션가격**: 풋옵션일에 지급되는 금액이다(액면 10,000원 기준).

두산건설64회(CB)의 손익곡선

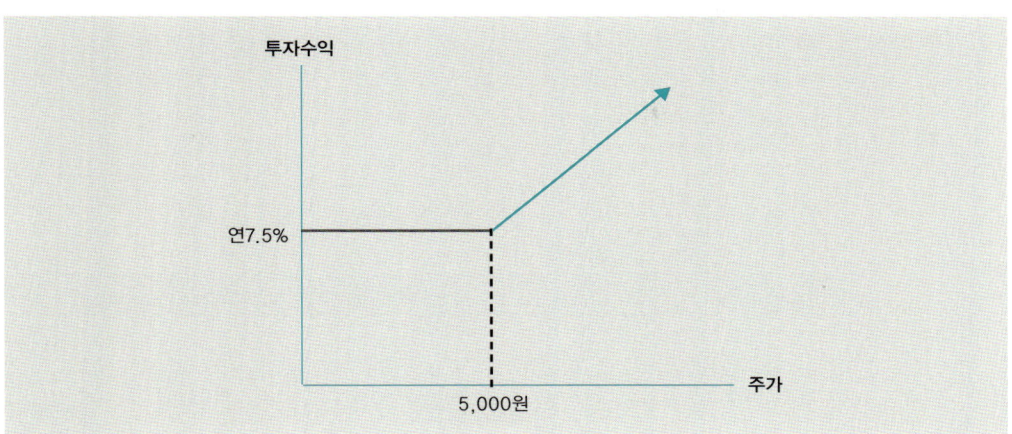

- 두산건설이 부도 등이 아닐 경우에는 연7.5% 확보하고,
- 두산건설 주가가 5,000원 이상 상승할 경우에는 주가 상승이익 가능하다.
- 위 그림은 전환사채 발행 당일에 주가가 상승할 경우를 가정한 것이고, 실제로 주식콜옵션의 수익이 발생하는 시점은 5,000원에 경과이자금액을 더한 값이다.
- 예를 들어, 발행일로부터 3개월이 경과했다면 5,087.5원 이상 주가가 상승할 경우에 콜옵션이익이 발생한다.

두산건설64회(CB)를 시장에서 매매하는 경우

전환사채는 거래소시장에서 거래하도록 의무화되어 있다. 따라서 발행일 이후 빈번하게 거래되고 있는데, 장내매매를 통해서 전환사채를 매입하려고 할 경우에는 전환사채의 최소가치를 계산하고 매매하는 것이 바람직하다.

주가상승에 따른 주식가치는 예측할 수 없다고 가정한다면, 주가가 상승하지 않을 경우의 가치인 채권가치를 계산해서, 채권에서 나오는 투자수익률이 투자목표에 부합할 경우에 매입을 실행해야 한다.

> **예제** 2012년 7월 28일 현재, 두산건설64회(CB)의 시장가격은 10,500원이다. 액면금액 10,000원인 두산건설64회(CB)를 10,500원에 매입하여, 첫번째 풋옵션일(2012.11.24일)에 상환 받는 경우의 채권가치는 얼마나 되는 지 계산해보자.

두산건설64회(CB)의 채권가치

발행일	2011-05-24			Put Schedule	
만기일	2014-05-24			2012-11-24	105.5023%
액면금액	10,000				
표면금리	4.000%	4	1.000%		
매매일	2012-07-28	2012-05-24	92		
매매금리	7.393%				
잔존일수	일자	이자	원금	CF	PV
27	2012-08-24	100		100	99.460494
1	2012-11-24	100	10,550.23	10,650.23	10,400.54
					10,500
				매매가격	10,500

- 2012.7.28일에 10,500원에 매입하여 2012.11.24일에 상환 받을 경우 채권투자수익률은 연 7.393%이다.

매입 시 증권사에 지급하는 수수료는 고려하지 않았다. 증권사 수수료는 0.2%수준이다. 10,000원 기준 20원의 수수료가 부과되므로 매매시에 반드시 고려해야 한다.

10,500원에 매입할 때 매매수수료가 20원이라고 한다면 매입원가는 10,520원이 된다. 이 경우에는 투자수익률이 6.792%로 낮아진다. 단기물이기 때문에 가격이 조금만 변화해도 채권수익률은 큰 폭으로 움직인다.

THE BASICS OF BONDS

거래수수료를 감안한 채권가치

발행일	2011-05-24			Put Schedule	
만기일	2014-05-24			2012-11-24	105.5023%
액면금액	10,000				
표면금리	4.000%	4	1.000%		
매매일	2012-07-28	2012-05-24	92		
매매금리	6.792%				
잔존일수	일자	이자	원금	CF	PV
27	2012-08-24	100		100	99.504178
1	2012-11-24	100	10,550.23	10,650.23	10,420.496
					10,520
				수수료 포함	10,520

예제 위의 두산건설64회(CB)를 두번째 풋옵션일(2013.5.24일)에 상환받을 경우의 투자수익률을 계산해보자. 발행조건에 따르면 2013.5.24일의 풋옵션가격은 10,747.70원이다.

두번째 풋옵션일에 풋옵션행사할 경우의 채권수익률

발행일	2011-05-24			Put Schedule	
만기일	2014-05-24			2013-05-24	107.4770%
액면금액	10,000				
표면금리	4.000%	4	1.000%		
매매일	2012-07-28	2012-05-24	92		
매매금리	7.218%				
잔존일수	일자	이자	원금	CF	PV
27	2012-08-24	100		100	99.473178
1	2012-11-24	100		100	97.709903
2	2013-02-24	100		100	95.977883
3	2013-05-24	100	10,747.7	10,847.7	10,226.839
					10,520
				수수료 포함	10,520

제10장 주식관련사채

채권기초

- 두산건설64회(CB)의 매입일자와 매입단가는 동일하고 풋옵션일이 6개월 늘어나면, 투자수익률은 6.792%에서 7.218%로 상승한다.
- Coupon이 채권의 매매수익률보다 높을 때에는 만기가 길어지면 채권수익률이 높아지기 때문이다. 높은 Coupon을 지급받는 기간이 늘어나서 평균을 올리는 것과 같은 이치다.

예제 투자기간을 6개월 더 늘려서 세번째 풋옵션일(2013.11.24일)에 상환 받을 경우의 투자수익률을 계산해보자. 2013.11.24일의 풋옵션가격은 10,952.64원이다.

세번째 풋옵션일에 풋옵션을 행사할 경우의 채권수익률

발행일	2011-05-24			Put Schedule	
만기일	2014-05-24			2013-11-24	109.5264%
액면금액	10,000				
표면금리	4.000%	4	1.000%		
매매일	2012-07-28	2012-05-24	92		
매매금리	7.323%				

잔존일수	일자	이자	원금	CF	PV
27	2012-08-24	100		100	99.465583
1	2012-11-24	100		100	97.677345
2	2013-02-24	100		100	95.921256
3	2013-05-24	100		100	94.19674
4	2013-08-24	100		100	92.503227
5	2013-11-24	100	10,952.64	11,052.64	10,040.236
					10,520
				수수료 포함	10,520

- 매입일과 매입가격이 동일하고, 투자기간만 6개월 더 길어지면, 채권수익률은 7.218%에서 7.323%로 11bps상승한다.

  *bp는 basis point의 약자로 $\frac{1}{10,000}$이다. Percentage point는 1%, 0.01, $\frac{1}{100}$이다.

- 풋옵션은 투자자가 결정하는 것이기 때문에 본인의 투자목표에 맞는 옵션일의 투자수익률을 계산한 후에 투자여부를 판단하면 된다.

10-5 신주인수권부사채(BW)

신주인수권부사채는 채권에 신주인수권(warrant, 주식콜옵션)이 부가되어 있는 것으로 손익구조는 전환사채와 동일하다. 전환사채의 경우 전환권을 행사하면 사채가 소멸하는데 반해, 신주인수권부사채는 신주인수권을 행사해도 사채는 존속한다는 차이가 있다.

신주인수권부사채는 분리형(detachable)과 비분리형이 있는데, 분리형은 발행시점에 채권과 신주인수권이 분리되어 있다. 비분리형은 채권에 신주인수권이 포함되어 있고, 신주인수권이 행사되면 사채만 존속하게 된다. 사채대용납입이 가능한 비분리형신주인수권부사채의 경우 사채대용납입으로 신주인수권을 행사하면 사채가 소멸된다.

분리형BW에서는 **사채대용납입제도**가 일반적인데, 신주인수권을 행사할 때 현금대신 사채를 납부할 수 있는 제도이다. BBB등급 회사가 분리형BW를 발행할 때, 사채(ex-warrant)가 액면금액보다 낮은 가격으로 거래되는 경우가 있다. 주가가 행사가액 이상으로 상승해서 신주인수권을 행사할 때, 현금으로 납입하는 대신 할인 거래되고 있는 채권을 매입해서 현금대용으로 납입하면 추가 수익이 가능하다.

10-6 신주인수권부사채 사례분석

> **예제** 한진칼3회(분리형BW)에서 분리된 신주인수권 1,000매의 권리를 행사하려고 한다. 같은 채권에서 분리된 사채가 액면 10,000원 기준으로 9,700원에 거래되고 있다면, 동 채권을 매입하여 사채대용납입할 경우의 차익을 계산해보자.
>
> 신주인수권의 행사가액이 1주당 82,500원이므로 신주인수권 1,000매를 행사하려면 82,500,000원의 현금이 필요하다. 채권시장에서 한진칼3회 액면 82,500,000원을 매입해서 대용납입할 경우의 필요현금은 80,025,000원이다.
>
> $$80,025,000원 = 82,500,000원 \times \frac{9,700}{10,000}$$

현금으로 납입하지 않고, 채권을 매입해서 대용납입할 경우에 2,475,000원의 추가이익이 발생한다.

예제 금감원 전자공시(https://www.fss.or.kr)에서 한진칼3회 분리형BW의 발행조건을 확인하고 공모청약에 참가한 투자자의 손익곡선을 그려보자.

한진칼3회는 분리형BW로 발행되었기 때문에 발행 당시부터 채권과 신주인수권으로 나뉘어져 있다.

채권의 발행조건
- 신용등급: BBB
- 발행일: 2020.7.3
- 만기일: 2023.7.3
- 액면금액: 10,000원
- 표면금리: 2% (3개월 후급)
- 만기보장수익률: 연3.75% (만기에 10,552.93원 상환)
- 풋옵션일(풋옵션가격): 2022.7.3일(10,361.70원), 2022.10.3일(10,408.84원), 2023.1.3일(10,456.42원), 2023.4.3일(10,504.45원)

신주인수권 발행조건
- 행사기간: 2020.8.3~2023.6.3
- 1주당 행사가액: 82,500원
- Reset: 최초 행사가액의 70%까지 가능

공모청약에서 한진칼3회(분리형BW)를 9,982,500원 배정받았다면, 현금 9,982,500원을 지급하고 사채 9,852,500원(액면금액)과 신주인수권 121매가 계좌에 입고된다.

신주인수권 121매 = $\dfrac{9,982,500}{82,500}$

한진칼3회(Bond)의 손익그래프

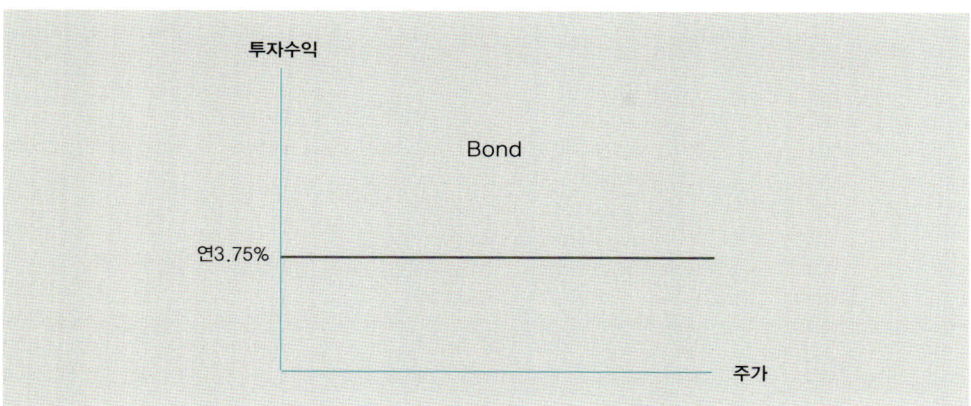

- 채권의 경우에는 한진칼이 부도가 나지 않으면 연3.75%의 수익이 확보된다.
- 채권의 투자수익률은 주가의 등락과 상관없다.

한진칼3WR(Warrant)의 손익그래프(본질가치)

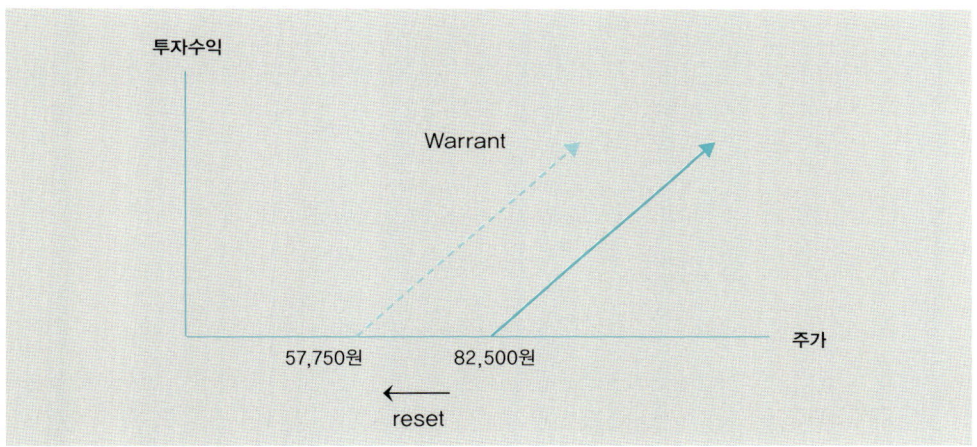

- 신주인수권은 주식콜옵션이다.
- 행사가액이 82,500원이므로 82,500원 이하에서는 주식콜옵션의 본질가치가 0이고, 주가가 82,500원 이상으로 상승하면 주가상승분만큼 콜옵션의 가치도 상승한다.
- 주가가 하락하면 행사가액이 최대 57,750원까지 낮아질 수 있다. Reset clause는 주식콜옵션가치를 높인다.

한진칼3회(B+W)의 손익그래프

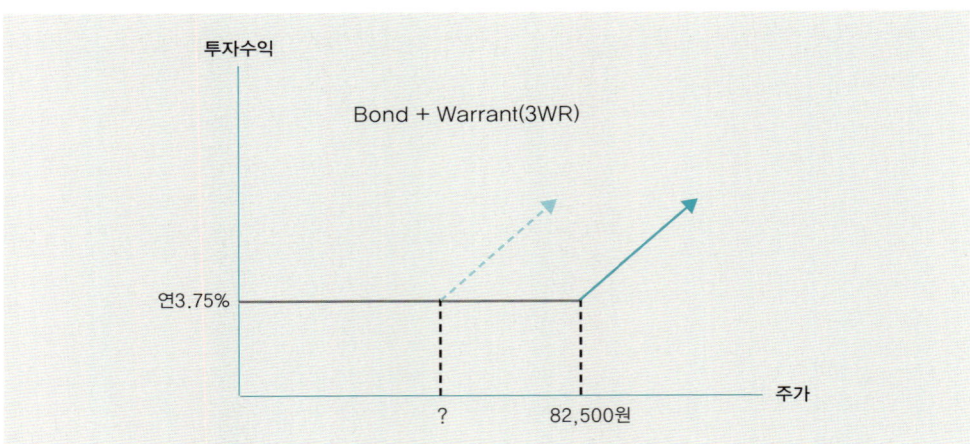

- 사채와 신주인수권을 합치면 전환사채의 손익곡선과 동일하게 된다. 그러나 동일한 조건(만기, 표면금리, 만기보장수익률, 행사가격 등)이라면 분리형BW가 전환사채보다 유리하다.
- 분리형BW는 사채와 신주인수권이 분리되어 있기 때문에 전환사채보다 유동성이 높다. 사채는 채권시장에서 제 값을 받고 매도할 수 있고, 신주인수권은 주식시장(신주인수권시장)에서 매도할 수 있다.
- 주가가 행사가액 이하로 하락하더라도 시간가치 때문에 신주인수권은 일정수준의 가격을 유지하게 된다. 상장 신주인수권의 매도차익은 비과세이다.

한진칼3회의 경우, 부도가 나지 않는다고 가정하면 2년 후 사채의 풋옵션으로 연 3.75% 수익이 발생한다.

한진칼3WR의 상장 시초가는 23,000원이었고, 며칠 후 25,000원에 공개매수 제안까지 나왔다. 3WR 1매당 23,000원에 매도할 경우 2,783,000원의 비과세 차익이 발생했다. 투자금액 9,982,500원 대비 27.8%의 수익률(절대)이다.

동일한 조건이면 분리형BW가 전환사채보다 유리하다. 주식관련사채는 주식콜옵션의 가치가 중요한데, CB의 경우에는 주식콜옵션이 회사채와 결합되어 있어서 시장에서 옵션가치를 제대로 인정받기 어렵다.

분리형BW의 경우에는 주식콜옵션(WR, Warrant)이 분리되어 거래되어, 주식투자자의 Leverage전략(주식에 비해 적은 비용으로 투자)이 가능하다. 이 때문에 전환사채에 비해서 주식콜옵션가치를 높게 평가받을 수 있다.

2009.8.6~8.7일 동일한 조건의 LG이노텍 22회(CB)와 23회(분리형BW) 각각 500억 원 공모청약이 있었는데, 분리형BW의 인기가 더 높았다.

LG이노텍 22회(CB)와 23회(분리형BW) 공모청약 결과

구 분	LG이노텍22회(CB)	LG이노텍23(분리형BW)	비 고
발행일	2009.8.11	좌 동	
만기일	2012.8.11	좌 동	
만기보장수익률	연3.5%	좌 동	
행사가격	116,300원	좌 동	
청약건수	2,951	4,996	
청약금액	3,185,500백만원	4,417,480백만원	

(source: 금감원 전자공시)

10-7 교환사채(Exchangeable Bond)

교환사채의 손익곡선도 전환사채나 신주인수권부사채와 동일하다. 교환사채는 이미 발행되어 있는 주식을 교환조건으로 발행되기 때문에 교환권이 행사되어도 신주가 발행되지 않는다. 따라서 자본금이 증가하지 않는다.

우리나라는 자사주를 교환대상으로 교환사채가 발행되기도 한다. 자사주는 자본차감 항목이므로, 교환권이 행사되면 자사주를 처분하게 되어 자기자본이 회복된다. 그렇다고 자본금이 증가하는 것은 아니다.

일반적으로 발행사가 보유하고 있는 타사의 주식을 교환조건으로 발행하기 때문에 보유주식을 유동화한다는 의미가 있다. 교환가격은 현주가 수준보다 약간 높게 정해진다.

CB, BW와 비교한 교환사채의 장점은, 사채를 주식으로 바꾸는데 오랜 시간이 걸리지 않는다는 것이다. 이미 발행된 주식으로 교환해주는 것이기 때문이다. 오전 11시까지 교환권을 행사할 경우 다음날 주식이 입고되기 때문에 **권리공매도**가 가능하다.

권리공매도란 주권이 입고되는 것이 확실할 때, 입고되기 전에 주식을 매도하는 것이다. 교환권행사는 T(trading day) + 1, 주식결제는 T + 2이기 때문에 권리공매도가 가능하다. 이 때문에, 다른 조건이 동일한 교환사채와 전환사채가 동시에 발행된다면, 교환사채의 인기가 더 높다.

10-8 주식관련사채 투자 시 주의할 점

주식관련사채에 투자할 때 다음과 같은 점을 주의해야 한다.

- 주식콜옵션 행사일을 확인하는 것이 필수적이다. 옵션행사기간이 종료되었다면 주식콜옵션의 가치는 0이기 때문이다. 금감원 전자공시에서 확인하는 것이 가장 정확하다. 2003.11월 공정공시제도 시행 이후 모든 공시자료는 금감원 전자공시에 등록된다.
- 주식콜옵션이 사채에 부가되어 있는지 확인해야 한다. 분리형BW의 경우에 발행당시부터 신주인수권이 분리된다. 따라서 분리된 사채는 신주인수권이 없으므로 순수회사채로 매매해야 한다.
- 주식관련사채는 채권관점에서 접근하는 것이 안전하다. 주식콜옵션의 가치가 0이라고 가정한 채권가치를 기준으로 투자판단하는 것이 보수적인 방법이다. 주가가 행사가액보다 훨씬 높은 Deep in-the-money(ITM) CB의 경우에, 주가하락으로 CB가격이 매수가격보다 크게 떨어질 수 있다.
- 주식관련사채가 콜옵션부로 발행되었는지 확인할 필요가 있다. 콜옵션부사채라면 콜옵션 조항에 따라 주식관련사채의 가치가 많이 훼손될 수 있다. 현대로템30회(CB)의 경우 주가가 연속으로 15거래일간 주가가 전환가액의 140%를 초과할 경우 발행회사가 콜옵션할 수 있다. 콜옵션이 행사되면 주가상승에 따른 평가이익은 없어지게 된다.

제11장
채권세제

11-1 과세대상소득
11-2 원천징수방법
11-3 이자소득에 대한 과세시점

채권기초
THE BASICS OF BONDS ———

제11장
채권세제

타 금융상품의 소득과 마찬가지로 채권에서 발생하는 이자소득은 과세대상이다. 채권이자에 대한 과세방법은 2005년 이전까지는 세후단가 매매방식으로, 그 이후부터 현재까지는 보유기간에 대한 원천징수방법으로 과세한다.

11-1 과세대상 소득

채권투자에서 발생하는 수익의 원천은 이자소득과 자본차익으로 구성된다. 채권이자(interest income)는 채권발행자가 발행일부터 만기일까지 채권보유자에게 지급하는 총지급액에서 발행원금을 차감한 금액이다.

이자소득은 표면이자와 할인액으로 구성된다. 발행시점에 액면금액(10,000원) 이하로 발행하는 것을 할인발행이라고 하기 때문에 할인액이 할인발행의 경우에만 있는 것으로 생각하기 쉽다. 세법에서의 할인액은 발행시점에 액면금액으로 발행하고 상환시점에 액면금액 이상으로 상환할 경우 상환금액에서 액면금액을 차감한 금액까지 포함한다.

자본차익(금융투자소득)은 채권의 매수-매도 시의 가격차이에 의해 발생하는 소득으로 채권의 총 투자수익에서 채권이자소득을 차감한 금액이다.

채권수익에서 과세대상 소득은 표면이자와 할인액에 한정된다. 표면이자와 할인액은 채권발행 당시에 확정된다. 채권투자로 발생한 자본차익은 과세대상에서 제외된다.(금융투자소득세 제도가 시행되면 금융투자소득세 납부대상이다).

채권기초

> 과세대상 이자소득 = 표면이자 + 할인액(= 상환금액 − 발행금액)

국채 등의 통합발행제도가 도입됨에 따라 최초 발행채권과 추가 발행채권 간의 발행수익률의 차이가 발생할 경우 발행채권 간의 통합이 불가능해지기 때문에 국고채권 등 특정 채권에 대해서는 세법상 특례를 두어 할인, 할증률을 감안하지 않고 표면금리만을 적용이자율로 하도록 하였다(소득세법시행령 제22조의2 제2항).

* 특례적용채권
  공개시장에서 통합발행하는 국채, 산업금융채권, 정책금융채권, 예금보험기금채권, 예금보험기금상환기금채권 및 통화안정증권 → 표면이자율로 과세대상 소득금액을 계산한다.

11-2 원천징수 방법

매입 이후 이자를 지급받을 때, 또는 채권을 매도할 때까지 발생한 이자상당액(이자와 할인액)을 과표로 세금을 계산하여 원천징수한다.

원천징수란 이자 지급시점에 거래금융기관(증권회사 등)이 국세청을 대신해서 세금을 징수하는 것이다. 해당 금융기관이 원천징수한 세금은 월말에 국세청에 납부한다.

보유기간과세이기 때문에 매입일 이전에 발생한 이자에 대해서는 납세의무가 없다. 예를 들어, 한채투1회(3개월 이표채)를 발행일로부터 1개월 후인 2020.8.17일에 매입하여 2020.10.17일에 100원의 이자를 받았다면, 1개월간의 이자에 대한 세금은 납부할 필요가 없다. 매도자가 매도시점에 이미 납부했기 때문이다.

매도자가 납부한 세금

- 매도자의 이자수익: $100 \times \dfrac{31}{92} = 33.6956$원
- 매도자의 세율: 15.4%(14% + 1.4%)
- 매도자의 세금: 5.18원(= 33.6956원 × 0.154)
  * 개인의 경우 소득세(14%)와 지방소득세(1.4%)로 구성

이자를 지급받은 매수자가 납부하는 세금

- 매수자의 이자수익: $100 \times \dfrac{61}{92} = 66.3043$원
- 매수자의 세율: 15.4%(14% + 1.4%)
- 매수자의 세금: 10.21원(= 66.3043원 × 0.154)

법인에 대해서는 법인세 세무조정을 통해 자본차익(양도차익)까지 과세하도록 하고 있다.

이표채의 경우에 표면금리와 할인액(= 상환금액 − 발행금액)이 과세대상 이자금액이다. 할인채의 경우에는 발행가액(매입가격)과 권면액(액면금액)의 차이이고, 복리채 및 단리채의 경우에는 권면액(액면금액)과 만기지급금액의 차이이다.

채권이자소득의 보유기간별 원천징수제도

구 분	소득귀속	원천징수의무자	원천징수방법
1996년 이전	이자수령자	이자를 지급하는 자	이자지급 시 원천징수
1996.1.1 ~ 2001.6.30	보유기간별 귀속	• 중도매도 시: 채권의 매수 또는 매도법인 • 이자지급 시: 이자를 지급하는 자	이자지급 시 및 중도매도 시에 원천징수

2001.7.1 ~ 2005.6.30	보유기간별 귀속	• 중도매도 시: 원천징수 의제(세후가격으로 거래)
		• 이자지급 시: 이자를 지급하는 자
			• 중도매도 시 원칙적으로 원천징수 하지 않음
			  − 15%보다 높은 세율 적용자의 매도 시 차액 원천징수
			  − 개인이 법인에게 매도 시 보유기간분 지급조서 제출
			• 이자지급 시에는 이자 전체에 대하여 원천징수

2005.7.1 ~	보유기간별 귀속	• 중도매도 시: 채권 매도법인, 개인의 경우 채권의 매수법인 • 이자지급 시: 이자를 지급하는 자	이자지급 및 중도매도 시, 각 보유기간에 해당하는 이자소득에 대해 원천징수

(source: 한국거래소 채권유통시장 해설)

11-3 이자소득에 대한 과세시점

채권이자소득은 소득발생 시점마다 원천징수하고 연말(다음해 5월에 납부)에는 개인(거주자) 또는 법인의 소득의 일부로서 다른 소득과 합산하여 종합과세함을 원칙으로 한다. 여기서 소득발생시점이란 이자를 지급받을 때, 채권을 중도 매도할 때, 만기 상환 받을 때를 의미한다.

일반적으로 개인 또는 법인의 대부분의 소득은 종합소득 신고납부 시까지 과세절차가 없지만, 채권이자소득은 원천징수라는 특별한 과정을 거치게 되는데 1차적으로는 소득발생 시점에 원천징수가 이루어진다.

당해 소득이 종합과세의 대상인 경우 2차적으로 당해소득을 다른 소득과 합산하여 납부할 세액을 재산출한다. 이 때 원천징수한 세액은 산출세액에서 공제하게 된다.

소득자별 이자소득에 대한 과세

구 분	개 인	법인
채권이자소득	**분리과세(완납적 원천징수)**: 종합과세 해당 없을 때 **예납적 원천징수 후 종합과세**(개인별로 다른 금융소득과 합산한 전체 금융소득이 2천만원을 초과하는 경우 2천만원 초과 금융소득만 종합과세)	**예납적 원천징수 후 종합과세**
자본차익	세금 없음	종합과세

다음의 해외채권부분은 Frank J. Fabozzi교수님의 『Bond Markets, Analysis, and Strategies』(8th global edition)의 내용을 참고해서 작성했다.

제12장
해외채권투자

12-1 이자율평형이론
12-2 브라질국채투자
12-3 Korean Paper
12-4 미국 국채
12-5 미국 지방채
12-6 미국 MBS
12-7 유럽의 Covered Bond
12-8 미국 하이일드펀드
12-9 미국 Senior Loan 펀드
12-10 아리랑본드

채권기초
THE BASICS OF BONDS

THE BASICS OF BONDS

제12장
해외채권투자

채권투자자는 국내채권 대안으로 해외채권을 고려할 수 있다. 해외채권투자는 수익측면 뿐만 아니라 자산배분 측면에서도 유용하다. 우리나라 투자자는 모든 자산을 원화로만 보유하고 있는 것이 좋을지를 고민해볼 필요가 있다.

해외채권에 투자할 때는 환율위험을 고려해야 한다. 해외채권의 투자성과는 현지 채권투자성과에 환율효과를 더해서 계산한다.

해외채권투자성과 = 현지 채권투자성과 + 환율효과

현지 채권투자는 국내채권과 마찬가지로 듀레이션과 Credit으로 나누어서 분석한다. 해당채권의 유동성이 풍부하고, 향후에 채권금리가 하락할 가능성이 높을 때는 장기채에 투자하는 것이 좋고, 반대의 경우에는 만기보유 전략이 바람직하다.

신용위험을 분석할 때는 파산 등의 법절차에 대한 이해가 필요하다. 발행기업에 따라 차이는 있지만 신용채권은 모두 부도가 날 수 있다고 가정하는 것이 좋다. 투자하려는 채권이 부도 등의 경우에 청구권가치가 어느 정도이고, 회생 또는 파산절차가 어떤 지 알아보는 것은 신용채권 투자자에게 매우 중요하다.

해외채권에 대한 신용위험분석은 만만치 않은 작업이므로 전문가의 영역으로 남겨 둔다면, 환위험이 남는다. 환위험관리는 환위험을 헤지(Hedge)할 것인지, 노출(Open)할 것인지를 판단하는 문제이다.

12-1 이자율평형이론(IRP, Interest Rate Parity)

선물환율은 현물환율에 양국간의 금리차가 반영된 것이라는 것이 이자율평형이론이다.

$$원달러\ 선물환율 = 원달러\ 현물환율 \times \frac{1 + 한국금리}{1 + 미국금리}$$

예제 원달러 현물환율이 1,000원, 한국금리가 3%, 미국금리가 0%일 경우, 1년만기 선물환율(Forward Rate)을 계산해보자.

$$1,030원 = 1,000 \times \frac{1.03}{1}$$

1년만기 선물환율은 1,030원이다.

이론 선물환율을 간편법으로 계산하는 방법이 있다. 한국과 미국의 금리가 각각 3%, 0%이므로, 금리차는 3%이다. 한국금리가 높기 때문에 한국원화의 환율이 3% 상승하면 된다. 원화환율이 3% 올랐다는 것은 원화가 3% 평가절하되었다는 것이다. 원화를 보유해서 달러보다 이자를 3% 더 받았기 때문에 원화의 가치가 3% 평가절하(Depreciation)되어야 등식이 성립한다.

양국금리차 3% → 1년만기 선물환율 = 현물환율 × 1.03

실제 선물환율이 이자율평형이론과 일치하는 것은 아니다. 거래비용, 규제 등의 장애요인 때문에 이론가격과 실제가격의 괴리가 발생하는 경우가 있다. 이론가격과 실제가격이 어느 수준 이상으로 괴리되면 차익거래기회가 생기기 때문에 다시 일정범위 내로 들어오게 된다.

12-2 브라질국채투자

헤알(Real)화 표시 브라질국채를 매입하기 위해서는 원화를 헤알화로 바꿔야 한다. 만기보유 목적으로 투자할 경우, 브라질국채의 신용위험은 없다고 가정하면 환위험을 관리해야 한다.

원화를 달러로 환전하고, 다시 달러를 헤알화로 환전했다고 가정해보자. 원화를 달러로 교환했기 때문에 달러가 원화에 비해서 강세일 경우에는 투자자가 유리하고 반대의 경우에는 투자자가 불리하다.

그리고, 달러를 브라질 헤알화로 바꿨기 때문에, 브라질 헤알화가 달러에 비해서 강세가 되면 투자자에게 유리하고, 반대의 경우에는 불리하다.

둘을 합쳐보면 중간에 있는 달러는 상쇄되고, 원화와 헤알화만 남는다.

> 원 : 달러 & 달러 : 헤알 → 원 : 헤알

브라질국채에 투자할 경우의 환위험은 브라질헤알화가 원화에 비해 평가절하(Depreciation)될 위험이다. 우리나라 경제가 브라질경제보다 질적으로 높은 성장을 할 경우에는 원화가 헤알화에 비해서 평가절상(Appreciation)될 것이다. 이 경우에 투자자는 헤알화를 보유하고 있기 때문에 환손실이 발생한다.

채권의 평가손실은 만기에 모두 없어지는 반면에 환손실은 투자만기에 회복되지 않을 수 있다. 따라서 해외채권에 투자할 때는 환율변동을 어떻게 관리할 지를 결정해야 한다.

12-2-1 환위험 헤지비용

가장 기본적인 환위험관리는 환위험을 헤지(hedge)하는 것이다. 브라질국채에 투자하면서 동시에 투자기간에 맞는 선물환율로 브라질 헤알화를 매도해두면 환위험을 회피할 수 있다. 헤지비용이 낮을 경우에는 환위험을 헤지하는 것이 보수적인(안전한) 방법이다.

이자율평형이론으로 이론적인 환위험헤지비용을 계산하면 다음과 같다.
- 한국금리 3%, 브라질금리 8%
- 한국과 브라질의 금리차: 5%
- 1년만기 선물환율($\frac{헤알}{원}$)은 5% 상승해야 한다.

이머징통화의 경우, 시장에서 호가되는 헤지비용은 이론적인 비용인 5%보다 높은

채권기초

7~8% 수준이다. 해당통화의 유동성이 낮기 때문이다.

브라질국채의 채권투자수익이 연8%라고 하면, 환위험을 헤지할 경우에는 원화채에 투자하는 것보다 수익이 낮다. 결론적으로 환위험을 헤지하면 브라질국채에 투자할 필요가 없다는 것이다.

환위험헤지 시 브라질국채투자수익 = 8%(채권수익) − 7%(환헤지비용) = 1%

12-2-2 1년만기와 10년만기의 브라질국채 투자성과 비교

브라질국채에 투자하고 환위험을 헤지하면 투자수익이 낮기 때문에 환위험을 Open 시키는 것이 일반적이다. 이 경우 헤알화 약세에 따른 환손실위험에 노출된다.

투자기간 1년으로 브라질국채에 투자할 경우, 1년, 3년, 5년, 10년 만기 브라질국채를 선택할 수 있다. 간편한 분석을 위해서 1년만기와 10년만기 브라질국채에 투자하고 환위험을 Open 시키는 경우의 채권투자성과를 살펴보자.

투자시점의 채권수익률은 다음과 같다고 가정하자.
- 기준금리(브라질 정책금리): 8%
- 1년만기 브라질국채금리: 8%
- 10년만기 브라질국채금리: 10%

1년동안 브라질 정책금리가 ±2% 변동한다고 하면,
- 기준금리: 6%~10%
- 1년만기 브라질국채금리: 6%~10%
- 10년만기 브라질국채금리: 8%~12%

즉, 기준금리 등락폭만큼 채권금리가 상승 또는 하락한다고 가정하자. 이는 수익률곡선의 수평이동(Parallel Shifts)을 가정한 것이다.

THE BASICS OF BONDS

> **예제** 위의 가정에서, 1년물 브라질국채에 투자하는 경우와 10년물 브라질국채에 투자하는 경우의 투자성과를 추정해보자.
>
> 투자대안(1): 1년만기 브라질국채에 투자
> 투자대안(2): 10년만기 브라질국채에 투자

투자대안(1)

투자기간 1년에 잔존만기 1년의 브라질국채에 투자하면 채권투자수익률은 8%로 확정된다. 만기보유 투자이므로 환위험만 있다.

브라질이 기준금리를 2% 인하하면 브라질 헤알화는 약세가 된다. 브라질 통화(예금)에서 6%의 금리만 발생하므로 매력이 떨어지기 때문이다. 투자대안(1)의 성과는 8%에서 헤알화 평가절하만큼 차감한 것이다.

　정책금리 인하 시 투자대안(1)의 성과 = 8% − 헤알화 평가절하

헤알화의 평가절하폭에 따라서 성과가 달라지는데, 최근 3년간의 헤알화는 평균에서 ±15% 정도 움직이고 있다. 정책금리를 2% 인하해서 헤알화 가치가 15% 하락한다면, 1년물 브라질국채투자에서 손실이 발생한다.

　1년물 브라질국채투자 성과: − 7%(= 8% − 15%)

브라질 기준금리를 2% 인상하면 브라질 헤알화는 강세가 된다. 따라서 투자대안(1)의 성과는 8%에 헤알화 가치상승분이 더해진다.

　정책금리 인상 시 투자대안(1)의 성과 = 8% + 헤알화 평가절상

위의 가정에 따라 헤알화 가치가 15% 상승한다면 1년물 브라질국채 투자성과는 23%이다.

　1년물 브라질국채 투자성과: 23%(= 8% + 15%)

결론적으로, 1년만기 브라질국채에 투자할 경우에 환위험에 고스란히 노출되어 있다.

제12장 해외채권투자

채권기초

🔹 투자대안(2)

투자기간 1년에 잔존만기 10년의 브라질국채투자를 매입하면, 채권수익률 변동위험(미스매치투자)과 환위험이 동시에 존재한다. 정책금리를 인하하면 통화가 약세가 되고, 반대의 경우에는 강세가 된다.

10년만기 브라질국채의 금리변동위험을 추정하기 위해서 듀레이션을 계산해보자. Modified duration은 6.23이다. 1년 후 채권수익률이 8%일 때의 Modified Duration은 6.08이고, 채권수익률 12%일 때의 Modified Duration은 5.62이다.

브라질국채 10년물 듀레이션(투자시점)

발행일	2020-07-17		
만기일	2030-07-17		
액면금액	10,000		
표면금리	10.000%	2	5.000%
매매일	2020-07-17		
매매금리	10.000%		

일자	이자	원금	CF	PV	t	PV * t
2021-01-17	500		500	476.19	1	476.19
2021-07-17	500		500	453.51	2	907.03
2022-01-17	500		500	431.92	3	1,295.76
2029-07-17	500		500	207.76	18	3,739.69
2030-01-17	500		500	197.87	19	3,759.47
2030-07-17	500	10,000	10,500	3,957.34	20	79,146.79
				10,000.00		130,853.21

Macaulay Duration	6.54
Modified Duration	6.23

10년물 브라질국채의 1년 후 듀레이션(매매금리 8%)

발행일	2020-07-17
만기일	2030-07-17
액면금액	10,000

표면금리	10.000%	2	5.000%			
매매일	2020-07-17					
매매금리	8.000%					
일자	이자	원금	CF	PV	t	PV * t
2021-01-17	500		500	480.77	1	480.77
2021-07-17	500		500	462.28	2	924.56
2022-01-17	500		500	444.50	3	1,333.49
2029-07-17	500	10,000	10,500	5,183.10	18	93,295.71
2030-01-17			–	–	19	–
2030-07-17			–	–	20	–
				11,265.93		142,357.60

Macaulay Duration	6.32
Modified Duration	6.08

10년물 브라질국채의 1년 후 듀레이션(매매금리 12%)

발행일	2020-07-17					
만기일	2030-07-17					
액면금액	10,000					
표면금리	10.000%	2	5.000%			
매매일	2020-07-17					
매매금리	12.000%					
일자	이자	원금	CF	PV	t	PV * t
2021-01-17	500		500	471.70	1	471.70
2021-07-17	500		500	445.00	2	890.00
2022-01-17	500		500	419.81	3	1,259.43
2029-07-17	500	10,000	10,500	3,678.61	18	66,214.98
2030-01-17			–	–	19	–
2030-07-17			–	–	20	–
				8,917.24		106,154.14

Macaulay Duration	5.95
Modified Duration	5.62

10년만기 브라질국채 수익률이 10%에서 8%로 하락하면 이자수익 10%와 별도로 채권가격이 12.16%(= 6.08 × 2%) 상승하게 된다. 헤알화 약세를 채권가격상승(자본차익)으로 일정부분 상쇄할 수 있다. 완전 상쇄여부는 헤알화의 약세규모에 따라 다르다.

 손익: 10%(이자수익) + 12.16%(자본손익) − 헤알화 가치하락

대안(1)의 가정에서 헤알화 가치가 15% 하락한다면 7.16%의 수익을 기대할 수 있다.

 10년물 브라질국채 투자성과: 1년간 7.16%(= 22.16% − 15%)

10년만기 브라질국채 수익률이 10%에서 12%로 상승하면 채권가격은 11.24%(5.62 × 2%) 하락하게 된다. 정책금리가 8%에서 10%로 인상되어 발생한 헤알화 강세가 채권의 자본손실을 일정부분 상쇄한다.

 손익: 10% − 11.24% + 헤알화 가치상승

동일한 가정이면 10년물 브라질국채 투자의 기대수익은 13.76%이다.

 10년물 브라질국채 투자성과: 1년간 13.76%(= 10% − 11.24% + 15%)

정책금리를 2% 인하하거나 인상함에 따라 헤알화 가치가 얼마만큼 변동하는지를 알 수 있다면 환위험을 회피하기 위한 채권만기를 계산할 수 있다.

최근3년간 달러대비 헤알화 환율은 1.5~2.0(헤알 / $)수준에서 움직였다. 중간값 기준으로 ±15%수준이므로 10년물 브라질국채는 채권의 자본손익과 환손익이 어느 정도 매치된다고 볼 수 있다.

> **투자대안별 기대수익 요약**
>
> 1년물 브라질국채 투자에서의 기대수익: − 7.0% ~ + 23.0%
> 10년물 브라질국채 투자에서의 기대수익: + 7.16% ~ + 13.76%

결론적으로, 브라질국채에 투자하면서 환위험을 헤지하지 않을 경우에는 1년물보다 10년물이 적합하다고 할 수 있다. 단, 양국의 금리차이가 통화가치에 정확하게 반영될 경우에 이런 결론이 유효하다.

다음의 Korean Paper부터 아리랑본드까지는 『채권이론과 활용』을 인용했다.

12-3 Korean Paper

한국법인이 외국에서 외화(달러, Yen, Yuan, Euro 등)로 발행한 채권을 Korean Paper라고 한다. 해외채권투자에서 우리나라 투자자가 가장 쉽게 (매입)의사결정할 수 있는 채권이다. 산업은행, 기업은행, 수출입은행, 신한은행, 농협, 국민은행 등 금융기관과 도로공사 등 공사 외에도 GS칼텍스, LG Display, Korean Air 등 민간기업도 Korean Paper를 발행하고 있다.

우리나라 법인이 발행한 Korean Paper 중에 만기가 가장 긴 채권은 한전이 발행한 Century Bond이다. 1996.4.1일 발행하고 2096.4.1일 만기인 100년물이다. 만기가 100년이어서 Century Bond라고 명명했다.

KEPCO(한국전력) Century Bond (후순위)

- 종목명: KORELE 0 04/01/96 Corp(ISIN: US00631AE67)
- 발행규모: USD 208,256,000
- 발행일: 1996.4.1
- 만기일: 2096.4.1
- 표면금리: 7.95%(매6개월마다 지급)

Century Bond는 1999.1.1일 이전 발행물로 이자소득세가 비과세이고, 금융소득 종합과세에 포함되지 않는다. 농어촌특별법 제5조제1항제5호에 의거 개인의 경우 면제받은 이자소득세(14%)의 10%인 1.4%, 법인은 면제받은 이자소득세의 20%인 2.8%를 농특세를 납부해야 한다.

향후 이자소득세율이 변경된다면 개인은 이자소득세율의 10%, 법인은 20%의 농특세가 부과된다.

한전 Century Bond는 외국의 Hedge Fund 등에서 보유하고 있던 물건으로 2015.10월 미국이 정책금리를 인상하려는 움직임을 보이자 매물을 내놓았다. 해외에서 마땅한 수요자를 찾지 못해서 국내로 들어온 것으로 보인다. 매도희망 금리는 4.30% 수준이었다.

당시 국내에서는 달러자산에 투자하는 것이 유행이었지만, 만기가 80년 남은 채권을 선뜻 매수하려는 투자자는 많지 않았다. 채권의 특성은 듀레이션과 Convexity로 파악할 수 있는데, 2015.11월 기준 한전 Century Bond의 듀레이션은 30년물 국고채와 유사했다.

30년물 국고채와 한전의 Century Bond(2015.11월 기준)

구 분	30년물 국고채	Century Bond	비 고
Duration	21	22	
Convexity	570	860	

30년물 국고채와 한전 Century Bond의 P-Y curve

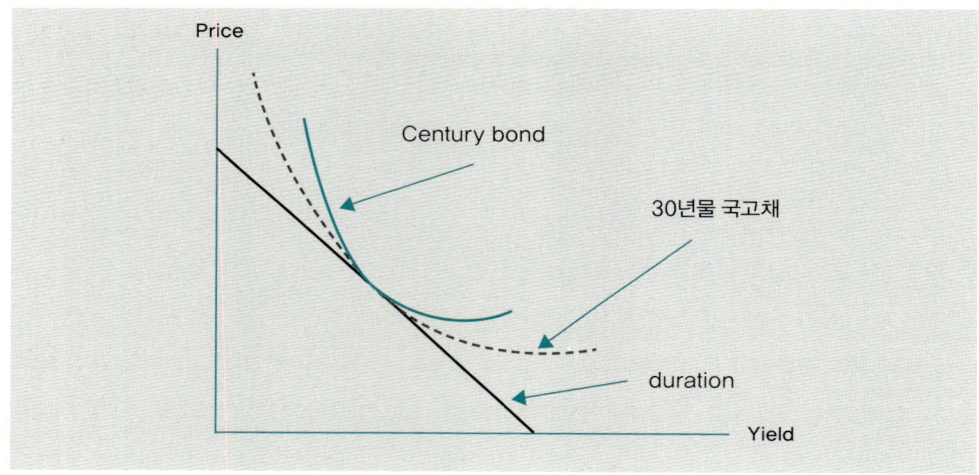

Century Bond의 경우 잔존만기가 80년으로 국고채보다 50년이 더 길지만 표면금리가 7.95%로 높아서 Duration은 국고 30년물과 유사하다. 만기가 길어서 Convexity는 Century Bond가 훨씬 크다.

YTM이 동일하다면 한전 Century Bond가 더 매력적인 채권이다.

2015.11월에는 향후 미국의 정책금리가 얼마나 인상될 지에 대한 불안감과 정책금리가 인상되면 초장기채인 Century Bond의 평가손실이 커질 수 있다는 우려로 이 물건이 소화되는데 다소 시일이 소요되었다. 달러자산에 장기적으로 exposure를 가져야 하는 보험사에서 매입하면 좋겠다는 생각을 했다.

한국거래소에 상장된 밥캣주식은 미국의 사업장(operation)을 소유한 국내법인이 발행한 주식이다. 국내에 상장된 주식은 Holding company로서 모든 사업은 해외(특히 북미)에서 이루어진다.

달러가 강세일 경우에는 국내에 상장된 밥캣주식의 가치도 상승한다. 따라서 밥캣주식도 해외자산(채권이 아닌 지분증권)에 포함시켜야 한다.

12-4 미국국채(US Treasury Securities)

미국국채는 미국 연방정부가 발행하는 증권으로 재정증권, Note, Bond의 3가지 형태가 있다.

재정증권은 1년 미만의 할인채로 발행되고 Note는 2년물 이상 10년물 이하 6개월 이표채로 발행된다. Bond는 20년물 이상 6개월 이표채로 발행되는데 현재는 30년물까지 발행되고 있다. 30년물을 long bond라고 하는데 추가적으로 50년물(ultra-long bond) 발행을 검토하고 있다.

- 재정증권: 1년 이하 할인채
- Treasury Note: 2년 이상 10년 이하 6개월 이표채
- Treasury Bond: 30년만기 6개월 이표채

미국 Treasury증권에서 발생한 이자에 대해서는 지방세가 면제된다. 주 정부에서 지방세를 부과할 수 없다.

Treasury증권은 단일 발행자가 발행하는 채권으로는 가장 규모가 커서 유동성이 풍부하고, Treasury금리는 전세계 채권금리의 기준금리(base rate) 역할을 하고 있다.

Treasury Bond는 고정금리부 외에 물가연동국채(TIPS, Treasury Inflation Proted: Protected Securities)를 발행하고 있다. TIPS는 10년물, 30년물이 발행되고 있다.

우리나라와는 달리 Treasury는 장외에서만 거래되고 있는데, 액면금액의 몇%라는 식으로 호가하고 있다. 예를 들어 매도호가가 99라면 액면금액의 99%에 매도하겠다는 것을 의미한다.

일수계산관행(day count convention)은 우리나라와 마찬가지로 Actual / Actual이다. Actual / Actual Day Count Convention은 잔존일수와 구간일수를 계산할 때 실제일수를 사용하는 방법이다.

각국의 국채관련 제도는 미국 Treasury증권 제도와 유사하기 때문에 미국Treasury증권을 정확하게 이해하는 것은 해외투자의 첫 단계라고 할 수 있다. 미국 국채관련 유용한 인터넷 site는 TreasuryDirect(https://treasurydirect.gov) 이다.

12-5 미국지방채(US Municipals)

미국지방채는 미국의 주정부, 시, 병원, 학교, 소방서 등의 자치단체 또는 자치단체가 설립한 법인이 발행하는 채권이다. 우리나라 지방채의 채무는 국가가 보증하는 것과 달리 미국지방채는 연방정부가 보증하지 않는다. 따라서 지방채를 발행한 지방자치단체가 파산보호를 신청하는 경우도 있다.

미국지방채는 지방자치단체의 신용으로 발행하는 것과 특별한 사업을 담보로 발행하는 Revenue Bond가 있다. Revenue Bond는 우리나라의 민자SOC(social overhead cost)채권과 유사하다. 우리나라의 민자SOC사업은 민자철도, 민자고속도로, 민자교량 등이다.

미국지방채에서 발생한 이자소득은 연방소득세가 면제(tax exempt)되는 것이 일반적인데 연방소득세 과세대상 지방채도 있다. Lehman Brothers 파산 이후 발행된 Build America Bond(일명 BABs)는 지방채이지만 이자소득에 대해 연방소득세가 부과된다.

미국지방채의 이자소득에 대한 지방소득세 부과여부는 주별로 다르다. 해당 주에서 발행한 지방채의 이자소득에 대해서만 지방소득세가 면제되는 경우, 모든 지방채에서 발생한 이자소득에 대해서 지방소득세를 부과하는 경우, 또는 모든 지방채에서 발생한 이자소득에 대해서 지방소득세가 면제되는 경우 등 다양하다.

연방소득세가 면제되므로 미국지방채 수익률이 미국 Treasury증권 수익률보다 낮은 경우가 일반적이다. 세후수익률(after tax yield)이 높기 때문이다.

미국지방채는 신용위험 외에도 두가지의 Tax Risk가 있다. 첫번째는 연방소득세가 면제되는 비과세지방채로 알고 투자했는데, 투자 이후 IRS(Internal Revenue Service, 미국국세청)에서 과세지방채로 유권해석할 위험이다. 면세효과가 없어지면 채권가격이 크게 하락한다.

두번째의 Tax Risk는 미국의 이자소득세 인하이다. 비과세채권은 이자소득세율이 높을수록 가치가 커진다. 반대로, 채권이자에 대한 소득세율이 낮아지면 비과세채권의 매력이 감소하고, 채권가격이 하락한다.

미국지방채 관련 내용은 MSRB(Municipal Securities Rulemaking Board) 홈페이지(https://www.msrb.com)에서 조회하면 된다. 특히, MSRB의 EMMA(Electronic Municipal Market Access)에서 미국지방채의 발행 및 유통(매매)관련 정보를 파악할 수 있다.

12-6 미국 MBS

미국은 이민자의 나라이다. 외국에서 이민자가 오면 최소한의 자금을 모은 후 대출금과 합쳐서 주택을 구입한다. 10만달러에 주택을 구입할 때 본인자금은 2만달러, 주택담보대출 8만달러로 구성되는 식이다.

넓은 의미의 부동산담보대출을 Mortgage Loan이라고 한다. 주택 등을 담보로 하면 Residential Mortgage Loan이라고 하고, 상업용건물 등을 담보로 차입하면 Commercial Mortgage Loan이라고 한다.

Mortgage Loans

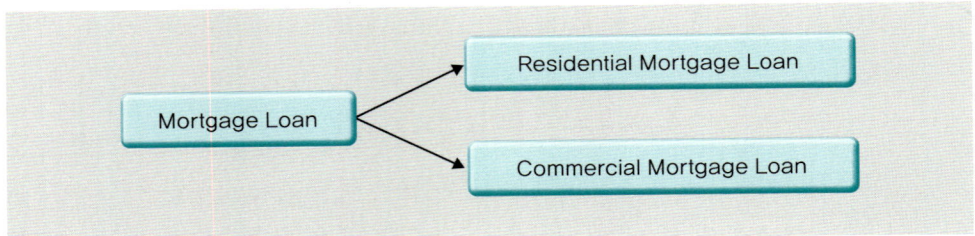

Mortgage Loan은 conforming loan과 non-conforming loan으로도 구분한다. Conforming loan은 Agency MBS의 기초자산이 될 수 있는 mortgage loan으로서 Agency(Ginnie Mae, Fannie Mae, Freddie Mac)의 대출기준(loan standard)에 맞는 대출이다.

Non-conforming loan은 Agency의 대출기준을 충족하지 못한 대출로 prime loan, sub-prime loan, alt-A loan으로 구분한다.

Conforming Loan과 Non-conforming Loan

Agency MBS는 Ginnie Mae, Fannie Mae, Freddie Mac이 보증하는 MBS를 말한다.

Ginnie Mae가 보증하는 MBS는 국가에서 원리금을 보장하므로 미국 국채의 신용과 동일하다. Fannie Mae와 Freddie Mac은 GSE(government sponsored enterprise)로 미국정부가 명시적으로 원리금을 보장하지는 않지만, 투자자들은 신용위험이 크다고 생각하지 않는다.

2007년 Subprime Mortgage 부도사태로 2008년부터 2022년 현재까지 Fannie Mae와 Freddie Mac은 국가에서 관리(government conservatorship)하고 있다.

미국 Mortgage Loan은 차입자에 대해 추가적인 소구권(recource)이 없고, 콜옵션부라는 특징이 있다. 차입자에 대한 소구권이 없으므로 Mortgage Loan의 안전성은 오직 담보 부동산(주택)에 의존하고 있다.

또한 Level Payment가 일반적이다. Level Payment란 매월 일정금액(원금 + 이자)를 납부하면 만기에 원금이 0이 되는 것을 말한다. Level Payment는 만기까지 이자만 납부하다가 만기에 원금을 상환(만기일시상환)하는 것과 대조되는 대출금 상환방법이다.

구입당시 10만달러를 지불하고 이 중에서 8만달러를 대출로 조달했다고 하자. 향후 집값이 8만달러 이하로 하락하면 대출금을 전액 회수하지 못할 위험이 있다. 차입자는 주택만 양도하면 더 이상 의무를 부담하지 않기 때문이다(non-recourse). 2008년 금융위기 후 Nevada주 주택가격이 40% 이상 하락하였고, 상당수의 주택담보대출을 받는 사람들은 정기적으로 원리금을 상환할 여력이 있음에도 불구하고 고의로 부도내고 해당 주택을 대출기관에 넘겼다.

대출금을 제때 상환하지 않아서 주택을 압류하는 것을 Foreclose라고 한다. 이렇게 정기적으로 대출 원리금을 상환할 능력이 있지만 주택가격이 대출원금(잔액) 이하로 하락했기 때문에 의도적으로 부도내는 것을 strategic default라고 한다.

우리나라의 경우에는 주택을 담보로 제공하고 차입자의 보증(인보증)이 추가되기 때문에 주택가격이 하락했다고 몸만 빠져나갈 수는 없다. 우리나라도 한정보증부(비소구, non-recourse) 주택담보대출에 대한 논의가 진행 중이다.

미국MBS는 Mortgage Loan을 모아서 유동화한 증권이다. Mortgage Loan이 중도상환가능하기 때문에 MBS도 콜옵션부로 발행되고 있다. 미국MBS를 이해하려면 콜옵션에 대한 이해가 필수적이다.

Agency MBS의 경우 부도위험은 크지 않기 때문에 콜옵션위험에 집중해야 한다. 콜옵션은 발행자가 행사하기 때문에 투자자에게 불리한 옵션이다. 이 때문에 Agency MBS(Ginnie Mae)는 미국 Treasury증권보다 금리가 높다. Ginnie Mae보증은 미국정부 신용이기 때문에 금리차이는 콜옵션 프리미엄이라고 할 수 있다.

콜옵션에 가장 크게 영향을 미치는 변수는 시중금리(신규 차입금리)이다. 시중금리가 표면금리보다 높다면 콜옵션가능성은 높지 않고, 시중금리가 표면금리보다 낮다면 콜옵션가능성이 높아진다.

MBS의 기초자산이 수십만개 대출채권(mortgage loan)이므로 반드시 시중금리에 따라서 콜옵션이 행사된다고 할 수만은 없다. 주택을 매도할 경우에 자동적으로 대출금을 상환(due on sale)하는 조건의 Mortgage Loan은 주택가격이 상승하거나 이사를 갈 경우에 조기상환될 수 있다.

우리나라 기관투자자가 해외채권에 투자할 때 가장 먼저 검토할 채권이 Agency MBS가 아닐까 생각된다. 달러표시채에 투자하기 때문에 환위험헤지비용이 크지 않고, 부도위험이 낮아서 채권투자에 적합하다. 콜옵션에 대해서는 시중금리동향 등 거시경제변수와 과거의 Data를 활용하면 큰 어려움없이 분석할 수 있을 것이다.

Pass-through와 Pay-through

Mortgage Loan으로 MBS를 만드는 방법은 크게 Pass-through와 Pay-through의 두가지 방법이 있다. Mortgage Loan으로 Pool을 구성하고 이 Pool을 근거로 MBS를 발행하는 것은 두 방법이 동일하다.

발행되는 MBS의 투자자들이 동등한 청구권을 가지고 있는 것을 Pass-through라고 하고, MBS를 Tranche로 나누어서 청구권 순위를 다르게 만든 것을 Pay-through라고 한다.

Pass-through MBS와 Pay-through MBS

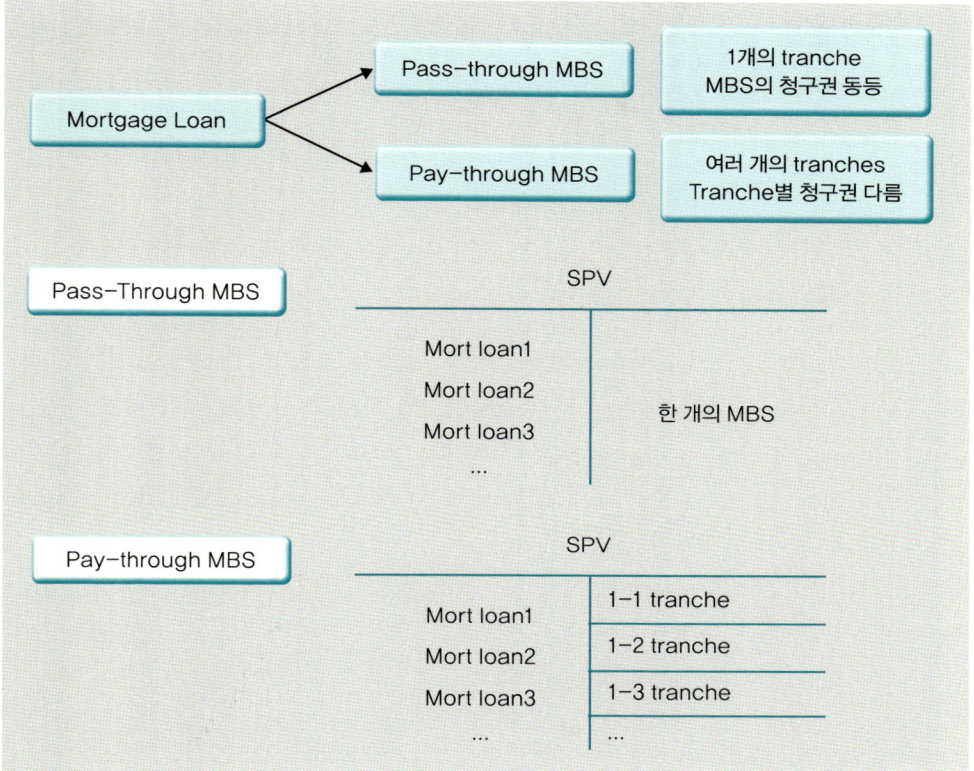

1-1은 1-2, 1-3에 비해 선순위tranche이고, 1-2는 1-3에 비해 선순위이다. 우리나라에서 발행되는 ABS는 대부분 Pay-through 구조이다. Tranche는 채권(bond)과 같은 개념이다.

12-7 유럽의 Covered Bond (European Covered Bond)

유럽에서 Mortgage Loan을 제공한 대출은행(Originator)이 해당 대출채권을 담보로 채권을 발행하는데 이를 Covered Bond라고 한다.

유럽의 Covered Bond는 Mortgage Loan을 담보로 발행된다는 점에서 미국의 MBS와 유사하지만 신용보강면에서 큰 차이가 있다. 미국의 Non-Agency MBS의 경우에 Mortgage Loan에서 부실이 발생하면 MBS투자자에게 손실이 전가된다.

반면, 유럽의 Covered Bond 투자자에게는 2중 청구권이 있다. 1차적으로 담보로 제공된 Mortgage에 대한 청구권이고 이는 미국과 동일하다. 2차적으로는 Mortgage Loan을 양도(실제로는 은행이 보관)한 은행에 대한 청구권이다.

이 때문에 미국에서는 Sub-Prime Loan, Alt-A Loan, Prime Loan을 담보로 발행된 Non-Agency MBS에서 부도사태가 이어졌지만 유럽의 주택담보대출시장은 아무런 문제가 없었다.

당시 유럽의 몇 몇 국가의 주택가격은 20~30% 하락했고, 주택담보대출채권이 부도난 경우도 적지 않았다. 그러나 그 손실을 은행이 떠 안았기 때문에 신용위험이 시장으로 전이되지 않았던 것이다.

유럽의 Covered Bond 구조

Bank	
Mort loan1 Mort loan2 Mort loan3 ...	Covered bond (은행보증)

유럽의 대출은행은 Mortgage Loan을 은행의 장부에 보유하고 있다. 미국의 MBS는 Originator(최초 대출자)가 대출채권을 Trust에 매각(true sale)하고 SPV가 MBS를 발행한다.

Covered Bond는 담보로 제공한 Mortgage Loan에 부실이 발생하면 새로운 대출채권으로 교체한다. 미국의 경우에는 Mortgage Loan Pool이 구성되면 Pool에 포함된 대출채권이 변동하지 않는 것과 차이가 있다.

12-8   미국 하이일드펀드

신용등급이 BB+ 이하인 채권을 하이일드채라 하고 이들 하이일드채에 집중적으로 투자하는 펀드를 하이일드펀드라고 한다.

하이일드펀드는 하이일드채권에 분산투자하고 있기 때문에 하이일드채권의 인덱스라고 볼 수 있다. 하이일드채의 특성은 신용위험이 높다는 것이고 이 때문에 요구수익률(발행금리)이 높다.

하이일드채에 투자하는 논리적 근거는 신용사건을 감안한 투자수익률이 국채보다 높기 때문이다. 하이일드채의 매매금리가 8%이고 국채 매매금리가 2%인 경우 신용사건으로 인한 손실이 6% 미만이면 하이일드채 투자가 국채투자보다 유망하다.

하이일드채의 듀레이션은 5 미만으로 낮기 때문에 국고채와의 신용스프레드를 기준으로 투자전략을 수립한다. 국채의 투자전략은 금리전망이 중요하고 듀레이션 조절전략이 유효하지만 하이일드채는 신용스프레드의 확대/축소에 집중한다.

하이일드채권이 전 업종에 걸쳐서 골고루 발행되었다면 전반적인 경기상황에 따라서 하이일드채권의 매입과 매도전략을 수립할 수 있다.

경기회복 초기에는 하이일드펀드 비중을 확대하고 경기하강 초기에는 하이일드펀드 비중을 축소하는 전략이 주효하다. 경기가 회복되기 시작하면 신용스프레드가 축소되어 하이일드채가 국채에 비해서 유리하고, 경기하락이 시작되면 신용스프레드가 확대되어 국채가 하이일드채보다 유리하다.

2015년에는 미국경기가 회복세를 보였으나 미국하이일드펀드 성과는 저조했다. 하이일드펀드에 편입된 하이일드채권이 Shale Gas업체에 편중되어 있었고, 국제유가 하락에 따라 이들 업체가 어려움을 겪었기 때문이다. 이처럼 하이일드펀드에 편입된 하이일드채권이 한 업종에 편중되어 있을 경우에는 그 산업의 전망에 따라서 하이일드펀드 투자여부를 결정해야 한다.

12-9 미국 Senior Loan 펀드

미국 투기등급 기업에 담보를 제공받고 대출한 채권을 Senior Loan이라고 한다. 담보가 있기 때문에 하이일드채권보다 회수율이 높다. 2000년부터 10년간 회수율을 추정한 자료에 의하면 부도기업의 Senior Loan에 대한 회수율은 80% 이상이고, 하이일드채권의 회수율은 50% 수준이다.

미국Senior Loan의 가장 큰 특징은 변동금리부 대출채권이라는 것이다. 주로 Libor 연동부 대출인데 표면금리는 Libor에 Spread를 가산한다. 2021년부터 Libor는 SOFR(secured overnight financing rate) 등으로 대체되고 있다.

Senior Loan의 표면금리(예): (1M, 3M, 6M) Libor + Spread

Libor금리가 상승하면 표면금리가 상승하기 때문에 금리상승기에 유리한 상품이다. Libor금리는 미국의 FFR(fed fund rate)와 밀접한 관련이 있다. FFR은 미국의 정책금리이다.

미국 연방은행에서 정책금리(base rate, policy rate)를 인상하면 미국은행간 자금을 빌리고 빌려줄 때 사용하는 Libro금리도 같은 폭으로 상승한다. 그럼에도 불구하고 Libor금리가 상승하지 않는다면 어떤 일이 벌어질까?

미국 내에서 자금을 차입하려던 기관(기업 등)은 미국 밖에서 Libor금리로 차입하고 그 자금을 미국으로 이체(transfer)하면 조달 Cost를 낮출 수 있다. Libor 대출수요가 증가하면 Libor금리는 상승하게 되고 그 수준은 FFR과 비슷하게 된다.

미국 Senior Loan에 투자할 경우에는 향후 미국이 정책금리를 인상 또는 인하하느냐를 중요한 판단기준으로 삼아야 한다. 정책금리를 인상하면 Senior Loan의 이자금액이 커지므로 Senior Loan의 가치도 높아진다. 반대로 정책금리를 인하한다면 이자금액이 적어져서 Senior Loan의 가치는 낮아진다. 미국은 정책금리를 큰 폭으로 조정하는 나라다. 1994년에는 1년간 3%를 인상했고, 2004년에는 2년간 4.25% 인상했다. 이렇게 정책금리를 인상하는 초기에는 Senior Loan펀드에 투자할 적기이다.

12-10 아리랑본드 (Arirang Bond)

외국 발행자가 국내에서 발행한 원화채를 아리랑본드라고 한다. 우리나라의 경상수지 흑자가 매년 수백억달러에 이르고 있기 때문에 해외투자(실물이든 증권이든)는 필수적이다. 해외증권투자는 원화 또는 보유하고 있는 외화를 해외로 가져가서 투자하는 것이다. 만약 해외발행자들이 국내에 와서 원화채를 발행하고, 발행자가 원화를 외화로 환전해간다면 어떨까?

국내의 채권발행시장과 유통시장이 커지고, 원화를 외화로 환전하는 외환시장도 성장할 것이다. 돈을 들고 해외에 나가는 대신에 외국 발행자를 국내로 불러들여서 원화채를 발행하게 한다면 국내투자자들은 환위험을 걱정하지 않아도 된다.

필자는 2000년대 초에 인도네시아 법인인 SK Keris(SKC의 인도네시아 현지법인)가 발행한 아리랑본드를 투자한 경험이 있다. 이 채권은 SKC가 보증을 제공하고 있었기 때문에 투자판단(의사결정)에 어려움은 없었다.

펀드는 채권에서 발생한 이자소득세가 면제되고 펀드에 가입한 수익자는 과세기준가를 근거로 배당소득세를 납부한다. SK Keris의 경우 인도네시아 법인이어서 인도네시아에서 원천징수를 한 후 이자가 펀드로 들어왔다. 2중과세방지협약이 체결되지 않아서 인도네시아에서 원천징수된 세금을 되찾을 방법은 없었다.

각국은 경기하강에 대처하기 위해서 적극적인 재정정책을 추진하고 있다. 정부주도로 대규모 인프라를 구축하겠다는 것인데, 인도네시아의 경우 약16,000개 섬을 다리로 연결하고 발전시설을 구축하겠다는 계획을 내놨다. 여기에 소요되는 자금은 국채 등을 발행해서 조달할 것으로 예상된다. 이런 자금을 국내에서 달러로 조달한다면 해외로 나가지 않고도 달러채 투자가 가능해진다. 원화로 발행할 경우에는 환위험을 제거할 수 있다.

우리나라가 약500억달러를 투자한 Vietnam의 경우에는 전력 등의 인프라투자가 필요해 보인다. 이들 국가에 건설공사를 수주하면서 우리나라의 풍부한 유동성을 활용하면 좋을 것으로 생각된다.

Taiwan의 경우 Formosa Bond 발행이 활발하다. Formosa Bond는 타이완에서 외국기관이 타이완달러가 아닌 다른 통화로 발행하는 채권이다. 대규모 경상수지흑자를 기록하고 있는 우리나라도, 외화채권시장이 형성될 여건은 무르익었다는 것이 필자의 판단이다. 우리나라가 홍콩을 대신할 아시아의 금융중심지가 되도록 모두가 노력하면 좋겠다.

참고자료

- 국채백서(2021)(국문판)
- 기획재정부의 국채시장(http://ktb.moef.go.kr)
- 한국의 채권시장(한국거래소)
- 주택도시기금(http://nhuf.molit.go.kr)
- 국민주택채권 업무편람(2021.12, 국토교통부)
- 국채법
- 주택도시기금법
- 채권이론과 활용(2018, 김형호)